U0895962

武汉历史文化风貌丛书

武汉工业遗产

张笃勤　侯红志　刘宝森　编著

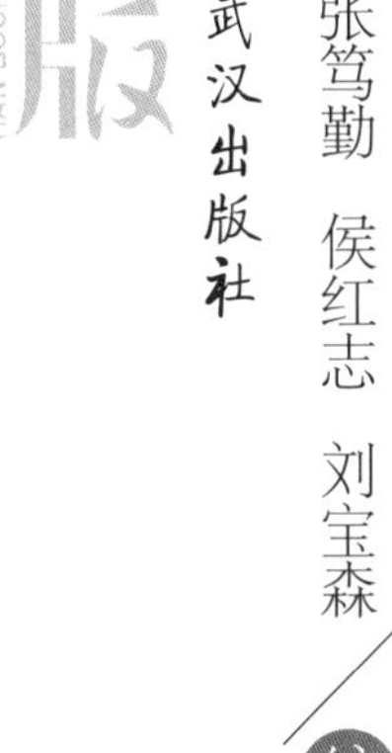

武汉出版社

(鄂)新登字08号

图书在版编目(CIP)数据

武汉工业遗产/张笃勤,侯红志,刘宝森编著.
—武汉:武汉出版社,2017.12
(武汉历史文化风貌丛书)
ISBN 978-7-5582-1804-0

Ⅰ.①武… Ⅱ.①张… ②侯… ③刘…
Ⅲ.①工业建筑—文化遗产—保护—研究—武汉 Ⅳ.①TU27

中国版本图书馆CIP数据核字(2017)第307039号

著　　者:张笃勤　侯红志　刘宝森
责任编辑:明廷雄
装帧设计:刘福珊
出　　版:武汉出版社
社　　址:武汉市江汉区新华路490号　　邮　　编:430015
电　　话:(027)85606403　85600625
http://www.whcbs.com　　E-mail:zbs@whcbs.com
印　　刷:武汉市金港彩印有限公司　　经　　销:新华书店
开　　本:787mm×1092mm　1/16
印　　张:14.875　　字　　数:300千字
版　　次:2017年12月第1版　　2017年12月第1次印刷
定　　价:38.00元

《武汉历史文化风貌丛书》
编委会

武汉历史文化风貌丛书

总序

历史是城市的记忆，一页风云，见证一段文明的演进轨迹。

文化是城市的灵魂，一抹风情，彰显一方水土的气质神韵。

在人类历史长河中，武汉就像一叶扁舟，划出了一道又一道年轮，一划就是煌煌三千五百载。两江三镇，是她的自然身份；白云黄鹤，是她的诗意化身；凤舞九天，是她的精神图腾；楚风汉韵，是她的厚重底色；人才辈出，是她的耀世光芒。伴随着长江汉水的潮起潮落，武汉的人文历史亘古流传，恰如穿城而过的两江之水，奔流向东，绵绵不息。

品味武汉，这里有道不尽的岁月沧桑、历史悠长。从商代盘龙城开启城市文明之光，到三国夏口城构筑武昌古城之始；从明末汉口镇跻身“天下四大名镇”之列，到清末汉口港享有“东方茶港”之誉；从辛亥首义之城到全民抗战中心；从我国近代工业重要发祥地，到新世纪享誉世界的中国光谷……

品鉴武汉，这里有赏不够的名胜古迹、文物璀璨。漫步三镇，徜徉武昌昙华林、汉阳古琴台、汉口历史文化风貌街区，或以古朴清幽而著称，或因异域风情而惊艳，传递的是悠远凝重的城市历史，演绎的是绚丽多彩的汉派文化。归元佛刹、汉阳铁厂、八七会址、江汉关大楼……如同珠玉般镶嵌在江城，或浓缩一段

武汉历史文化风貌丛书

总序

历史，或诉说一则往事，衬托出城市的古韵流芳。

品读武汉，这里有吟不完的诗词歌赋、文采风流。“晴川历历汉阳树，芳草萋萋鹦鹉洲”。武汉外揽山水之幽、内得人文之胜，借两江春水，汇百里风光，咏千古诗章。屈原的“与天地兮同寿，与日月兮齐光”、崔颢的“黄鹤一去不复返，白云千载空悠悠”、李白的“孤帆远影碧空尽，惟见长江天际流”……每一句都是脍炙人口的绝唱，每一首都是永恒传世的经典，闪耀文学光芒，绽放城市华章。更有一代伟人毛泽东，留下了“茫茫九派流中国，沉沉一线穿南北”“一桥飞架南北，天堑变通途”的不朽诗句，写尽了大武汉气吞山河的雄浑气势。

历史需要铭记，文脉自当传承。站在历史与未来的交汇点上，守护先人的馈赠、延续城市记忆、彰显武汉魅力，是时代赋予我们的神圣使命。武汉人民有责任呵护城市历史文化基因，护其貌、扬其韵、传其神、铸其魂，推动历史遗存与现代文明交相辉映、和谐共生。

怀古以励志，掩卷当奋发。让我们追寻历史脚步，走进岁月深处，激扬家国情怀，书写大武汉未来。

2017 年 1 月

上编　武汉工业遗产保护对策

目录

目录

目录

上编　武汉工业遗产保护对策

如同现代机器工业源自欧美资本主义国家一样,工业遗产保护利用的理念及先进经验也是从西方国家传入的。探讨中国工业遗产保护利用不能不了解欧美等工业先进国家的相关理论和做法,叙述武汉工业遗产保护利用对策也不能不介绍外国的已有经验。国外工业遗产保护理念传入中国,至今有十多年历史,它是研究中国及武汉工业遗产保护应该知晓的。

工业遗产是工业及其发展过程的历史沉淀,研究武汉工业遗产必须首先了解武汉工业发展的历史过程与空间布局,这是弄清武汉工业遗产家底,明了其区域分布,制定相应保护利用规划,实施保护利用措施的基础或前提。

第一章　武汉工业遗产保护背景

第一节　中国工业遗产保护缘起

在世界众多的文化遗产类型中，工业遗产虽是一个年轻的族群，但随着当今人们对文化遗产概念理解的加深，已经被视作文化遗产中不可分割的一部分，受到国际社会关注。工业遗产具有重要的历史价值，它们见证了工业活动对历史和今天所产生的深刻影响。工业革命使科学技术、城市经济和社会文化等方面产生了前所未有的深刻变化，而工业遗产就是工业文明的历史体现。忽视或者丢弃这一宝贵遗产，就抹去了城市重要的记忆，使城市出现一段历史的空白，而工业遗产保护将使文化遗产更加丰富多彩。同时，工业遗产作为深刻变革的物质证据，对人们认识工业活动的产生和发展，研究某类工业活动的起步和过程具有普遍的价值。工业遗产也具有重要的社会价值。保护反映时代特征、承载历史信息的工业遗产，能够振奋民族精神，传承产业工人的优秀品德。工业遗产不仅承载着真实和相对完整的工业化时代的历史信息，帮助人们追述以工业为标志的近现代社会历史，帮助未来时代更好地理解这一时期人们的生活和工作方式，而且，保护工业遗产是对民族历史完整性和人类社会创造力的尊重，是对传统产业工人历史贡献的纪念和其崇高精神的传承。同时，工业遗产对于长期工作于此的众多技术人员和产业工人及其家庭来说，更具有特殊的情感价值，对它们加以妥善保护，将给予工业社区的居民们以心理上的稳定感。工业遗产具有重要的科技价值，它们见证了科学技术对于工业发展所做出的突出贡献。只有保护好不同发展阶段具有突出价值的工业遗产，才能给后人留下相对完整的工业领域科学技术的发展轨迹，提高对科技发展史的研究水平。工业遗产具有重要的经济价值，它们见证了工业发展对经济社会的带动作用。对工业遗产的保护可以避免资源浪费，防止城市改造中因大拆大建而把具有多重价值的工业遗产变为建筑垃圾，有助于减少环境的负担和促进社会可持续发展。同时，保护工业遗产能够在城市衰退地区的经济振兴中发挥重要作用，保持地区活力的延续性，给社区居民提供长期持续稳定的就业机会。通过对城市中的工业遗产重新进行梳理、归类，就能在合理利用中为城市积淀深厚的历史底蕴，注入新的活力和动力。保护工业遗产，也能为城市经济未来发展带来许多思考和启迪，更能成为拉动经济发展的重要源泉；工业遗产具有重要的审美价值，它们见证了工业景观所形成的无法替代的城市特色。在众多城市中，工业的布局和发展极大地影响着城市的格局，形成了特殊的内在肌理和特质内涵，是“阅读城市”的重要物质依托，因而具有明显区别于其他城市的独立性格。城市的差别性关键在于文化的差别性。工业遗产虽然不能像一般艺术作品一样进行观赏，却是不同城市识别的鲜明标志，作为城市文化的一部分，无时不在提醒人们城市曾经的辉煌和坚实的基础，同时也为城市居民留下更多的向往。[①]因此，一般人看来似乎不再具有价值的老工厂，在创意者眼中却是激发创作灵感、孕育创意产业的宝贵资源和难得空间。尤其是对于传统工业城市来说，工业遗产就是城市发展的年轮和市民生活的记忆，更是产业工人青春岁月的见证和奋斗精神的寄托。

在西方国家，伴随后工业化与逆工业化时代的到来，对工业遗产保护的研究起步较早。据介绍，早在 20 世纪 50 年代，起源于 19 世纪末英国的“工业考古学”就开始在西方国家流行，20 世纪 70 年代逐渐形成较为完整的工业遗产保护理念，并诞生了世界上第一个致力于促进工业遗产保护的国际性组织——国际工业遗产保护委员会（TICCIH），该组织于 1997 年设立有专门的产业考古奖。在这一过程中，对工业遗产的保护与利用问题受到越来越多国家的关注。如荷兰在 1986 年开始调查和整理 1850 年到 1945 年间的产业遗产基础资料；法国从 1986 年开始制定搜集工业遗址文献史料及建档的长期计划。在此期间，工业遗产概念逐渐清晰。2003 年 6 月，TICCIH 在俄罗斯下塔吉尔举行会议，与会代表一致认为，为工业活动建造的建筑和构筑物、工业生产过程与使用的工具、工业生产所在的城镇以及形成的景观、其他物质和非物质载体等都具有同等的重要性，应该研究、讲授它们的历史，探索和界定它们的价值，认定最具代表性和特色的案例。该会议从工业考古学的角度，专门就工业遗产问题制定出《下塔吉尔宪章》。该宪章认为，工业遗产“包括建筑、机械、车间、工厂、选矿和冶炼的矿场和矿区、货栈仓库、能源生产、输送和利用的场所，运输及基础设施，以及与工业相关的社会活动场所，如住宅、宗教和教育设施等”，并在其中对工业遗产的价值总结为历史价值、社会价值、科技价值、审美价值、稀有性价值五种价值。该宪章关于工业遗产的概念，在时段上虽不排除前工业革命时期和工业萌芽时期的活动，但主要指 18 世纪从英国开始的以采用钢铁等新材料、煤炭和石

① 广西城镇建设 2010 年第 10 期。

油等新能源,以机器生产为主要特点的工业革命后的工业遗存。

> 与欧美国家工业现代化早起早衰的历史进程不同，中国工业现代化起步于两次鸦片战争失败后清政府推动的洋务运动,中途因国弱民穷、外患内忧,发展多历波折,特别是长达八年的日本全面侵华战争,给了中国工业毁灭性的打击,使中国工业完全丧失了发展的社会环境,直到共产党领导的新中国成立，中国工业发展才迈上康庄大道。二十世纪五六十年代,正是中国工业发展突飞猛进、一日千里的黄金时代,不曾出现欧美国家工业衰败的现象，因此也不会像欧美国家将工业遗产保护利用纳入研究视野。二十世纪八十年代末到九十年代初,随着中国城市化的加速,“工业外迁”等城市功能调整,工业设备与技术的升级换代,大批工厂纷纷迁往城外远郊区,原在城内的工业场地、厂房、机器设备及相关设施,在“旧城改造”的推土机的轰鸣声中大部分被摧毁,使工业遗产保护面临严重危机。正如有专家指出的那样:随着城市化步伐的逐步加快,对工业遗存在拆与保、遗弃与利用之间存在着激烈的碰撞。这种碰撞不仅存在于某个地区，而且普遍存在于具有工业遗产资源的所有城市。现在人们开始注意保护数千年、数百年前祖先创造的历史遗存,而往往忽略几十年前在我们父辈或者我们自己手中创造的文化遗存，忽视保护历史的延续性。正像我们曾经不文明地对待文物古迹和历史文化街区一样，今天又正在迅速毁掉工业社会时代留下的文化遗产，使一些作为人类智慧结晶的工业遗产岌岌可危。①

正是在此背景下,国外关于工业遗产保护利用的理论方法开始被引入中国。

第二节　中国工业遗产保护进程

2006年“4·18”国际古迹遗址日,中国工业遗产保护论坛在江苏省无锡市举行,来自有关城市和文物部门的代表及专家学者发出了中国首部倡导工业遗产保护的《无锡建议》(以下简称《建议》)。《建议》在吸收国际工业遗产保护协会(TICCIH)、国际古遗址理事会(ICOMOS)等国际组织的研究成果的基础上,对“工业遗产”界定达成初步共识。《建议》明确指出,工业遗产是指鸦片战争以来,中国各阶段的近现

① 单霁翔:《从文物保护走向文化遗产保护》,天津大学出版社2008年版,第4章“推动工业遗产的保护与合理利用”。

代化工业建设所留下的"具有历史学、社会学、建筑学和科技、审美价值的工业文化遗产。包括建筑物、工厂车间、磨坊、矿山和相关设备,相关加工冶炼场地、仓库、店铺、能源生产和传输及使用场所、交通设施、工业生产相关的社会活动场所,以及工艺流程、数据记录、企业档案等物质与非物质文化遗产"。

按照《无锡建议》界定,中国工业遗产的主体包括近代开埠通商之后外国资本在华兴建的工厂、清朝洋务派官员和民国政府兴办的工矿企业、民间资本投资建设的民族工业以及新中国社会主义工业所留下的物质遗存。《建议》认为,中国工业遗产正受到以下威胁:近年来,随着城市空间结构和使用功能需求的巨大变化,新型工业建设项目开始向城外拓展,城内的旧工业区日渐废置;由于现代技术的运用,社会生活方式的转变,使传统工业陷入困境,先后遭遇工业衰退和逆工业化过程,不少企业面临"关、停、并、转"的局面;城市建设进入高速发展时期,一些尚未被界定为文物、未受到重视的工业建筑物和相关遗存,没有得到有效保护,正急速从城市中消失。《建议》认为,保护好不同发展阶段有价值的工业遗存,给后人留下中国工业发展尤其是近现代工业化的风貌,留下相对完整的社会发展轨迹,是我们义不容辞的责任。《建议》倡导通过以下途径实现工业遗产保护:提高认识,转变观念,以引起全社会对工业遗产的广泛关注;开展工业遗产资源普查,做好评估和认定工作;将重要工业遗产及时公布为文物保护单位,或登记公布为不可移动文物;加大宣传教育力度,发挥媒体及公众监督作用;编制工业遗产保护专项规划,并纳入城市总体规划;鼓励区别对待、合理利用工业遗产的历史价值;加强工业遗产的保护研究,借鉴国外工业遗产保护与利用的经验和教训。

也有国内学者并不完全同意《无锡建议》的表述,认为中国的工业遗产保护中被废弃的工厂极少,主要面对的是目前正在运行中的工厂,即所谓"活态"工业遗产。因此在中国,工业遗产的基本概念与理论体系,以及认定与评估、保护与利用的方法,必然与发达国家有重大区别。从这个基本理解出发,他们认为中国"工业遗产是具有历史价值、社会价值、美学价值或科技价值的工业文化载体。工业遗产分为遗存与现存两部分。遗存的工业遗产指废弃的工厂、工业区的一切有上述价值的物质与精神的工业文化载体。现存的工业遗产指正在运行中的工厂、工业区的一切有上述价值的物质与精神的工业文化载体。两部分都有认定、评估、根据其重要性及轻重缓急分级分类予以科学保护与合理利用的必要"。他们指出,近年来发达国家对工业遗产的认识和保护的理念已经发生了重大变化,保护的对象逐步由特定的纪念物与遗址转变为工业遗址群或者整个景观,整体性保护成为保护工作的基本准则。整体性观念重视文化遗产的一致性与完整性,强调必须将遗址与周边环境一起保护,保护的范围与重心不限于重要的遗迹或文物,而是进行全要素保护,全面反映工业区的历史面貌,包括当年生产与生活的全貌。在英国、日本已出现遗产地、工业遗产群等新概念。与发达国家相比，中国工业遗产保护的概念与理论还没有成熟，对工业遗产保护的概念受发达国家影响，主要着眼于废弃工业区与废弃工厂，不了解在工业遗产保护上中国与发达国家的重大区别：西方已经进入后工业化社会，主要工业如采掘、制造业绝大部分利用全球化趋势，以跨国公司跨国经营的方式转移到中国等发展中国家，绝大部分传统的老工业区已经废弃；而中国的工业化实际上从1949年以后才真正开始，它们是中国工业遗产的主体，目前还在发展运行当中，基本没有纳入中国工业遗产保护的范围。而且更严重的是，象征性保护、最小化保护、碎片化保护是目前绝大多数城市主管部门的倾向与实际主导思想，在这种思想主导下，中国城市化高潮中的工业遗产保护面临深刻的危机。由于不了解中国与发达国家工业发展阶段的区别，盲目照搬发达国家对工业遗存的认识理念与利用、保护方法，中国目前一方面对大量运行中的工业遗产视而不见，另一方面又对工业遗存不做价值判定，将一切工业遗存都视为工业遗产，存在比较严重的工业遗产认定泛化现象。[①]他们认为中国工业建筑的存量极大，显然不可能、也没有必要都作为工业遗产来进行保护。工业遗产扩大化的后果，一是容易引起企业领导、业主、开发商与政府甚至居民的反对，导致保护行动更加困难；二是超出目前中国保护的能力与财力，结果无所适从，反而耽误了工业遗产保护行动的落实。有鉴于此，他们将工业遗产概念外延概括为：1. 时间方面：中国工业遗产指1860年以来至20世纪末，以采用钢铁等新材料，采用煤炭、石油等新能源，采用机器生产为主要特点的有历史、社会、科学、审美等价值（以下统称为历史文化价值）的工业文化载体。2. 范围方面：狭义的工业遗产主要指生产加工区、仓储区、矿山、工业运河、铁路、车站、现代桥梁、隧道、水电站、核电站等有历史文化价值的工业建筑物与构筑物及其附属设施。广义的工业遗产则包括以上各类企业附近或工业区内主要为企业居民、工业区居民服务，或与工业活动密切相关的，经认定有特定工业历史文化价值的生活服务设施与其他设施。3. 内容方面：狭义的工业遗产主要包括有历史文化价值的作坊、车间、仓库、码头、铁路、工业运河、桥梁、隧道、管理办公用房以及界石、纪念碑、展览馆、纪念室、雕像等不可移动文物；产品、工具、器具、机械、设备、办公用具、生活用品等可移动文物；契约合同、商号商标、产品样品、手稿手札、招牌字号、票证簿册、工厂厂志、企业年鉴、厂报厂刊、档案文件、照片拓片、图书资料、音像制品、奖状奖杯等涉及企业历史的纸质、磁质、电子材料。广义的工业遗产还包括有历史文化价值的工艺流程、生产技能以及企业精神、企业文化、企业荣誉和存在于人们记忆、口传和习惯中的非物质文化遗产。因此，工业遗产是在工业化的发展过程中留存的物质文化遗产和非物质文化遗产的总和。4. 行业方面：工业遗产可根据工业生产的行业部门进行分类，

① 杨晋毅、杨茹萍、钟庆伦、关振民：《基于遗产群保护理念的一五时期156项目工业遗产保护研究》，见《2013年中国第4届工业建筑遗产学术研讨会论文集》。

如具体分为矿业与冶炼业遗产、土木与建筑工程遗产、制造业遗产、电力工业遗产、化学工业遗产、交通与运输业遗产、轻工业遗产和食品与生物工程遗产等等。[①]

在《无锡建议》6 月 2 日正式公布前，国家文物局于 5 月 12 日下发了《关于加强工业遗产保护的通知》，指出了各地对工业遗产保护存在的问题：一是重视不够，工业遗产列入各级文物保护单位的比例较低；二是家底不清，对工业遗产的数量、分布和保存状况心中无数，界定不明，对工业遗产缺乏深入系统的研究，保护理念和经验严重匮乏；三是认识不足，认为近代工业污染严重、技术落后，应退出历史舞台；四是措施不力，“详远而略近”的观念偏差，使不少工业遗产首当其冲成为城市建设的牺牲品。国家文物局就加强工业遗产保护向各地提出以下要求：

一、各地文物行政部门应结合贯彻落实《国务院关于加强文化遗产保护的通知》的精神，按照科学发展观的要求，充分认识工业遗产的价值及其保护意义，清醒认识开展工业遗产保护的重要性和紧迫性，注重研究解决工业遗产保护面临的问题和矛盾，处理好工业遗产保护和经济建设的关系。

二、各地文物行政部门应努力争取得到地方各级人民政府的支持，密切配合各相关部门，将工业遗产保护纳入当地经济、社会发展规划和城乡建设规划。认真借鉴国内外有关方面开展工业遗产保护的经验，结合当地情况，加强科学研究，在编制文物保护规划时注重增加工业遗产保护内容，并将其纳入城市总体规划。密切关注当地经济发展中的工业遗产保护，主动与有关部门研究提出改进和完善城市建设工程中工业遗产保护工作的意见和措施，逐步形成完善、科学、有效的保护管理体系。

三、制订切实可行的工业遗产保护工作计划，有步骤地开展工业遗产的调查、评估、认定、保护与利用等各项工作。首先要摸清工业遗产底数，认定遗产价值，了解保存状况，在此基础上，有重点地开展抢救性维护工作，依据《文物保护法》加以有效保护，坚决制止乱拆损毁工业遗产。

四、像重视古代的文化遗产那样重视近现代的工业文化遗存，深入开展相关科学研究，逐步形成比较完善的工业遗产保护理论，建立科学、系统的界定确认机制和专家咨询体系。开展对工业遗产价值评判、保护措施、理论方法、利用手段等多方面研究，并形成具有一定水平的研究成果，从而指导工业遗产保护与利用的良性发展。

五、结合工业遗产保护与保存情况，利用多种渠道，采取多种形式，开展保护工业遗产的宣传教育，提高公众对工业遗产的认识，使工业遗产保护的理念和意识深入人心，充分调动社会各界保护工业遗产的积极性，营造良好的社会保护氛围，推动我国工业遗产保护工作的顺利开展。

2009 年 6 月 15 日至 16 日，全国工业遗产保护利用现场会在上海召开，来自国

---

① 杨茹萍、杨晋毅：《工业遗产基本概念概述与辨析》，见《2013 年中国第 4 届工业建筑遗产学术研讨会论文集》。

家文物局及全国30个省市自治区文物部门的领导和文化遗产保护专家150人参加了会议。与会代表围绕工业遗产保护主题开展广泛探讨，交流各地保护利用的实践经验，分析了保护工作中存在的问题，研究了保护利用的理论与方法。会议最后，国家文物局副局长童明康作总结报告，从以下五个方面作出工作部署：1. 努力争取地方各级政府的重视和支持，切实发挥政府主导作用；2. 进一步加强工业遗产的研究力度，明确工业遗产的价值评定标准、保护利用模式；3. 继续高度重视第三次全国文物普查中的工业遗产普查，全面掌握辖区内工业遗产的数量、分布、特征、保存现状、环境状况等基本情况，为准确判断工业遗产保护形势、科学制定工业遗产保护政策和规划提供依据；4. 在有效保护的基础上开展工业遗产的合理利用，充分发挥工业遗产在现实生产生活中的重要作用；5. 多渠道、多形式开展宣传，增强公众的保护意识，使工业遗产保护的理念和意识深入人心，吸引社会公众自觉参与到工业遗产保护行动中来。①

2010年4月23日，由中国城市规划学会主办的城市工业遗产保护与利用研讨会在武汉召开，来自北京、上海、武汉、青岛、深圳、南京等地的与会专家围绕工业遗产保护若干问题进行深入的讨论。与会代表一致认为，在城镇化高速发展的转型时期，在城市产业结构升级调整和城市空间不断更新发展的过程中，传统工业遗产的保护和利用在迎来新的发展机遇的同时也面临着严峻的挑战。城乡规划与相关业界应从发展战略的高度，对城市工业遗产的保护与利用予以高度重视并付诸切实行动。与会代表一致认为，城市工业遗产的保护和利用具有重要的现实意义。工业遗产是城市文化遗产的重要组成部分，具有历史、文化、科学技术、美学及生态科学价值，是我国历史文化的重要载体，是城市工业产业发展阶段的见证。加强对工业遗产的保护和利用，将有效地推动文化遗产事业的深入开展，将极大地促进城市历史、工业文明及科技水平研究，也将有效地促进城市功能的提升、空间结构的优化、城市经济的转型、土地集约利用水平的提高，并对增加城市就业岗位、改善居民生活质量、改善城市环境面貌、提高城市竞争力等方面均具有十分重要的作用。与会代表一致认为，保护和利用城市工业遗产，是善待社会历史资源、改善城市空间环境、保持城市生机魅力与原真印记的科学文明之举。在城镇化高速发展时期，随着城市规模的不断扩张，城市结构的不断调整，从20世纪80年代中期开始的城市产业结构调整，带来了城市功能布局的根本性改变，一批老的重工业城市，尤其是资源型城市，由于体制、产业类型、自然资源枯竭等原因，经历了由兴盛到衰败的过程，其功能布局、物质空间和人文空间已经、正在和即将经历大的变动和重构，面临着复兴的巨大挑战，不少城市工业遗产亟待抢救性保护。

与会代表一致认为，要正视和解决当前各地在对待城市工业遗产保护和利用方

① 翟雯：《2009年全国工业遗产保护利用现场会在上海召开》，载《上海文博论丛》2009年第2期。

面出现的诸多问题和误区，如简单地大拆大建，一味推倒重来；简单地关注土地价值，忽视历史文脉的传承等。

鉴于上述共识，与会代表一致建议：

一、尽快统一对城市工业遗产的内涵界定，摸清工业遗产现状。

由于各城市在发展历程、发展阶段、发展特征上的差异性，对于城市工业遗产的保护和利用在概念认识与保护侧重点等方面也有所不同。代表们认为，城市工业遗产主要指具有历史地位和意义，或具有建筑、美学价值的工业建筑及其他物质载体，以及与之相关的人文、工艺等非物质文化遗产。工业遗产是城市重要的历史、文化资源。应尽快由相关部门和机构研究确定城市工业遗产的界定、评价和保护标准，明确工业遗产范畴，有效指导各城市据此标准组织开展工业遗产项目及用地普查，全面摸清本市工业遗产数量、分布、类型、质量以及存量用地等情况，建立工业遗产保护建筑与街区名录，评估保留、改造建筑及街区，划定保护建筑与街区范围，整体、系统地掌握地区工业遗产现状。

二、进一步明确城市工业遗产保护和利用的指导思想，确立基本原则。

城市工业遗产的保护和利用应从城市总体发展战略出发，从宏观层面研究该类资源的保护和合理利用问题。资源的再利用应充分维护城市公共利益，以推进城市可持续发展为根本出发点。应遵循的五项基本原则是：传承城市历史文脉，彰显城市特色；尊重历史遗存，保护生产生活的原真性；促进资源再利用，推进城市的可持续发展；实现职住平衡，完善城市功能；改善居民生活，提升城市品质。

三、积极探索对城市工业遗产保护和利用的模式，实现多元化利用。

鼓励结合城市地方特点探索城市工业遗产保护和再利用的不同模式，强调政府主导、时序安排、复合利用与功能置换。建议由单纯的商业性开发向以文化设施为重点的发展方向转换，鼓励工业遗产再利用与文化创意产业相结合，与博览、科普教育相结合，与旅游、生态环境建设相结合，形成主题博物馆、遗址公园、创意产业园区等灵活多样的发展模式，以期承载都市发展的新功能，增加城市生活的新体验，增加都市创业和就业机会。对于未明晰发展方向的用地，宜维持原用地性质不变，以利于城市的可持续发展。

四、逐步探索对城市工业遗产保护和利用的实施路径，加强规划指导。

建议有条件的城市率先开展《城市工业遗产保护与利用专项规划》研究，探索城市工业遗产保护和利用的合理模式与路径。规划应以系统、整体的观念对待工业遗产保护与利用，着眼于城市的长远可持续发展，从城市总体发展战略、城市整体空间格局层面，对城市工业遗产保护和利用进行宏观战略指导。结合工业遗产建筑、街区的历史文化价值、内涵，与城市发展阶段特点和市场需求相结合，对其予以合理定位，使其更新改造获得持久有效的推力，也有利于城市产业结构的重构。专项规划应纳入城市总体规划,并结合控制性详细规划的编制纳入法定规划体系。通过一批试点城市的先行先试,总结经验,向全国推广。

五、建立城市工业遗产保护和利用的保障制度,做到有法可依。

逐步建立健全工业遗产保护和利用的政策法规体系,加强立法,推进工业遗产保护的法制化。研究建立推进城市工业遗产保护和利用实施的长效机制。理顺政府各职能部门在工业遗产保护和利用中的职责分工,通过专门机构、专项资金和专业技术力量协同组织实施,同时引导和利用社会资金对工业遗产进行改造,为工业遗产保护和利用的实施提供保障。创新土地出让机制,调动产权人和开发者对工业遗产保护的积极性,实现经济效益和文化效益的统一,形成良性持续的城市工业遗产保护氛围。

六、积极运用各种先进的理念和先进技术,科学利用工业遗产。

城市工业遗产的利用要认真做好遗产的文化、技术、艺术价值评价,制定科学的保护和利用技术方案,本着节约资源和可持续发展的原则,对那些具有保护价值的工业遗产应该避免简单的拆除。要充分考虑工业遗产建筑的质量,确保再利用的安全性。研究工业污染土地的治理程序和相关规定, 高度重视污染土地的再利用问题。应借鉴欧美国家对污染土地的治理经验,从政策法规层面制定污染土地的再利用相关程序和规定,保障居民身心健康。[①]

《武汉建议》的形成公布,不仅对全国工业遗产保护利用产生积极影响,更直接促进了武汉市有关部门对工业遗产保护利用的重视,有力推动了武汉工业遗产保护利用工作的实施。

此后,2010 年 11 月中国建筑学会工业建筑遗产学术委员会成立大会暨中国首届工业建筑遗产学术研讨会在北京召开。中国建筑学会工业建筑遗产学术委员会是我国关于工业建筑遗产保护的第一个学术组织,研讨会上,就中国城市工业建筑遗产调查与研究、工业建筑遗产调查与保护案例研究、国内外工业遗产保护比较研究、工业文化景观、工业建筑改造再利用规划与建筑设计,进行过广泛交流,40 余位专家学者在大会上作了专题报告。会上签署了《北京倡议》——“抢救工业遗产:关于中国工业建筑遗产保护的倡议书”。中国建筑学会工业建筑遗产专业委员会每年召开一次大会,至今已经召开了 6 次研讨会,编辑会议论文集《中国工业建筑遗产调查、研究与保护》6 集,为推动中国工业遗产保护利用作出了贡献。

2012 年 11 月,由中国城市科学研究会历史文化名城委员会和杭州市政府共同主办的中国工业遗产保护研讨会在杭州召开,会议邀请北京、上海、天津、西安、重庆、武汉、南京、杭州、常州等市专家学者与会,就中国近现代工业遗产保护利用的学术理念、基本原则、途径、方法,以及工业遗产保护与利用在当前城市科学发展中的

① 《城市规划》,2010 年第 6 期。

意义开展讨论，并达成以下八点共识：1. 工业遗产作为我国近现代工业文明产生和发展的不可再生资源，是文化遗产的重要组成部分，工业遗产的保护应纳入历史文化名城保护或历史建筑的保护管理体系，制定保护规划，并与法定规划相衔接。2. 建议尽早开展工业遗产普查，明确认定标准，建立登录制度。对工业文明传承中具有重要保护价值和纪念意义的工业遗产应列入各级保护名录。同时提倡对工业遗产群的整体保护与利用，有条件的工业遗产群可划定风貌保护区或历史地段。3. 创新审批管理制度，加大政府及其相关部门在工业遗产保护与利用方面的主导作用和支持力度，促进工业遗产保护利用和城市可持续发展。4. 加快制定工业遗产保护与利用的法规和规章，完善相关部门之间的协调机制，实现法治化、规范化管理。5. 在工业用地更新和功能置换中，完善工业遗产保护和利用的环境质量评价体系，必须对原厂区土壤、建筑和设施设备的污染进行有效治理，确保环境安全。6. 鼓励采取多种模式和途径，开辟多元化资金渠道，加强工业遗产保护，在保护的前提下进行适应性、多样性再利用，积极引导发展涉及社会民生的文化设施以及文化创意产业。7. 关注在经济转型发展和企业产能升级中已不具备新工艺革新和新生产功能的工业遗产，注重探索其保护与利用的可行途径和方式。8. 倡导工业遗产活态保护。对在近现代工业文明中有着特殊传承价值的工业遗产，应力求延续原有功能和传统生产业态，使之与现代经济社会生活相适应。①

武汉作为中国近现代工业的发祥地、新中国重点建设的工业基地之一，拥有种类繁多和数量丰富的工业遗产资源，这些遗产共同构成了承载城市文脉的重要物质空间载体。它不是城市发展的历史包袱，而是具有多种重大价值的宝贵财富，应该珍惜、善待它，绝不能一拆了之。为完好继承并合理利用丰厚的工业遗产"家底"，近年来武汉市首先从规划方面展开研究探索。

一是宏观层面。2008 年，建设部组织开展中英可持续城市合作项目研究，武汉作为老工业基地城市，成为合作项目的案例城市，参与并形成《中英可持续发展城市对话——中国武汉个案研究》报告。2010 年 4 月，中国城市规划学会在武汉组织召开"城市工业遗产保护与利用专题研讨会"，形成《关于转型时期中国城市工业遗产保护与利用的武汉建议》，详细内容已见前述。同年 11 月，科技部与建设部联合开展"典型城市工业遗产保护与科普开发"课题项目，武汉作为典型工业城市入选其中。

二是中观层面。《武汉市城市总体规划（2010—2020）》中明确提出需进一步调查、挖掘反映武汉近现代工业发展历史的工业厂房、街区，将其作为近现代工业遗产纳入历史文化保护范围。《武汉市历史文化名城保护规划》指出，工业遗产既是城市历史文化的载体，也是凸显城市特色的要素。该规划对于工业遗产保护工作起着重要的指导作用。

---

① 《城市发展研究》，2013 年第 1 期。

三是微观层面。《武汉历史文化与风貌街区体系规划》将工业文脉作为城市历史演变及空间文化脉络中的一个重要组成部分，确定了青山红房子、武钢、武船等5片承载工业文脉的历史街区，并制定了相关控制细则。根据《武汉市工业遗产保护与利用规划》，主城区内计有95处工业遗存被列入"武汉市工业遗存名录"，形成对主城区控制性详细规划及其他相关规划的专项指导，为工业遗产保护工作提供了依据。[①]在武汉工业遗产保护利用实践方面，根据工业遗产的不同情况，采取不同的保护利用方法，取得了一定成效。

武汉在工业遗产保护利用方面尽管做了一些可贵探索，取得了一定成效，但纵观客观现实，形势依然严峻，保护工作任重道远。我们应不负众望，继续努力前行，这也是写作本书的动机与价值所在。

① 田燕：《武汉工业遗产整体保护与可持续利用研究》，载《中国园林》2013年第9期。

第二章　武汉工业发展历史轨迹

第一节　晚清武汉工业发展回眸

一、外资工业

汉口作为中国内河航运港口，是依据清政府1858年被迫签订的中英《天津条约》于1861年对外国开放的。汉口对外开放后，洋商联翩而至，在汉口陆续投资兴建有一批农副产品加工企业。

民国时期汉口英租界

目前所知，1873 年前后俄国茶商在汉口英租界滨江地段（今兰陵路口）开办的顺丰砖茶厂，是武汉最早使用机器动力的新式工业。该厂厂房高大，内有蒸汽机、锅炉以及各种制茶机械设备，雇工 800～900 人，是当时汉口规模最大的外资企业。该厂同时还在九江、福州等地开设分厂，生产量和贸易量都十分可观。该厂在汉口以湖北、湖南所产茶为原料，加工生产红砖茶、绿砖茶以及用茶叶碎末压制的小京砖茶。继顺丰砖茶厂之后，在汉俄商又陆续开办有新泰、阜昌、柏昌 3 家砖茶厂。截止 1893 年 8 月，俄国茶商在汉口创办的砖茶厂共计 4 家，平均每年生产加工各种茶约 40 万担左右，绝大部分销往俄国。

在俄国商人之后，英国商人又在汉口建立了机器制茶厂。1876 年，英国商人在汉口兴办了机器制革厂，加工出口皮革。次年，汉口出口皮革骤然增至 50000 担，是英国商人建厂前 1875 年的 10 倍，由此可以推想，英商机器制革厂已有相当的加工能力。从 1897 年起，德国商人和奥地利商人在汉口开办蛋粉厂，利用湖北与河南农村的鸡鸭蛋为原料，以机器制造蛋粉、蛋液。到 1908 年，汉口有外商蛋品厂 6 个，其中以英国商人在位于今天江岸区六合路建立的和记蛋厂规模最大。离和记蛋厂不远的英美烟公司，是英美两国商人 1908 年合资兴建的，资本 980 多万元，日产烟 1000 万支，是当时汉口最大的外资企业。此外，由外国人投资创办的还有面粉加工厂、制冰厂、榨油厂、酿酒厂、汽水厂、食品厂、灯泡厂等。据统计，到 1911 年辛亥革命前，外国商人在武汉创办的工厂共 70 多家，这其中除原料、食品加工外，还有一部分属于器械维修等生产性服务业。

二、官办工业

1891 年初，汉阳龟山北麓忽然成为一个喧闹的大工地，数千人在这里挥锹抡镢，平整土地，加高江堤，修建厂房，标志着武汉第一家官办机器工厂汉阳铁厂的动工。

位于龟山北麓的汉阳铁厂

经过近三年的施工，汉阳铁厂于1893年10月建成，1894年5月投产。汉阳铁厂规模宏大，共分贝色麻钢厂（即酸性转炉）、西门士钢厂（即碱性平炉）、钢轨厂、铁货厂、熟铁厂、铸铁厂、打铁厂、机器厂、鱼片钩钉厂等4个大厂和6个小厂，机器从英国订购，聘用外国技术人员40多人，招雇中国工匠3000多人。汉阳铁厂一昼夜出铁五六十吨，不仅是晚清中国唯一的机器炼铁厂，也是当时亚洲规模最大的钢铁企业。1908年3月，经清政府批准，汉阳铁厂与湖北大冶铁矿、江西萍乡煤矿合组汉冶萍煤铁厂矿有限公司，成为亚洲最大的钢铁联合企业。

在建设汉阳铁厂的过程中，1892年湖北枪炮厂又在紧邻汉阳铁厂的西边动工兴建，1894年初步建成。到1898年先后建成造枪厂、枪弹厂、铸炮厂、炮弹厂、钢罐厂、火药厂等多个分厂。该厂机器设备是通过清朝驻欧洲使臣许景澄从德国著名的军工企业克虏伯公司订购的，中间又几次更新设计，技术设备在当时属于世界先进行列。枪炮厂初有工匠1200多人，到1904年发展到4500多人。该厂能制造毛瑟枪和克虏伯快炮，其中所造德国1888年式改良5响毛瑟枪，口径7.9毫米，就是清末民初饮誉全国的步枪“汉阳造”。该厂1895年每月产枪500枝，子弹10万多发，炮弹7000余枚，后来生产能力又有提高。1904年，湖北当局鉴于湖北枪炮厂分厂林立，厂各有名，已非枪炮名称所能概括，报请朝廷批准改为湖北兵工厂。1908年改名为汉阳兵工厂。到1909年，汉阳兵工厂生产的武器弹药，计有马、步快枪130658枝，各种炮986门，枪弹61776554颗，炮弹989484枚，各种炮架905副，炮弹壳、碰火、底火971671枚，炮器具各种钢坯44.6万多磅，无烟枪炮药27万余磅，硝镪水200余万磅。

在汉阳兴建炼铁厂和枪炮厂的同时，湖北当局又开始在武昌兴办机器纺织业，先后建成布纱丝麻四局。建立最早的是织布局，从1890年动工到1893年初建成投产，用了三年时间，地址在文昌门外。该局开办费为白银120多万两，设备从英国订购，设备安装与生产技术总监均聘请英国技师负责，雇工2500多人；拥有织布机1000张，提花机1000张，日产棉纱100担，棉布180丈。该局产品经批准享受减免税金优惠，销路旺盛，尤其是所产棉纱比棉布销路更好，获利很厚，于是又于1894年在文昌门外另建湖北纺纱局。该局原拟建南北两个纱厂，并向上海的比利时洋行与德国洋行订购了机器设备。1897年北厂建成投产，有男工1600人，纱锭50000枚，日产棉纱5500公斤，还聘有外国技工多人。南厂设备运到上海后，因资金等原因搁置，由南通籍状元实业家张謇领去办南通大生纱厂。鉴于湖北产丝较多，传统的土法缫丝质次价廉，销路不旺，而广东、上海等地采用机器缫丝，产品价格比土法缫丝高出3倍，销路很好。为了倡导民间机器缫丝，湖北当局在增建纱厂的同时，又投资白银60000两，于1896年6月在望山门外建成湖北缫丝官局。该局有缫丝机200盆，工人500名，日产上等品30斤，普通品18～19斤，全部通过上海出口国外。

湖北缫丝官局

湖北制麻局兴建最晚，于 1898 年 4 月开始在平湖门外购地建厂，1904 年部分试产，1906 年全部建成投产。1902 年制麻局尚未建成，即与织布局、纺纱局、缫丝局一起招商承办。制麻局产品为各种麻纱、麻布和细斜纹布，每天生产麻纱 300 斤，织物 500 米左右。四局招商承租后，产品牌号商标不变，由承租者自主经营，自负盈亏，企业所有权仍属官方，官方派人监督，按照承租协议收取租金，经营上曾一度颇有起色。1911 年武昌首义爆发，企业被迫停产。

晚清时期，由湖北官府投资及官商合办的机器制造业，除了汉阳铁厂、湖北枪炮厂以及布纱丝麻四局外，规模较大的还有武昌造币局。1893 年湖北当局援引广东成案，奏准在武昌三佛阁街设立湖北银元局，仿照外国铸造银元。湖北银元局所铸银元在晚清各省所铸银元中，成色较准，流通较广，因而得到清政府的肯定推广。据说由湖北银元局铸造的这种银元，成为当今文物市场上的珍品，每枚可卖 2～3 万元。1902 年 9 月，湖北当局在原铜钱局的基础上建立铜币局，铸造铜元。湖北铜币局所铸铜币分当二十文、十文、五文、二文、一文 5 种，先铸 100 万枚试销，受到市面欢迎，后每天出 30 万枚仍供不应求，次年日产达 100 万枚，1905 年日产最多时达到

400万枚。据统计，铜币局共盈利估平银829.7万多两。湖北铜币局机器设备数量在清末为全国之冠，1905年全国有铜币局15家，机器864部，其中湖北铜币局一家就有机器150部。1910年，湖北银元局与湖北铜币局合并，改称武昌造币局，厂址仍在武昌三佛阁街，占地面积达到2742平方丈，职工最多时达1200人。

除上述大型企业外，武汉地区由官办、官督商办、官商合办的新式制造业，规模与影响较大的还有建在武昌的白沙洲造纸厂、南湖制革厂、下新河毡呢厂、兰陵街湖北模范工厂，建在汉阳赫山的湖北针钉厂、湖北官砖厂，建在汉口的机器焙茶厂、谌家矶造纸厂等等。根据相关研究，清末20年间，在湖广总督张之洞主持下，武汉地区官办、官督商办、官商合办的新式工业估计有20多家。

湖广总督张之洞

三、民营工业

如果说外资制造业是捷足先登，那么，民营制造业则是在外资制造业和官办制造业的影响下缓慢起步的。它们有的是直接购置机器创办的，有的是由传统手工作坊发展而来的。根据建厂时间，武汉民营企业发展可划分为前后两个阶段，1905年前为第一阶段，20年间共办企业25家；1906年至1911年为第二阶段，在5年多时间里创办企业 97 家，企业规模也比前一阶段有所扩大。到 1911 年 10 月辛亥武昌首义时为止，整个晚清时期，由商人在武汉创办的企业有 120 多家，另外加上由官办转为民营的六七家企业，总数有 130 多家，总体实力在全国仅次于上海，位居第二。在这 130 多家企业中，除了不到 10 家采矿与水电企业外，其余均属于制造业范畴，行业包括机器制造、面粉加工、榨油、碾米、织布、造纸、烧砖、冶炼、玻璃、肥皂、香烟等。

既济水电公司及汉口燮昌火柴厂创办人宋炜臣

第二节　民国武汉工业发展概况

中华民国成立以后，压制民族工商业发展的封建专制桎梏被打碎，及至第一次世界大战爆发，帝国主义列强忙于相互厮杀，无暇东顾，相对减弱了对中国的商品输出及资本输出；加之国内反帝爱国运动、抵制洋货运动的不断兴起，实业救国思潮的日益广泛传播，武汉曾出现过投资设厂高潮，民族工业得到较大发展。至 20 年代中期，武汉已有民营工业企业包括较大的手工作坊约 600 家。这些厂分布于 20 多个行业，以纺织工业最多，约 290 户；碾米业 90 余户，新建立的有 80 余户；印刷业 71

户，新建的有34户；机器业58户，新建立的有40余户。1911—1927年，在武汉民营工业中，拥有万元资金以上的厂有52家，在投资额和工厂规模水平上比1911年前有较大增长。其中第一纱厂、裕华纱厂、震寰纱厂、谌家矶六河沟扬子铁厂等4家100万元以上的工厂都创建于这个时期。[①]20年代后期，武汉工业几经起伏。1927年武汉国民政府期间，因武汉劳资冲突激烈，又受到外部经济封锁，工厂大量倒闭，工业发展受到严重影响。1927年蒋介石成立南京国民政府后，战乱未停，武汉经济发展停滞，工业生产一蹶不振，直到1929年才略有转机。不料，随后的1931年武汉大水及世界经济危机，武汉工业发展又遭受挫折。1935年后，由于中国抗战、抵制日货形势的发展和湖北农业丰收的影响，武汉工业出现繁荣局面。

在汉口创办福新第五面粉厂与申新第四纺织厂的李国伟

纺织业方面：1935年后，生产形势基本好转，工厂虽日夜开工，产品仍供不应求，各厂在1936年、1937年均获厚利。如武昌震寰纱厂1936年获利50万元，1937年获利达185万元；武昌第一纱厂由复兴公司承租后不到两年即获利500多万元；由鲁履安承租的民生公司，由原亏损80万元一转身盈利达300万元；申新第四纱厂

① 《武汉市志·工业志》，武汉大学出版社1999年版，第9～10页。

1935 年后因盈利而增加纱锭 5500 枚，共有纱锭 50000 枚，布机 875 台，1936 年还新开了漂染厂，成为棉纺织和印染全能工厂。湖北官布局在 1938 年有纱锭 40592 枚，织布机 648 台，每月承制军用布 45000 匹。一些原来停产、倒闭的中小厂家，也陆续开工发展起来。据统计，1937 年武汉纱锭数达到 297192 枚，布机 6825 台。武汉地区仅染织厂就达 50 多家，毛巾厂达 24 家。纺织业产销两旺，前所未有。

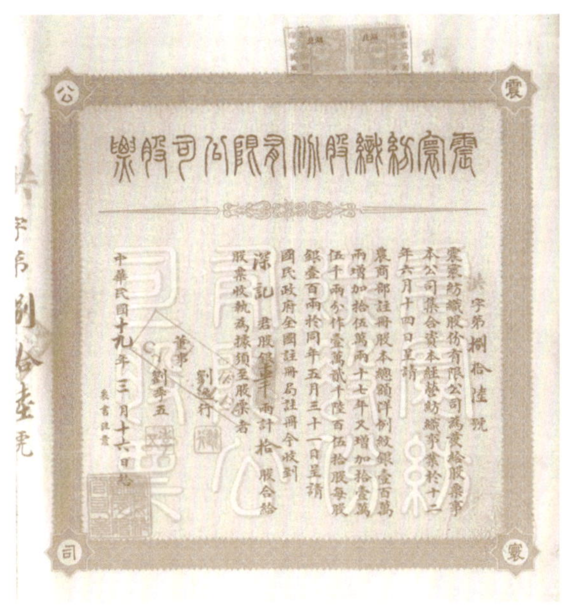
震寰紡織股份有限公司股票

字第捌拾陸號
震寰紡織股份有限公司為發給股票事
本公司集合資本經營紡織事業於十二
年六月十四日呈請
農商部註冊股本總額洋例紋銀壹百萬
兩增加拾伍萬兩十七年又增加拾壹萬
伍千兩分作壹萬貳千陸百伍拾股每股
銀壹百兩於同年五月三十一日呈請
國民政府全國註冊局註冊令收到
深記 君股銀壹千兩計拾 股合給
股票收執為據須至股票者
董事 劉逸行
董事 劉季五
中華民國十九年三月十六日給

震寰纺织股份有限公司股票收执

武昌第一纱厂办公楼

机械工业方面：在抗战全面爆发前有工作母机3340台。造船业发展很快。当时武汉民营修造船舶的工厂发展到22家，极一时之盛。其中江汉造船厂于1937年与武昌机器厂合并，改归省营，成为以修造船舶为主的大型船厂，能够制造5000吨级的拖轮。机器厂也有一定发展，到1936年，武汉有官营机器厂2家，即汉阳兵工厂与武昌机器厂；民营机器厂约100余家，总资本35万元，年产值64万元，使用动力机械90台，工人1543人。资本在万元以上、产品较精的机器厂有周恒顺、吕方记、冠昌、吕锦记、中国煤气机厂、胡尊记、新华、善昌、精艺昌、伍升昌等。其中，周恒顺机器厂于1935年后陆续更新设备，引进英、德等国家先进车床、刨床等60多台，动力由蒸汽机改为煤气机和柴油机，职工增加到200多人，设有4个工场，采取西方管理方法设置机构，1937年产值达100多万元，成为全国产品最精良的9家民营机器厂之一。

粮油加工业方面：经过20年代末、30年代初的萧条后，粮油加工业也逐渐复苏并很快发展。汉口福新第五面粉厂规模最大，资本额150万元，年产值600万元，短短几年，盈利达289万元。汉阳五丰制粉厂，资本35万元，年产值250万元，柴油机、煤气机各一部，年产粉54万包，产量仅次于福新而居第二位。其他一些中小面粉厂也有十分可观的盈利。武汉再度成为华中地区制粉中心，产量仅次于上海、哈尔滨、天津，居全国第四位。碾米业不断有新增厂家出现，1936年增加到176家，总资本66.7万元。榨油业1936年已达12家，武汉成为国内植物油工业中心，华南地区豆饼需用量一半由武汉供应。

20世纪20年代汉口福新第五面粉厂

轻工业方面：印刷业自 1935 年后逐渐回升。1937 年上半年，武汉有大小印刷厂达 270 多家，工作机 1100 台，职工 10000 余人。规模较大的武汉印刷厂职工常在 100 人左右，业务繁忙时达 300～400 人。卷烟行业除外国资本开设的英美烟公司外，共有卷烟企业 6 家，为华中最大的卷烟产地。其中发展最快的是南洋兄弟烟草公司汉口分公司，到 1937 年，该公司卷烟机增至 29 台，工人 600 余人，月产烟 2500 箱，所产“千秋”、“金釜”、大小“长城”牌香烟，在长江流域的九江、长沙、重庆等地畅销，年产值达 8700 万元。食品饮料业厂家较多，达 77 家。日用化工企业次之，也达 56 家。其中肥皂业所占比重较大，1937 年有 30 余家，日产洗衣皂 6 万箱，香皂 8 万打，产品行销华中广大城乡。制漆业也有一定发展，1928 年建立的建华机制油漆股份有限公司，开始生产时月产量不足 10 吨，1936 年经改组增资后，月产油漆达 150 吨以上。电池业方面，汉口大公牌电池制造厂规模较大，日产电池 5000 只左右。制革业方面，有省属制革厂、民营汉中制革厂等，其中汉口张之山皮坊生产的黄色汉纹皮质量上乘，曾获湖北地区第一次国货展览会特等奖。

汉口燮昌火柴厂生产的鱼牌火柴

20 世纪 30 年代中期的武汉，在民族工业获得长足发展的同时，外资所办企业也有所增加。到 1937 年，先后有德、英、美、日、法、意、俄、荷、比利时、西班牙、丹麦、瑞士、瑞典、澳大利亚等国在汉开办企业 156 家，除少数企业如汉口打包厂、恒丰面粉厂、金龙面粉厂、福中澄油厂等外，大多数均为外商独资企业。这些外资企业在对中国进行经济剥削的同时，也把一些新的技术和先进管理方式带到武汉。

这一时期，是民国武汉工业发展的最好时期，尽管在全国工业城市排名中，和晚清之际相比位次发生后移，但仍占重要地位。据官方统计，1936 年底，武汉有民营工厂 516 家，其中，汉口 408 家，资本总额 3982.7548 万元，年产值 16756.66 万元；武昌 58 家，资本总额 588.66 万元，年产值 2342.9273 万元；汉阳 50 家，资本总额 153.32 万元，年产值 754.074 万元。另有省营与国营中大型工厂 20 家。武汉工业的厂家、资金额、年产值分别占湖北省工业的 94%、99%、92%[①]。另据《抗战两年来湖北省公私损失统计 · 工业概说》，抗战爆发前武汉有民营工厂 603 家，占湖北全省民营工厂 749 家的 80%[②]。武汉工业在全国的排名，次于上海、天津、无锡居第 4 位，资金额、年总产值居第 5 位。

1937 年七七事变后，日军大举南下，在攻占中国工业中心上海之后沿江西上。7 月中旬，日军侵入湖北省境，鄂东成为主要战场，武汉工业企业被迫内迁。武汉的 250 家大中型企业、十余万吨机器设备，西迁至四川、陕西、湖南、广西、贵州等抗战大后方。纺织业等迁至湖南、陕西、四川，机械业迁至四川、湖南。汉阳铁厂等重工业企业则落户“陪都”重庆。在武汉工业企业西迁中，落户最多的是湖南，达 115 家；其次是四川，达 98 家。

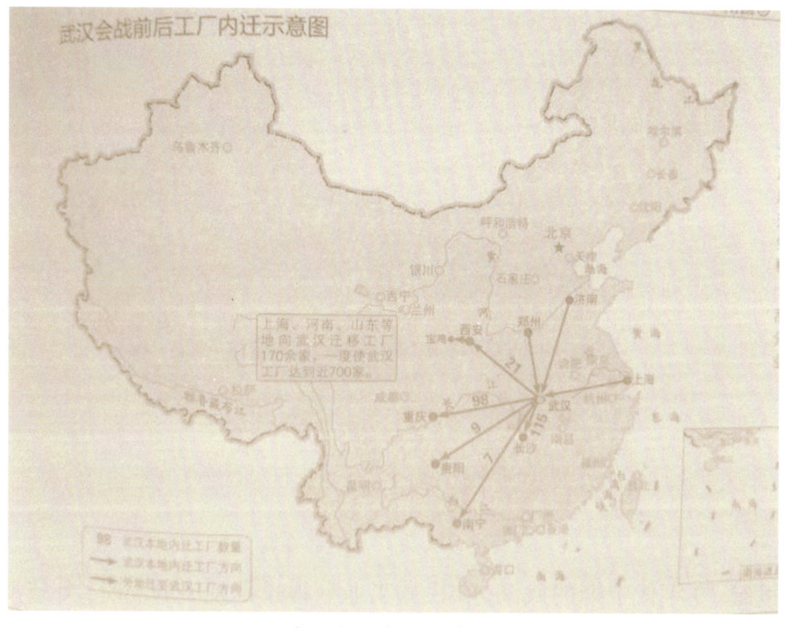

武汉企业内迁示意图

① 湖北省政府秘书处统计室编《湖北年鉴》，1937 年。

② 湖北省档案馆 LS2-1-146。

汉口一家烟厂工人准备撤离武汉

武汉企业西迁的结果，一方面大大提高了中国抗战大后方的工业水平，为中国抗战胜利做出了卓越贡献，另一方面随着城市的陷落，人口大量逃亡，武汉经济水平跌落至谷底，工商企业比战前减少70%以上。日军占领武汉后，打着"日华合作""租赁"等旗号掠夺中国工厂，将各厂留下的机器强行拆卸拼凑起来，驱使中国工人开工生产，同时以"委托经营"方式将华资企业转交给日本株式会社经营，武汉残存的民营工业完全丧失自主发展的能力。据伪"汉口工商会议厅"统计，1942年武汉"复兴"工厂133家，约为战前武汉工厂数的25.6%，年产额为战前的15.8%。抗战胜利后，武汉工业恢复极其缓慢。据统计，1947年，武汉仅有工厂459家，工人只有23863人。抗战胜利三年后的1948年，全市有动力设备的工厂仅223家，其中，机械业68家，纺织业21家，面粉业32家，烟草业18家，电力业3家，印刷业39家，制皂业27家，其他25家。全市工厂用电量不到战前的68%。[①]到1949年，武汉各类工业企业大量破产，30人以上的工厂仅余区区260家。固定资产仅有7000万元，年产值19766万元。所剩企业也多因资金短缺，开工严重不足，濒临倒闭。

① 《武汉市志·工业志》上卷，武汉大学出版社1999年版，第27页、第29～30页。

第三节　新中国武汉工业纵览

新中国成立后，我国政府确立了优先发展重工业的工业化发展方向，武汉工业迎来发展的春天。从 1949 年 5 月至 1952 年底，市人民政府提出以恢复和发展生产为中心，并为进行大规模生产建设创造条件。经过三年努力，终于恢复了已濒于崩溃边缘的工业。1952 年全年武汉工业总产值达 4.32 亿元，较 1949 年增长 118.5%；其中电力生产增长 93.41%，棉纱增长 70.83%，棉布增长 40.91%。在国家第一个五年计划实施的 156 个重大项目中，武汉钢铁公司、武汉重型机床厂、武汉锅炉厂、武昌造船厂、武汉肉类联合加工厂、青山热电厂和武汉长江大桥等 7 个项目落户武汉。

武汉市从 1958 年开始的工业“大跃进”，因违背科学规律盲目蛮干而付出了惨重的代价，但由于动员了空前的人力、物力进行建设，也留下了一批重要的工业建设

当年武钢一角

雄伟壮观的武汉长江大桥

项目。1961 年后武汉又进行了为期五年的经济调整，因而经济建设仍然取得了很大成就，为把武汉建成以钢铁、机械、纺织工业为主的综合性工业基地，奠定了重要的物质技术基础。重点工业建设项目中，武钢到 1960 年基本形成年产钢、铁各 150 万吨的生产能力，武汉重型机床厂、武汉锅炉厂、武昌造船厂、710 厂、武昌车辆厂、武汉电讯电源厂等 8 个企业按计划建成。武汉船用机械厂、江岸车辆厂、湖北建筑机械厂、武汉抗菌素厂等 8 个厂基本建成。还有青山船厂、葛店化工厂、国棉二厂等 6 个厂到 1965 年以前也陆续建成。全市“二五”期间工业基本建设投资 17.4 亿元，比“　五”时期增长 124.6%，新增固定资产 13.79 亿元，较 1957 年增长 2.64 倍。许多工业行业从无到有，工业生产能力迅速增长，钢铁、发电、水泥、汽轮发电机、工业泵、烧碱、化学农药、合成氨、抗菌素等产品产量成十倍、百倍地增长。到经济调整后期，武汉市除了在旧城区改建和扩建了原有的工业区外，还在近郊开辟有青山、中北路、石牌岭、关山、葛店、余家头、易家墩、唐家墩、七里庙和鹦鹉洲等工业区[①]，逐步形成以钢铁、机械、纺织轻工为主，化工、电子、建材等门类齐全的现代工业体系。在全国 25 个大中城市中，武汉工业总产值多数年份仅次于上海、北京、天津，居于前四位。其中，冶金工业居第三位，纺织工业居前五位，机床拥有量也居前五位。武钢、武重等武字头大型国企崛起，使武汉成为全国六大工业基地之一。武汉工业雄厚的实力和非凡的业绩，使武汉享有新中国工业骄子之誉。

20 世纪 80 年代末以后，由于改革开放的区域差别，以及市场发生变化，武汉制造业发展的步幅逐渐落后于沿海地区。到 1991 年，武汉的国内生产总值在全国 19

① 徐鹏航主编:《湖北工业史》，湖北人民出版社 2008 年版，第 405 页。

个副省级城市中排名已下降到第 11 位。与工业增长最快的城市相比，武汉的工业增长速度相差了 20 多个百分点。2002 年，武汉市委、市政府经过深入调研，认为武汉制造业开辟大部分财源，提供百万人就业，拉动一、三产业发展，是武汉的强市之基，富民之源；武汉拥有雄厚的科技实力，在改造提升传统工业，发展先进工业方面具有很好的基础，于是在次年作出重振武汉工业雄风的战略决策。2011 年初，武汉市又提出工业倍增计划，并将其纳入武汉市“十二五”规划。

经过近几年的努力实践，工业倍增计划取得显著效果，2011 年至 2013 年，累计完成工业投资 5161 亿元，全市规模以上工业总产值从 7000 亿元到突破万亿元大关。2014 年全部工业总产值达 1.3 万亿元。工业已连续三年对武汉市 GDP 增长的贡献率超 40%，目前工业占武汉市 GDP 的比重已达到 40.3%。而借着工业倍增带来的效应，2014 年武汉市 GDP 达到 10069.48 亿元，经济总量跻身全国第八，提前一年完成“十二五”规划提出的突破万亿目标，GDP 总量赶超成都，跃居 15 个副省级城市第三位，实现历史性跨越，工业成为武汉经济增长的重要拉动力量。工业倍增直接带来武汉新城区的崛起。随着大光谷、大车都、大临空、大临港四大板块的明确，武汉 6 个新城区和 3 个跨三环中心城区分别建成工业倍增发展区，成为当地工业发展生力军。

第三章　武汉工业布局及其特征

第一节　武汉工业布局历史演变

武汉工业大致经历了三个时期，即近代工业化时期、新中国成立后重化工业建设时期和20世纪90年代开始的工业调整时期，每一时期空间布局都具有不同的特征。

一、近代工业化时期（1861—1949年）

1861年以后，汉口以英租界为开端，沿长江陆续设立了五国租界区，作为列强掠夺中国内地自然资源以及倾销其工业品的桥头堡。与轮船运输相适应，外国商人在沿江设立了众多的码头、仓库，租界内临江一侧则渐次兴起各色独立的小型加工厂，主要为制茶、蛋品、卷烟、制革、面粉等消费品加工以及机械修理等。

1889年12月，张之洞就任湖广总督，在武汉兴办民族工业，汉阳成为冶金、建材、机械制造工业基地，武昌逐渐成为近代纺织工业、造纸工业基地，进而带动了民营工业的发展。此间武汉的工业主要沿长江、沿铁路近域布局。如位于汉阳龟山北麓、汉江南岸的汉阳铁厂、湖北枪炮厂，位于月湖以北、汉江之畔的湖北官砖厂、湖北针钉厂，形成汉阳十里工业长廊。如清末先后在武昌文昌门、望山门、平湖门外建设湖北织布局、纺纱局、缫丝局和制麻局，形成近代纺织工业区。在武昌城西南白沙洲建设造纸厂，在保安门外南湖建设制革厂，在武胜门外下新河建设毡呢厂，在城内兰陵街建设模范工厂，在洗马池街建设湖北银元局，在原宝武局基地建设铜元局。在汉口沿京汉铁路，则有硚口贫民工厂，谌家矶扬子机器厂等。

20世纪30年代以前，武汉城市形态处于传统封建城镇向现代都市转化的雏形期。在这一时期，工业区布局难以脱离既有城镇基础，均是依托城市，顺江汉水道和新修的陆路通道就近展开，这一发展态势奠定了其后数十年武汉工业的基本格局。

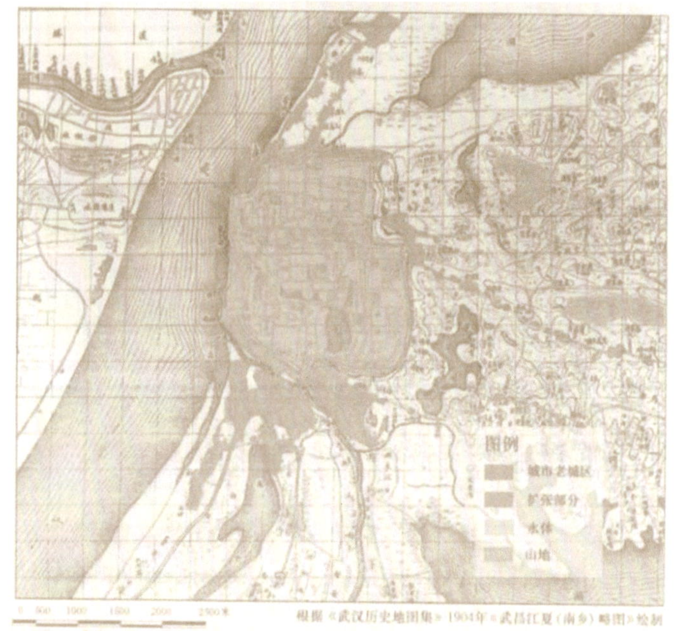

1904 年武昌城市空间扩张图

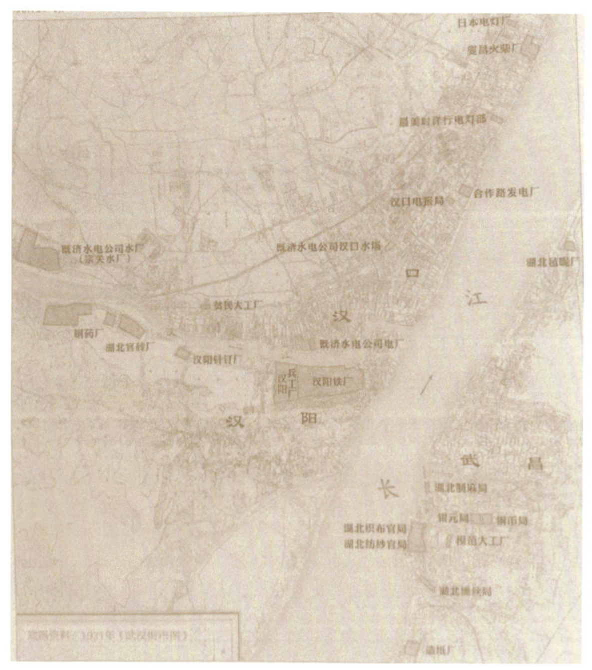

武汉清末工业布局示意图

二、新中国工业基地建设时期(1949—1992年)

新中国成立后,武汉市被列为国家重点建设城市之一,着手编制城市建设规划。武汉市人民政府三次制订和修改城市总体规划和建设规划,按照工业部门的性质,以技术经济合理和满足环境生态要求为原则,适应自然条件和总体规划目标,工业布局以城区为核心,向市郊、沿江、沿铁路线展开。在市区建成区内,形成一批工业小区,有关产业相对集中,沿江的卫星工业镇如葛店、阳逻、沌口、金口、滠口也有了发展。

"一五"期间以武钢、武重、武锅、武船、武汉肉联、青山热电厂和武汉长江大桥等七项全国重点工业交通项目为代表,武汉作为全国主要工业基地之一的地位得到强化。"一五"的国家重点建设项目又进一步带动了"二五"期间地方工业,包括冶金、机械等重工业,纺织、轻化、电子、食品等轻工业的发展。"一五"、"二五"时期的大型工业项目的建设,按工业区位原则进行选址,并借鉴苏联模式按地域生产综合体形式建设工业区,呈工业组团的功能和形态特征。这些组团基本沿江河和山脊线布置,逐步形成十二大工业区——青山、余家头、答王庙、钵盂山、白沙洲、关山、鹦鹉洲、七里庙、庙山、堤角、易家墩、唐家墩等大中型工业区。

1.青山工业区。位于城区下游长江南岸。形成以武汉钢铁公司为核心,有第一冶金建设公司、武汉冶金设备制造公司、青山热电厂、武汉水泥厂等相关配套企业的

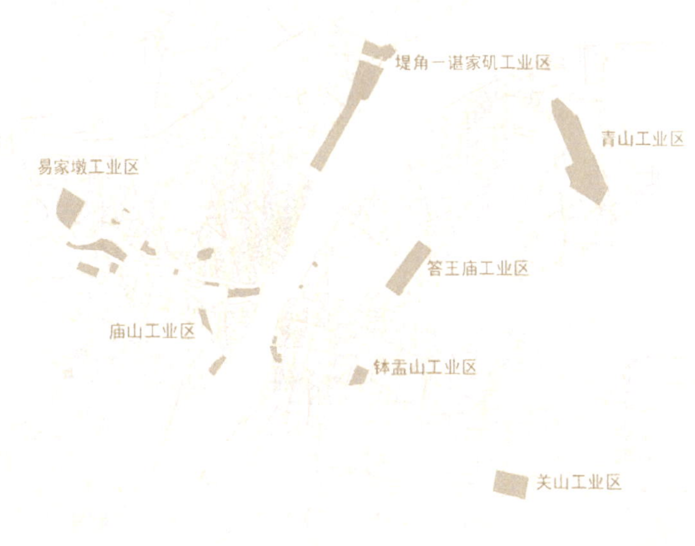

1954年工业区布局图

1959 年工业区布局图

冶金工业区。武汉石油化工厂、长航青山船厂等企业也建在这个工业区内。2.余家头工业区。位于武昌城区长江岸边。在传统棉纺厂址上扩建而成。有国棉二厂、四厂、五厂、六厂、武汉印染厂、武汉毛纺厂等棉毛化纤全套纺织、印染及纺织机械制造企业。3.答王庙工业区。以武汉重型机床厂为主，又新建武汉手表厂、武汉电视机厂、武汉无线电二厂等精密机械及电子工业企业。4.钵盂山工业区。在武昌城区东郊，以武汉锅炉厂为主体，还有武汉灯泡厂等多个机械、电器工厂。5.庙山工业区。位于汉阳区汉阳大道以南，泛指马沧湖路与翠微横路之间地带，原为荒郊。新中国成立后建枕木防腐、冷冻机、水泵等厂，形成从木材加工、机械为主的工业区。6.关山工业区。位于钵盂山以东。武汉汽轮发电机厂、鼓风机厂、缝纫机总厂、湖北电机厂、武汉微型电机厂、长江有线电厂、汽车标准件厂等在此组成机电工业区。7.白沙洲工业区。位于武昌城区西南长江岸。历史上是上游流送木筏来汉停泊场，清末曾建有白沙洲造纸厂，新中国成立后建成以建材业为主的工业区。8.堤角工业区。位于汉口城区下游的长江北岸。是以武汉肉类联合加工厂为主，有长江化工厂、化工原料厂等企业的食品及小型化学工业区。9.唐家墩工业区。位于汉口城区北缘。是以武汉复印机总厂、洗衣机厂、自行车厂、武汉橡胶厂、油脂化学厂等轻工机械化工为主的工业区。10.易家墩工业区。位于汉口城区西缘。有武汉制漆总厂、制药厂、制氨厂、无机盐化工厂、武汉染料厂、汽车工业公司、武汉柴油机厂、湖北柴油机厂、517 厂等轻化、机械工业等类企业。11.鹦鹉洲工业区。位于汉阳城区东缘长江沿岸。以机械、建材行业为主。12. 七里庙工业区。位于汉阳城区西部。有汉阳钢铁厂、汉阳客车制配厂、小型拖拉机厂等冶金、机械类企业。

至此，武汉以十二个工业区伸展的城市空间形态构架基本形成，成为以后历次总体规划的基础；这一基本骨架使工业区位主导的沿江河和沿山脊线布置呈指状由中心向外拓展，呈现“轮辐状”，指间为湖泊低地。以大企业为基础，配套生活居住用地及其他设施，成为功能完善的综合性城市单元，这种建设模式也成为1996年武汉总体规划确定的主城综合组团的基础。

与工业区集中在中心城区发展相反的一种趋势是工业的分散布局，其目的或是控制城市人口的增长，或是战备的需要。1956年编制的《武汉市城市建设12年规划》，提出在武汉市周围开辟八角岭、流芳岭、沱子店和滠口大中型工业区。1982年的武汉城市总体规划中，提出“在城区和近郊区不再开辟新工业区，凡需要在武汉建设的大中型企事业单位应放到离城区30公里以外的远郊小城镇建设”，并规划葛店、纸坊、蔡甸、金口、新沟五个工业小城镇，只是实际施行的效果十分有限。[①]

三、20世纪90年代的工业调整时期

进入20世纪90年代，武汉市委、市政府提出要将武汉市建设成为开放型、多功能、现代化的国际性城市，城市布局按照“钢铁城、汽车城、商贸城、科技城”的“四城”格局展开，其中钢铁、汽车、科技城的建设与发展均与工业布局有关。与此同时，工业布局的思路逐步形成，即工业布局的调整与扩展，要严格遵循城市内部功能分区原则，坚持从长远的总体利益出发，实行新建与改造、调整与疏导、集中与分散相结合，以中心区为基点，沿长江、汉江两岸展开，形成分工明确、主体突出、结构合理的沿江组团式工业分布格局。具体调整的思路是，中心城区工业企业实施“退二进三”和污染企业“搬迁改造”。武汉市政府在1994年作出“关于对市区部分工业企业实施搬迁改造的决定”，1996年又研究制定出“武汉市加快市区内污染工业企业搬迁改造若干规定”，要求全市工业发展严格限制区域，限制区内有污染的工业企业实行搬迁改造（包括就地转三产企业），并制定了一系列鼓励工业企业实施搬迁改造的优惠政策。

依照规划，江岸区、江汉区、硚口区、汉阳区、武昌区、洪山区、青山区以及东湖新技术开发区、武汉经济技术开发区的工业发展，按工业限制区、控制性发展区和重点发展区三个层次布局。

工业限制区为工业企业的迁出区域，其范围有：汉口东起黄浦路，西至建一路，北起建设大道，南至长江、汉水边；汉阳东起长江边，西至二桥路，北起汉水，南到汉阳大道、沿铁路到腰路堤以南铁路边；武昌东起中北路、中南路、中山路南段，西至长

① 车延高主编：《武汉制造：让历史告诉未来》，湖北人民出版社2007年版，第123～131页。

江边，北起徐东路，南至巡司河。限制区面积约为85.3平方公里，共有732家工业企业列入搬迁改造，其中汉口区域402家，汉阳区域131家，武昌区域199家，分别占全市应搬迁改造企业总数的54.92%、17.9%和27.18%。截至2000年底，全市有147家工业企业实施了搬迁改造，共退出工业用地173公顷。余下的585家企业，除保留无污染和部分都市型工业外，其余工业企业结合旧城改建分期分批搬迁到相应的发展区域或就地转为第三产业。

工业控制性发展区是中环线内除工业限制区以外的地区，区内形成古田、堤角—谌家矶、鹦鹉洲、白沙洲等四个中型工业区和黄浦科技园石桥园区、江北民营科技园、硚口经济发展区、陶家岭经济发展区、青山经济发展区、鲇鱼套工业区、石桥工业区等工业区。

工业重点发展区是以东湖新技术开发区的关东、关南和庙山为主构成的关山工业区，以武汉钢铁公司为主体的青山工业区和由武汉经济技术开发区构成的沌口工业区，这三大工业区以主导工业为核心，建设形成相对完善的工业生产体系。[①]以后逐渐形成如下格局：

1.新建的工业密集区

(1)沌口汽车工业密集区。该区工业布局以轿车总装为中心，相应布局为轿车生产服务的零部件、配套件以及与轿车工业关联密切的机械、电子和少量的轻纺工业。(2)阳逻电力、港口工业密集区。该区工业布局以火力发电厂的建设和为新港区配套的工业项目为重点，以现有工业为基础，适当发展建材、化工、纺织、机械等工业。(3)东湖新技术工业密集区。由东湖地区和相邻的原关山、石中两个工业密集区组并而成，形成微电子应用、光纤通信、生物工程、激光技术、新材料等五大新高技术产业群。

2.扩展的工业密集区

(1)青山冶金工业密集区。该区工业建设和布局以武汉钢铁公司为骨干，以“双七百”改造扩建工程为主体，扩大钢铁生产能力，增加产品品种，提高生产档次，进一步发挥优势。(2)葛店化学原料工业密集区。该区建设与布局的原则是在已经形成的化学原料工业为特色的基础上，向白浒山一带拓展。

3.调整、疏导、改造的工业密集区

(1)杨园工业密集区。该区为以纺织工业为主、交通运输设备为辅的加工工业密集区。(2)堤角工业密集区。形成以机械、化工、食品为主导行业的加工区。(3)唐家墩工业密集区。形成以机械、轻工为主导行业的综合加工区。(4)易家墩工业密集区。形成以机械工业和精细化工为主导行业的综合加工区。(5)七里庙工业密

① 《武汉市志》(1980—2000)第三卷《经济》上，武汉出版社2006年版。

集区。发展成为以改装车、冷冻机为主的机械工业密集区。(6)鹦鹉洲工业密集区和白沙洲工业密集区。鹦鹉洲工业密集区发展成为以港口机械为主体的工业密集区。白沙洲工业密集区发展成为以造船、建材工业为主体的工业密集区。

4.郊区工业布局沿交通干线展开

郊区工业发展结合当地资源状况和地理位置作适当调整,继续沿水陆交通干线展开布局,重点发展沿江城镇和郊区区委、区政府所在地(原城关镇)工业,使其加入全市工业分工体系,优先接纳中心区工业扩散,突出各自的特色和优势,形成联结中心区,带动乡村的相对发达的工业密集区域。[①]

第二节　世纪之交武汉工业布局[②]

2000年,江岸区、江汉区、硚口区、汉阳区、武昌区、洪山区、青山区和东湖新技术开发区、武汉经济技术开发区等中心城区工业用地66平方公里(含葛店工业区),其中青山、沌口、东湖三大工业区工业用地34.82平方公里,占中心城区工业用地的53%。(表28～35)

表28～35　2000年武汉市中心城区工业布局一览表

工业区类别	工业区名称	用地规模(平方公里)	主导行业
大型工业区	青山工业区	18.86	冶金、机械、石化、建材、交通运输设备制造
	关山工业区	5.66	光纤、电子、电器、机械
	沌口工业区	10.30	汽车及配件、高新技术、出口加工、精细化工、食品加工
中型工业区	古田工业区	3.80	机械、化工、交通运输设备制造、电器器材、光电子、新材料
	堤角、谌家矶工业区	2.17	化工、食品、机械、冶金、造纸
	白沙洲工业区	2.06	建材、机械、化工、交通设备制造
	鹦鹉洲工业区	2.00	机械、冶金、医药
	七里庙工业区	3.23	机械、冶金
小型工业区	中北路工业区	1.06	机械、电子
	徐家棚工业区	1.05	交通设备制造、电力、仪器仪表
	余家头工业区	1.15	纺织、机械、电子
	唐家墩工业区	0.88	机械、电器器材、化工
	琴断口工业区	1.65	建材、食品

① 皮明庥主编:《武汉通史·中华人民共和国》卷下,武汉出版社2006年版,第120～122页。

② 《武汉市志》(1980—2000)第三卷《经济》上,武汉出版社2006年版。

续表

工业区类别	工业区名称	用地规模（平方公里）	主导行业
工业点	黄浦科技园石桥园区	0.12	生物制药、服装
	江北民营科技园	0.69	服装、激光、电子电讯
	硚口经济发展区	0.52	光电子、新材料、传统轻工业升级改造
	陶家岭经济发展区	0.41	制药、玻璃加工
	青山经济发展区	0.10	环保设备、环保材料、仪表
	鲇鱼套工业区	0.53	造船
	石桥工业区	0.62	机械、仪表、建材
	二七工业区	0.77	交通运输设备制造、机械、电子
	龟北工业点	0.40	棉纺、交通设备制造
	妙墩工业点	0.56	机械、电器器材、化工
	宗关工业点	0.45	纺织、食品、供水
	鲩子湖工业点	0.16	电子、仪器
	硚口路工业点	0.46	纺织、食品
	石牌岭工业区	0.71	专用机械

1.江岸区工业布局

江岸区位于长江北岸汉口东部，东邻黄陂区，西与江汉区接壤，南濒长江与武昌区和洪山区隔江相望，北接东西湖区，总面积 64.24 平方公里。1980 年，江岸区工业有铁道部江岸车辆厂、武汉肉类联合加工厂、中原机械厂、武汉市无线电厂以及武汉第一、第二、第四皮鞋厂等一批中央、省、市大中型企业，建有新村（二七）、堤角、西马等工业密集区。1985 年，江岸区工业重点行业产值占全市工业总产值的比重为：机械 8.36%、纺织 2.56%、交通 9.02%、建材 10.02%、电器 4.39%、食品 27.64%、化学 12.67%。

“八五”和“九五”计划期间，江岸区工业经济结构由适应性调整向战略性调整转移，区内西马工业区随着城区建设的发展，绝大部分工业企业“退二进三”或外迁，工业区用地逐渐演变成集休闲、娱乐、饮食、保健、商住为一体的商业闹市区；新村（二七）工业点用地规模 0.77 平方公里，以江岸车辆厂为主，工业点内主导行业有交通运输设备制造、机械、电子等。堤角工业区延伸至谌家矶，形成堤角—谌家矶中型工业区，工业区用地规模 2.17 平方公里，主导行业有化工、食品、机械、冶金、造纸等。

1994 年 9 月，位于江岸区内的武汉东湖新技术开发区黄浦科技园成立。黄浦科技园地处长江二桥北端，以黄浦路为轴线，连通工农兵路、二七路、黄孝河路、江大路，规划面积 3 平方公里，成为东湖新技术开发区的卫星区。

2.江汉区工业布局

江汉区东与江岸区毗邻，西与硚口区接壤，南滨长江、汉水，与武昌、汉阳隔江相望，北依张公堤，与东西湖区紧连，总面积 33.43 平方公里，因地处长江与汉水交汇处而得名。该区以商业为主，工业次之。20 世纪 50 年代，建有唐家墩工业区。1985

年，江汉区重点行业产值占全市工业总产值的比重为：机械12.79%、纺织4.38%、交通3.15%、建材5.50%、电器35.4%、食品7.25%、化学3.82%。

1994年4月，武汉市江北民营科技园成立。1997年，挂靠东湖新技术开发区；1999年，被批准为武汉市江北民营科技园；2000年，相继被湖北省科技厅、国家科技部批准为省级、国家级民营科技园。园区位于江汉区北部，东临常青路，南至京广线，北依张公堤，西至张公子堤，控制性规划面积156公顷。2000年底，园区内70公顷土地范围内实现“五通一平”，竣工和兴建各类工业厂房、公共建筑设施50余万平方米。有以太和集团、爱帝集团为龙头的汉派名优服饰企业和以京山轻机、长江数据通讯、天天好生物制品为代表的高科技企业相继入区，形成以民营经济为主体，以服饰、生物医药、光机电、环保等高新技术产业为支撑的工业体系。

唐家墩工业区是辖区内的老工业区，由于地处城市控制区内，大部分工业企业在“九五”计划时期搬迁改造或“退二进三”，逐渐成为武汉市小型工业区。2000年，该区用地规模0.88平方公里，主导行业为机械、电器器材、化工等。江汉区辖区内的石桥工业点，用地规模0.62平方公里，主导行业为机械、仪表、建材等；妙墩工业点，用地规模0.56平方公里，主导行业为机械、电器器材等。

3.硚口区工业布局

硚口区位于汉口西部，东与江汉区毗邻，西抵舵落口，与东西湖区接壤，南滨汉水，与汉阳区隔水相望，北至张公堤。总面积41.92平方公里。硚口区是武汉市民族工业的发源地之一，清末到民国时期，国外和国内资本家在硚口地区投资建厂，南洋烟草、燧华火柴厂、申新第四纺织厂、福新第五面粉厂、汉口水厂、汉口电厂等民族工业企业建于区内。中华人民共和国成立后，开辟建设易家墩（古田）工业区。1957年，区内武汉通用机器厂（后改名武汉柴油机厂）制造出新中国第一台手扶拖拉机。20世纪80年代中期，硚口辖区国有大中型工业企业有134家，集体工业企业88家。易家墩（古田）工业区是武汉市化学工业密集的地区，有武汉制药厂、武汉抗菌素厂、武汉化工厂、武汉染料厂、武汉有机合成化工厂、武汉制氨厂等。辖区内轻工业在全市占有重要地位，武汉卷烟厂、武汉酒厂、武汉棉织厂、武汉搪瓷总厂、武汉民间工艺厂等企业的产品很有名气。辖区内的重工业企业有长江汽车制造厂、襄河机械厂、武汉水泥制品厂、东风电机厂、武汉柴油机厂、湖北柴油机厂、武汉内燃机厂、武汉机床厂、武汉无缝钢管厂、武汉薄板厂、湖北省探矿机械厂、武汉汽车制造总厂等。1985年，硚口区工业重点行业产值占全市工业总产值的比重为：冶金1.73%、机械10.82%、纺织29.14%、交通20.13%、建材11.95%、电器24.99%、食品18.12%、化学40.44%。

2000年，硚口区域内工业区（点）有硚口经济发展区、宗关工业点和硚口路工业点。硚口经济发展区是1992年12月15日经武汉市人民政府批准设立的中型工业区，实际用地规模3.8平方公里，主导行业有机械、化工、交通运输设备制造、电器器材、光电子、新材料、印刷等。宗关工业点，实际用地规模 0.45 平方公里，主导行业有纺织、食品、供水等；硚口路工业点，实际用地规模 0.46 平方公里，主导行业有纺织、食品等。

4.汉阳区工业布局

汉阳区位于武汉市中心城区西南部，东临长江，有武汉长江大桥和白沙洲大桥与武昌相接；北依汉水，有 5 座汉水桥梁与汉口贯通；南与武汉经济技术开发区接壤，西与蔡甸区毗邻，总面积 108.34 平方公里。汉阳区是中国近代工业的发祥地之一。清光绪十六年(1890 年)，湖广总督张之洞在汉阳首办汉阳铁厂、汉阳兵工厂。中华人民共和国成立后，国家和地方政府在汉阳投资兴建武汉第一棉纺厂、汉阳造纸厂、武汉油脂化学厂、汉阳钢厂、铁道部武汉枕木防腐厂、铁道部桥梁机械厂等一批企业，辟有七里庙、鹦鹉洲、龟北和琴断口等中、小型工业区。1985 年，汉阳区工业重点行业产值占全市工业总产值的比重为：冶金 5.85%、机械 17.56%、纺织 17.81%、交通 17.51%、建材 9.41%、电器 2.89%、食品 6.83%、化学 12.08%。

1993 年，汉阳区人民政府开办汉阳经济发展区。汉阳经济发展区东连 318 国道，南接沌口汽车城，西靠龙阳湖旅游度假区，北临武汉汽车配件贸易专业市场，规划面积 3.3 平方公里。区内有汽车配件、电子、精细化工、新材料、机械五金、纺织服装等工业企业。

到 2000 年，汉阳区形成 5 个工业区(点)，有省、市及区属工业企业 130 余家。大中型企业坐落 5 个工业区(点)内：鹦鹉中型工业区，实际用地规模 2 平方公里，主导行业有机械、冶金、医药等；七里庙中型工业区，实际用地规模 3.23 平方公里，主导行业有机械、冶金等；琴断口小型工业区，实际用地规模 1.65 平方公里，主导行业有建材、食品等；陶家岭工业点，实际用地规模 0.41 平方公里，主导行业有制药、玻璃加工等；龟北工业点，实际用地规模 0.4 平方公里，主导行业有棉纺、交通设备制造等。

5.武昌区工业布局

武昌区位于长江南岸，与江岸区、江汉区、汉阳区隔江相望，与青山区、洪山区接壤，是中共湖北省委、湖北省人民政府机关所在地，总面积 82 平方公里。武昌区是国家"一五"、"二五"计划期间投资建设的重要制造业基地，建有武昌造船厂、武汉锅炉厂、武汉重型机床厂、武昌车辆厂、湖北建筑机械厂等 10 多家国有大型企业；有武汉国棉二厂等纺织、印染、毛纺等轻纺工业企业以及武汉电视机厂、武汉滨湖机械厂等电子、机械工业企业。80 年代中期，武昌辖区内有工业企业 538 家，其中职工达 1000 人以上的大中型企业 68 家。1985 年，武昌区工业重点行业产值占全市工业总产值的比重为：机械 28.02%、纺织 33.56%、交通 25.96%、建材 6.69%、电器 11.70%、食品 10.50%、化学 1.72%。

"九五" 计划时期(1996—2000 年)，随着武汉重型机床厂等大中型工业企业逐步外迁，武汉第四、五、六棉纺厂分别用地置换，武昌辖区工业布局发生较大变化。至2000年，武昌区域内工业区（点）有：白沙洲中型工业区，实际用地规模2.06平方公里，主导行业有建材、机械、化工、交通运输设备制造等；中北路小型工业区，实际用地规模1.06平方公里，主导行业有机械、电子等；徐家棚小型工业区，实际用地规模1.05平方公里，主导行业有交通运输设备制造、电力、仪器仪表等；余家头小型工业区，实际用地规模1.15平方公里，主导行业有纺织、机械、电子等；鲇鱼套工业点，实际用地规模0.53平方公里，主导行业为造船；石牌岭工业点，实际用地规模0.71平方公里，主导行业为专用机械。

6.洪山区工业布局

洪山区地处武汉市东南，因境内有洪山而得名，全区自西向北呈半圆形，环抱武昌、青山两区，东抵鄂州市，南与江夏区接壤，东北与新洲区隔江相望，总面积509平方公里。1985年，洪山区工业重点行业占全市的比重为：冶金0.11%、机械4.83%、纺织3.67%、交通6.75%、建材9.85%、电器13.99%、食品0.49%、化学19.95%。

2000年，洪山经济开发区、关山科技园划入东湖新技术开发区。洪山区域内的白浒山化工工业发展区，位于洪山区东部、长江南岸、白浒山腹地，距“武汉・中国光谷”15公里，规划总面积13.83平方公里，首期控制性规划面积2平方公里。区内葛化集团公司占地150公顷，有40多年发展历史，总资产近20亿，生产30余种基础化工原料产品，是中南地区最大的化工原料基地。白浒山外贸码头位于化工发展区北面长江边，港区面积54万平方米，码头岸线长1000米，常年可停泊5000吨级海轮，是武汉地区对外籍船舶开放的主要港口之一，码头年吞吐量达120万吨。

7.青山区工业布局

青山区位于武汉市城区东北部，东南邻洪山区，西接武昌区，北濒长江，南倚东湖，总面积47.93平方公里。“一五”计划期间，国家重点项目武汉钢铁公司在青山兴建，随着武钢生产规模不断扩大，成为全国著名的冶金工业基地。20世纪80年代，冶金、能源、军工、化工、机械、船舶、建材等多种门类相配套的中央、省、市属重点骨干企业在这里兴建，形成以重工业为主的企业群。青山热电厂是湖北省最大的火力发电厂；交通部长江航运管理局青山船厂、第二航务工程局船舶机械修造厂、武汉船用机械厂等成为长江航线重要的船舶修造基地；机械行业有武汉锻造厂、武汉冶金设备制造厂、湖北省化工机械厂等企业；建材行业有武汉水泥厂、武汉硅酸盐制品厂、武汉矿棉制品总厂等企业；还有武汉石油化工厂、武汉衡器厂、武汉市青山麻纺厂等。1985年，青山区工业重点行业占全市的比重为：冶金92.06%、机械8.52%、纺织0.16%、交通11.97%、建材11.33%、电器1.61%、食品5.87%、化学1.10%。

2000年，武汉市确定的“钢、车、机、新、环保”五大支柱产业，青山辖区有“钢”、“机”和“环保”三大产业；全市财政收入的主要来源是“钢、油、烟”，而青山辖区就占有“钢”和“油”两部分。随着大中型企业的不断发展,催生环保产业的兴起,辖区内从事“三废”(废水、废气、废物)资源综合利用的环保产业的企事业单位140余家。

8.东湖新技术开发区工业布局

该区地处东湖、关山一带,跨武昌区、洪山区、江夏区部分地区。区域规划面积30平方公里。2000年,实际用地规模5.66平方公里。开发区创建于1988年,1991年国务院批准为首批国家级高新技术产业开发区。2000年,形成以现代通信、生物工程和新医药为支柱产业,以计算机及软件、激光为新兴产业,以新材料、机电一体化为优势产业的格局。该区产业布局轴线以关山二路为主轴,由光电子信息产业园、大学科技园、曙光软件园、华软软件园、光电子孵化器、留学生创业园等不同功能园区构成。“九五”计划期间,区内高新技术企业规模不断扩张:长飞光纤光缆公司成为中国最大的光纤光缆制造商,具有年产光纤500万公里,光缆10万公里的能力,居全国第一:武汉邮电科学院的烽火科技集团是中国最大的光电子器件及系统生产商;华工激光公司、楚天激光公司、团结激光公司是中国规模较大的工业激光加工设备制造商;NEC移动通信公司、武汉精伦电子公司等企业年产值规模在30亿元以上。世界500强企业中有日本三井、NEC、住友、德国西门子、美国施乐、西屋电气、瑞士ABB、CIBA、瑞典爱立信、荷兰菲利浦等11家在开发区内兴办高新技术产业。2000年,全区实现工业增加值60.8亿元,占全市435亿元工业增加值的14%;实现高新技术工业总产值181.01亿元,比上年增长72.10%,占全市高新技术工业总产值的54.47%。

9.武汉经济技术开发区工业布局

该区位于武汉市区西南,地处市区中环线和外环线之间,濒临长江,318国道横穿东西,京珠高速公路纵贯南北。规划面积31平方公里,已开发20平方公里,远期控制规划面积90.7平方公里。武汉经济技术开发区的前身是武汉轿车产业开发区,成立于1990年2月。1990年12月19日,中国第二汽车制造厂与法国雪铁龙公司合资生产轿车项目在法国巴黎正式签约,轿车总装厂建在武汉轿车产业开发区的沌口郭徐岭。与轿车总装厂相对的沌阳大道以南、沌阳一路以东、外环路以西的地带,是该区Ⅱ、Ⅲ、Ⅳ号工业街坊,划分为4类工业区:A类,轿车配套产业区,主要有与轿车配套的机械、电子、纺织、橡胶、塑料等产业;B类,电子技术及仪器仪表工业区;C类,医药、化工制造业工业一区;D类,混合工业一区,主要容纳采用新技术、新材料生产,并具有更新换代水平的轻工、纺织、服装产品、工艺美术制造业、日用产品制造业等。为适应工业区的工业布局和交通的需要,3个工业街坊划分为18个地块,这18个地块再划分为168个小块,其面积一般为0.6公顷左右。1991年5月,开发区的各项建设工作全面启动;1992年6月30日,武汉轿车产业开发区更名为武汉经济技术开发区;1993年4月,经国务院批准为国家级经济技术开发区;2000年4

月，国务院批准在武汉经济技术开发区设立国家级出口加工区。至2000年底，实际用地规模10.3平方公里，有20多个国家和地区的投资者在开发区兴办外商投资企业124家。全球500强企业中有法国雪铁龙公司、美国可口可乐公司、韩国现代公司、英国皮尔金顿公司、德国汉高公司、日本丸红株式会社以及中国台湾顶新集团等12家企业投资开发区。全区形成以汽车及汽车零部件产业为主，食品饮料、机械、电子、信息、医药、生物工程等多元化发展的产业格局。2000年，全区实现工业增加值45.44亿元，占全市435亿元工业增加值的10.45%；实现工业总产值151.7亿元，占全市1191.56亿元工业总产值的12.73%。东风冲压件、华新电缆、紫江包装、南洋印务等均以40%以上的速度增长。全区产值过亿元的企业有17家。

2000年1月，该区高科技产业园正式开工，总体规划面积1015亩，分3期开发建设。第一期规划用地583亩，入园企业有同济医药、长征火箭、立得科技、巨能亚太、新创光电等；第二期规划用地170亩，入园企业有潜江制药、电菱科技等；第三期规划用地262亩，全部为海尔工业园用地，该园项目总投资额超过6亿元人民币。

2000年4月27日，经国务院批准，在武汉经济技术开发区内设立湖北武汉出口加工区。加工区占地2.7平方公里，首期开发的0.3平方公里，建有8000平方米的海关验收仓库，1.2万平方米的查验场地及验货平台，7万平方米标准厂房。2001年6月20日通过国家八部委的验收，10月封关运行。

该区民营工业园建于1990年，规划面积2000亩。2000年，开发1100亩，招商引资总额3.2亿元，实际利用外资7200万元，完成固定资产投资1.9亿元。建成标准厂房16栋12.6万平方米，厂房出租率95%以上，引进企业48家。

第三节　武汉工业布局空间特征

武汉近代工业布局依托城镇基础，沿长江、汉水、公路和铁路交通干线展开，奠定了其后数十年武汉城市空间的基本格局，与武汉工业发展布局相对应，也决定了武汉工业遗产依江、沿路、成片的空间分布特征。略微不同的是，近代工业遗产除汉阳外多呈散点状分布于城内或城郊的沿江、沿河、沿铁路地带，现代工业遗产则多聚集成片，呈组团状，除分布沿江、沿河、沿铁路外，还保存在沿城市主干道形成的工业小区或工业城镇内。

19世纪90年代初，张之洞在汉阳龟山以北与汉水南岸之间的滨河地段正式动工兴建汉阳铁厂，共建有炼生铁厂、转炉炼钢厂、平炉炼钢厂、造钢轨厂、造铁货厂、炼熟铁厂等6个大厂和机器厂、铸铁厂、打铁厂、造鱼钩钉厂等4个小厂。1891年在汉阳铁厂西侧加建湖北枪炮厂，1894年建成炮架、炮弹、枪弹三个分厂，1900年易名为湖北兵工厂。上述炼铁厂与兵工厂组成一个从冶炼到机器制造的冶金、机械工业区，以后又在湖北枪炮厂上首依次兴建了湖北针钉厂、湖北官砖厂，形成长约十里的近代工业长廊。随后张之洞在武昌文昌门外、望山门外巡司河口以及平湖门外先后创办了织布局、纺纱局、缫丝局及制麻局，在城北下新河建毡呢厂，在城南白沙洲处建造纸厂，在保安门外南湖建制革厂等。1919—1922 年又先后在武胜门外建成武昌第一纱厂、震寰纱厂、裕华纱厂，这些工厂都建在武昌城墙以外的滨江地带。随着清末自办对外商埠以及 20 世纪 30 年代粤汉铁路的开通，武昌城北徐家棚地区逐渐得到开发，一些交通附属设施车站、轮渡码头以及工业企业在这里出现，形成武汉一个较大的近代工业区。汉口在 1861 年成为对外通商口岸之后，外国资本在这里开设洋行，为方便加工出口，相继创办了一批为出口加工服务的近代企业，早期创办的这些外资企业，如俄国商人创办的顺丰、阜昌、新泰、百昌茶厂，德国商人最早在汉口兴办的 5 家蛋粉厂，英商创办的和记蛋厂，英美商人合资创办的英美烟公司制烟厂，都建在五国租界内。汉口地区除外国租界的外资企业外，清末民初伴随民营工业的兴起，在华界如在汉正街一带也有一些中小型企业出现。特别是在京汉铁路通车后，在临近玉带门车站的硚口地区和临近江岸车站的谌家矶地区，因交通运输便利，逐渐兴建了一批大型企业。如在谌家矶兴建了度支部造纸厂、扬子机器厂等，在硚口地区兴办了民营申新第四纺织厂、福新第五面粉厂等，形成新的近代工业区，这种工业布局一直延续到 20 世纪 90 年代工业调整之前。

武汉现代工业在时段上指 1949 年新中国成立以后的工业企业。20 世纪 90 年代前的布局特征如下：

一、工业布局的重心高度集聚于城区。江岸、江汉、硚口、汉阳、武昌、青山、洪山 7 个城区内的工业企业，占全市企业户数的 68.89%；工人占 84.21%；固定资产原值占 93.83%；实现总产值占 91.29%。大型企业户数约 96%，中型企业户数约 96.26%，中央部属、省属企业户数约 92.09%都集中在 7 个城区。

二、工业布局在长江南北两岸比较均衡地展开。1985 年末长江北岸的企业户数、工人数和实现产值数均略大于南岸，而南岸拥有固定资产原值比重较北岸为大。

三、中心区外围呈圆环状分布。武汉三镇鼎立，历史上，汉口、汉阳、武昌地区均以岸线码头为核心，沿江向外呈扇面展开，形成自己的中心区。在中心区内，居民稠密，商业贸易发达，服务设施比较完善。因此近代工业诞生后，工业项目的选址均置于中心区之外。除在中心区内的少数小块地区集中了若干传统加工业外，工业企业基本在各中心区外围设置，已在中心区外围形成一条宽窄不等的圆环状工业密集带。[①]

与前述武汉工业发展历程与工业布局相对应，武汉工业遗产分布在时段上和区域上呈现不同特征。

---

① 《武汉市志·工业志》上卷，武汉大学出版社 1999 年版，第 55 页。

第四章　武汉工业遗产保护对策

第一节　社会各界对武汉工业遗产保护的关注

武汉是中国近代工业的发祥地之一，也是新中国重点建设的工业基地，工业数量和工业实力在全国名列前茅。自 20 世纪 80 年代后期，武汉与全国大部分城市一样进入整体转型时期，面临着快速城镇化、工业化和经济结构转型的深刻变革，城市工业外迁步伐加快，原厂地厂房除部分建成都市工业园区外，其余部分要么开发为商品房，要么转化为第三产业，原工业场地厂房、机器设备及相关设施大部分被拆毁，工业遗产面临严重危机。如何将这些工业遗产妥善保存下来，加以合理利用，成为文化遗产保护的迫切问题，引起专家学者的高度关注。

2004 年年初，传出汉口百年电厂既济水电公司大王庙电厂厂房将要被拆的消息后，武汉各方人士呼吁保护的声音高涨。对此，武汉市委机关报《长江日报》进行了连续深度报道，引起有关领导的注意，拆除一度暂停，但最终这个电厂旧址还是没能逃脱被拆的命运。如今，在电厂旧址所在的汉口利济南路沿河大道口，既济电力商城等一批新式建筑高耸入云，再也看不到当年英国人穆尔氏设计的“长进深、高内空、大跨度”结构红砖厂房。再如 2006 年 4 月，江岸车辆厂内最后一台蒸汽火车机车——“上游 1251”的火车头到了报废期，究竟该怎样处理？江岸车辆厂领导陷入两难境地，作为工业遗产永久性保存？没有保护规划、保护场所及经费，这个净重约 54 吨的庞然大物既占道又占地，如何长久保存？拆零当废铁卖掉倒是省心，但又担心后人责骂。犹豫 4 个月后，江岸车辆厂在“两难选择”中选择了后者。于是这台蒸汽机车于 2006 年 8 月经过竞标，以废铁 53 吨、废铜 0.5 吨计算，以 12 万元作为底价，各家单位竞拍。最后卖了 12.83 万元。一家废品回收公司中标后，动用一班工人拆卸切割，花了一个星期时间，一算账居然亏本了。这台蒸汽火车头由唐山机车车辆厂生产，1983 年由铁道部调拨来汉，其“设备使用卡”显示，这台机车功率 1104 千瓦，牵引能力 2000 吨，曾经过 1994 年、1998 年、2002 年三次大修。在此之前，江岸车辆厂已经有多台机车在退役后被拆除。

既济电厂被拆与江岸车辆厂蒸汽火车头拍卖拆零事件，只是武汉工业遗产遭到破坏的两起典型案例，类似现象屡见不鲜。

近十年来，武汉地区高等院校与科研机构，尤其是华中科技大学、武汉理工大学以及武汉大学、华中师范大学的教授及其所带研究生，从规划学、建筑学、文化遗产学等学科对武汉工业遗产保存现状、保护利用方式进行过大量调查研究，发表了一批论文。其中既有对某一企业，如武汉锅炉厂、武汉重型机床厂旧厂址、汉阳钢厂转炉车间的保护利用规划，也有对某一类型遗产如武钢红房子、武汉锅炉厂职工宿舍、汉口既济水塔的保护设计，还有对某一片区乃至整个武汉市工业遗产进行系统调查，提出了保护利用建议。

张笃勤研究员在武汉电视台《保护武汉的工业遗产》专题节目中

胡怡婷、严鹏对武汉近代工业遗产进行初步研究，认为武汉近代工业遗产的总体特征是数量较多，种类齐全，分布零散而在小区域内相对集中。武汉近代工业遗产具有这样一些价值：1. 由于年代久远及特殊的历史意义，很多工业遗产具有文物的价值，它们见证了中国近代史的兴衰荣辱，是开展爱国主义教育的重要素材。2. 由于新中国的工业化包括了对旧有工业的改造利用，因此，部分近代工业遗产至今还执行着工业生产或相关的经济功能，并构成了整个中国工业化的完整谱系。3. 部分残存的工业遗产对于我们研究近代中国工业生产和工业布局具有学术上的重大价值，有助于我们探索当代中国新型工业化道路。4. 作为城市景观的一部分，很多近代工业遗产都具有审美上的价值，并因其特殊内涵与形态而成为地方认同感的重要依托。[①]

韩忠、范攀《武汉市20世纪遗产保护与利用研究——以“一五”国家重点工程为例》[②]一文，以国家“一五”期间在武汉投资兴建的重点工程为对象，探讨过其工业遗产保护利用的途径与方法。文章认为武汉“一五”国家重点工程，不仅是新中国创建工业体系的重要组成部分，而且见证了武汉市的城市发展和变迁，在很大程度上塑造了武汉的城市性格与特色，应当充分重视其独特遗产价值。首先，武汉市7项“一五”国家重点工程，奠定了新中国成立后武汉重工业城市的基础，巩固了武汉交通枢纽的地位。武钢、武重、武船、武锅等，至今仍是武汉市的工业支柱，并造就了庞大的产业工人队伍；而长江大桥和青山热电厂建成后分别承担着沟通我国南北交通动脉和向武钢等重点工程供送电力的任务，保障武汉乃至国家的社会经济良性运转。其次，这些重点工程的建设，也带动了武汉城市空间的极大发展。特别是随着武钢的建设，带动武汉城市向东发展，创造出一个“十里钢城”，直接推动武汉市于1955年2月15日正式设立青山区。武汉市这7项“一五”国家重点工程，大体可以分成两类。第一类是工业企业，如武汉钢铁公司、武汉重型机床厂、武昌造船厂、武汉锅炉厂、武汉肉类联合加工厂；第二类是基础设施，如长江大桥和青山热电厂。这些企业由于各自性质不同，面临的空间发展处境不同，其保护措施也存在差异。第一，原址保留旧有功能继续使用。武汉市“一五”国家重点工程，多数至今继续发挥着重要的生产、交通及能源供给作用。如长江大桥，仍是我国使用率最高的公铁两用桥，每天过江的车辆数以万计，每隔几分钟便有一辆火车经过。武汉钢铁公司、青山热电厂、武昌造船厂一直正常运转，武汉肉类联合加工厂虽改换了企业名称，进行过重大改革，但原址依然进行生产。这些可作为建筑单体列入文物保护单位依法保护。第二，原址更新建设主题博物馆。凭借原有建筑或在原址基础上更新建设主题博物馆，既是一种行之有效的保护方式，同时也是一种广受欢迎的利用方式。在这方面，武钢博物馆是一个典型。武钢博物馆原址是武钢剧院，兴建于1979年，为纪念毛主席1958年9月13日视察武钢，又称其为“九一三剧院”，建成后成为武钢举行职代会、党代会等重要会议和重大文艺演出的场所。但进入21世纪，武钢剧院一度闲置4年之久。2007年，武钢将其改建为武钢博物馆。

文章提出，保护“一五”重点工程遗产，不仅要对文物单体保护，对历史街区整体保护，还要认真改善所在历史街区生活居住环境。如在武钢“红房子”片区，只有通过维修老化的民居，改善建筑的内部装修，更新老化的基础设施，才能留住在社区生活的人，为他们创造舒心的工作及生活环境，从而真正保留历史街区的文化风貌。

武汉理工大学建筑系副教授田燕《武汉工业遗产整体保护与可持续利用研究》

① 《中国集体经济》，2007年第7期。

② 《中国名城》，2012年第2期。

一文，在已有研究的基础上，从历史特征、空间分布特征、类型特征、价值特征四方面解析了武汉近现代工业遗产的特点，并结合遗产特征探讨过武汉工业遗产整体保护与再利用的对策。

在保护思路上，首先倡导重视现状普查，提倡分级保护。在进行系统深入调查，摸清家底的情况下，将武汉工业遗产划分为四级保护。其中第四级保护对象，就是将潜在工业遗产——仍在生产且规划期内不准备外迁的重要工业企业考虑在内，如武汉造船厂、青山热电厂、武汉制药厂等企业。应建立潜在工业遗产名录，一旦这类企业因故需要搬迁，应先制定相应的工业遗产保护规划，再进行用地的功能置换。其次主张点线面相结合，在开发建设中落实保护。第一，综合工业遗产的形态特征和分布特征，提出“点线面相结合”的保护思路，以保持城市遗产类型的多样性，丰富工业景观层次。其中，工业遗产点指零散的建构物、工业设施等；工业遗产线指交通、运输设施（铁路、管道、设施等）；工业遗产面指工业遗产聚集区（工业建构物群、职工居住区等）。尽量将开发用地范围内的工业遗产整体考虑，提炼文化特征，形成特色地块，赋予地块多元化的文化内涵。第二，与城市再开发的进程相匹配，做到保护工作先行，开发建设在后，强调保护与开发的协调。根据再开发用地的建设目标确定工业遗产再利用的方向和模式，既保证开发效益，又促进工业遗产的可持续利用。

在保护方法上，提出实施工业遗产可持续利用的措施。1. 加强工业遗产保护的宣传，增强公众的保护意识。2. 采取“公益＋商务”的模式促进工业遗产与现代服务业相结合。公益事业与其他开发项目的合理结合，可以在保护的前提下获取适当的经济效益。3. 制定工业遗产保护的相关法规，使经过分级认定的工业遗产通过法律手段得到相应的保护。4. 建立改造地块内的工业遗产论证程序。由工业遗产专家委员会对工业遗产的保护利用方案逐一论证，方可实施。5. 建立容积率转移和奖励政策。对于涉及工业遗产保护的地块，其因遗产保护未能实施的多余容积率可以进行有偿转让，转让收益可用于遗产保护。在没有转移容积率的情况下，在开发地段内主动实施保护行为，可根据具体地块的容量要求适当增加容积率以作奖励。①

武汉地区高校和科研机构的学者专家在进行调查研究、发表研究成果的同时，也利用新闻媒体向社会宣传呼吁，通过人民政协等参政议政渠道，积极向政府建言献策。

2006 年 12 月初，汉阳区政协 10 多位委员联名提案，建议将汉阳铁厂、汉阳兵工厂等张之洞时期工业遗址列为文物保护重点，做好原址认定和保护工作；对现已发掘出来的张之洞时期工业遗物，进行调查、清点和记录，加大保护力度；筹建张之洞博物馆，即武汉近代工业博物馆，将相连地段辟为以工业遗产为主题的文化旅游

① 《中国园林》，2013 年第 9 期。

景区。

2009 年 3 月,湖北省启动工业遗产专项调查,首次将工业遗产纳入文物保护范畴,并开展大型抢救性文物发现和保护行动。武汉大学城市设计学院教授赵冰受省文物局委托,在全省各地进行过一年多的工业遗产专项调查,发现湖北工业遗产资源丰富,但保存情况不容乐观,土地开发正在使这些昔日辉煌的见证者迅速消亡,"武汉地区工业遗产最为丰富,保护情况也最令人忧心"。在赵冰看来,当前工业遗存保护面临的难题除"土地财政"外,对"容积率财政"也应引起警惕。赵冰认为,政府通过调整土地容积率,可以获得巨额财政收入,这就很难保证地方上不会为了经济利益而打"擦边球"——"你不是规定纳入保护名录的才实行严格保护么,那我就不申请确定为优秀历史建筑,你能拿我怎么办?"赵冰因此建议立法机关可以制定"容积率"交易办法:开发商要想提高规划中容积率,可以通过购买工业遗产等留存的容积率之方式来实现,开发商所付费用又可以作为保护工业遗产的资金来源,避免一说保护就"没钱"的尴尬。

在 2012 年 1 月初,政协武汉市第十二届一次会议期间,九三学社武汉市委呼吁加大历史街区和工业遗产规划保护力度。根据《武汉市历史文化名城保护规划》,武汉市原来拥有历史街区和工业遗产共 208 个,但随着时代变迁,具有浓郁历史文化氛围的武汉历史街区正在逐渐消失。到 1998 年,武汉市仅剩 100 余个。被列为保护规划的 7 个历史风貌区中,花楼街、京汉大道南片已被夷为平地,汉正街正在整体拆迁,青山区的"红房子"也在大量拆除,红钢城片被列入 2012 年土地储备计划,武汉市历史街区和工业遗产的保护现状不容乐观。

九三学社武汉市委在提案中认为,目前武汉市历史街区和工业遗产保护主要存在四个方面的问题。首当其冲的是保护资金匮乏。武汉市历史街区保护主要依靠财政专项资金(文物保护单位维修经费 2009 年起每年 200 万,优秀历史建筑维修经费每年 100 万),来源单一,数量有限。近年来,随着新增确认公布的文保单位、优秀历史建筑逐年增加,保护经费严重匮乏。有限的资金难以对文保建筑实行有效的维护,对历史街区的保护更是杯水车薪。其次,乱搭乱盖现象严重。历史街区多处于闹市区,寸土寸金的现状令长期以来违章搭建现象严重。这种现象也对优秀历史文化建筑的安全构成了威胁,部分建筑搭盖有些已经取得相应权证,改造、复原、维护、腾退难度大,人居环境恶劣。另外,公共设施配套滞后也对武汉市历史街区和工业遗产保护带来很大压力。历史街区内地段人口密集,道路狭窄,建筑立面凌乱,公共配套设施老化严重,留下极大安全隐患。此外,目前武汉市还没有建立工业遗产目录,更没有专门的保护机构和管理体系。

九三学社武汉市委建议,提高历史街区保护的法律地位,在《武汉市旧城风貌区和优秀历史建筑保护管理办法》和《武汉市文物保护若干规定》的基础上,出台针对性和操作性强的地方法规，对历史街区和工业遗产的保护进行全面系统的规范。另外，制定土地利用、房屋腾退、市政配套、税费减免、特许经营权等方面的优惠政策，对历史街区和工业遗产的保护利用提供强有力的支持。另外，政府应加大投入，提高保护专项资金预算，引进社会资本，利用资本市场和国家对文化产业的融资政策，引进知名企业进驻，让产权人把产权入股，共同参与历史街区、工业遗产保护项目等方式，积极拓宽历史街区与工业遗产保护资金渠道。

2015 年 5 月 29 日，市政协召开“挖掘和利用钢铁工业文化遗产”协商座谈会，牛琳霞委员代表致公党作《关于挖掘和利用我市钢铁工业文化遗产的建议》的主题发言。发言指出，钢铁工业文化遗产是武汉工业文明的一座丰碑，是武汉工业发展史的记忆和传承。武汉作为中国近现代工业的发祥地和内陆地区重要的老工业基地，留下了丰富的以钢铁工业遗产为代表的工业遗产资源。这些工业文化遗产历史内涵丰富，是不可再生的宝贵文化资源。近年来，市委市政府围绕挖掘和利用钢铁工业文化遗产，制定科学的城市发展规划，统筹规划产业布局，制定工业遗产保护图则，较好地保护和利用钢铁工业文化遗产，在增加城市魅力、促进产业升级、推动改革发展方面取得了良好成效。但随着“旧城改造”“工业外迁”等城市功能调整，一些钢铁工业文化遗产受到不同程度的损毁，一些行业博物馆处境艰难。对我市濒临破坏、拆迁和消亡的钢铁工业遗产进行挖掘与开发利用，迫在眉睫。吴红文、丁钢委员及市致公党代表刘勇、徐超分别就“汉阳造”工业文化遗产的保护利用、张之洞与近代工业博物馆的建设，青山“红房子”的文化挖掘和利用、如何发挥武钢博物馆文化传播作用等问题，提出建议和解决办法。

一、制定翔实保护方法和具体措施，挖掘和利用汉阳、青山工业文化遗产。

我市钢铁工业文化遗产与其他文化遗产一样，其挖掘保护还处于初级阶段，大多数并未得到有效利用，发挥应有作用。主要表现在：因时代变迁，留下的可保护痕迹较少；城市建设注重经济开发，轻视钢铁工业遗产的保护利用；对现有文化遗产保护资金投入有限，尤其是新建的张之洞与近代工业博物馆，因资金等问题无法进行内部装修布展，导致新馆开馆无期。

我市钢铁工业文化遗产主要集中在青山区和汉阳区。对于这两个区域的文化遗产挖掘和利用，首先要严格执行《武汉市主城历史文化与风貌街区体系规划》《武汉市工业遗产保护与利用规划》，按照规划中确定的青山红房子、汉钢片作为“工业文化街区”的部署，制定翔实的保护方法和具体措施，并拟定时间表。其次，学习借鉴国内外老工业区、工业遗址改造的经验，建设宜工宜商宜居新城区。上海田子坊和半岛 1919、南京 1865、无锡民族工商业博物馆、天津河西区改造等都称得上老厂子、旧建筑改造升级的成功典范，建议有关部门组团实地考察学习。要切实推进张之洞与近代工业博物馆尽快开馆，发挥该馆在汉钢片地块的核心和引领作用，建议结合“文化五城”建设，将汉钢片打造成博物馆之城、影视拍摄基地和中欧文化交流展示基地。

在“工业文化街区”建设方式上，可以采取BT模式吸引国内大公司进行融资和建设。希望市政府充分发挥行业博物馆的特色示范作用，引导企业把具有代表性的废旧钢铁机械设备在博物馆展出，使广大市民和青少年学生感受到现代大工业生产的震撼，激发全民创新的热情。

二、保护利用“汉阳造”文化遗产，大力推进工业遗址公园建设。

保护工业遗址就是留住这座城市的记忆。因此，不仅要有工业博物馆来保存这份遗产，同时也要大力推进工业遗址公园的建设，将文化遗产保护和城市建设水平推到一个更高更先进的境界；学习和借鉴相关有益经验，积极申报国家重点工业遗产和世界工业遗产。黄石矿山公园作为亚洲最大最早的钢铁联合企业——汉冶萍公司的一个主要组成部分，是张之洞创办的洋务企业中唯一保留下来并且仍在正常运作的一处铁矿山，目前已成为集中展现大冶铁矿悠久的采矿历史和深厚的文化底蕴的工业遗址，充分展示了人类社会发展的历史进程和人类改造自然的能力。武汉应抓住时机，积极加强与湖北黄石、江西萍乡等地的合作，充分挖掘和整合“汉阳造”工业文化遗产，以汉阳铁厂、汉阳兵工厂等为重点，争取申报国家乃至世界工业遗产。在进一步充实完善张之洞与汉阳铁厂博物馆的同时，还应着力打造一个有关钢铁文化的长廊，在原有的生产车间筹建冶炼遗迹展，打造成参观通道，开发工业旅游。尤其可以利用武汉高校众多的优势，将此地作为艺术设计类的毕业专业展区，形成每年一度大型的各大高校毕业创作展，提供一个可供各校交流的场所，同时也为市民准备了一个学习、体验艺术的区域。仅仅靠博物馆这个载体来保护“汉阳造”近代工业文化遗产很有局限性。建议建成一处“汉阳造工业遗址公园”或“武汉近代工业文明主题公园”，采用“保留——再利用——再创造”的模式，在保护原样的前提下，使之成为武汉工业文化旅游的一个重要组成部分。

三、推进博物馆早日开馆，使之成为传播中国近代工业文明的平台。

2002年张之洞与汉阳铁厂博物馆开馆，这是国内展现张之洞与中国钢铁工业发展历史的唯一专题馆。此前，由武钢与万科合作在该馆原址扩建新馆，改名为张之洞与近代工业博物馆。该项目2011年6月动工，2014年底，主体工程已完工。当前由于资金等问题，导致新馆内部装修和布展工作停滞不前，博物馆竣工开馆时间无法确定，切实推进新馆早日开馆迫在眉睫。建议市政府主管领导组织相关部门及投资建设方，研究制约博物馆建设进度的主要问题，拿出切实可行的解决方案和措施，尽快恢复博物馆后续建设和布展工作，并开始消防通道、停车场及配套绿化场地的腾退和建设，促进新馆早日竣工开馆。在新博物馆的建设方式上，可采取引入第三方参与的进入或退出机制；也可采取政府主导后续建设，竣工验收后交付汉钢运营管理的模式；加强项目开发，确保博物馆的建设质量和布展水平。希望市区政府结合“汉钢片”——工业文化街区、汉阳钢厂转炉车间旧址等工业遗产，统筹策划该地区的发展。近年来，中央电视台及其影视栏目连续在张之洞博物馆、汉阳钢厂拍摄电视节目及影视剧，我们应该利用好这些机会，打造武汉数字电影拍摄基地。

张之洞时代组建的“汉冶萍公司”是当时世界级的钢铁联合企业，尤其汉阳铁厂是亚洲第一大钢铁厂。黄石大冶铁矿被联合国教科文组织确定为世界文化遗产，江西萍乡煤矿已打造成旅游精品。我们要以新馆为核心，打包升级“汉冶萍公司”，共同开展学术论坛活动，创作专题作品，开发旅游产品，使之成为研究和传播中国近代工业文化的平台。

四、挖掘和利用青山“红房子”，留住建筑群所处的原生态环境。

青山“红房子”是目前国内为数不多保存完好的仿苏联工业住宅区，是中苏友好时代的见证，也铭刻着新中国钢铁工业发展的历程。作为影响整整几代人记忆的独特工业文化遗产，随着时代变迁、社会经济的发展、人们居住环境的不断改善，红房子渐渐失去昔日的风韵，原设计存在的缺陷也逐渐暴露出来。这些记载着武钢发展历史的红房子，普遍存在通风条件差、抗震能力弱、线路老化、外墙风化严重等问题。有些红房子超龄使用20多年，已属危房。红房子涉及十六个街坊，总面积50万平方米，建议划出一片保存最完好、最具代表意义的区域进行保护，形成一个完整的红房子建筑群。历史建筑保护成本高、周期长、经济效益差，想完全由政府包办并不现实，只有加大招商引资的力度，适当引进外部资金，才能更好地完成对红房子的保护工作。要严格把关，尽量做到不破坏其原汁原味，尽力保护其外观、结构、街坊布局和红房子建筑群所处的原生态环境，处理好保护与利用的关系。学习外地城市经验，在不改变历史原状和破坏历史记忆基础上，适度进行旅游和市场化的活态开发，让红房子鲜活生动起来，成为城市的个性标签。挖掘红房子文化内涵，搞好钢铁工业文化传播工作。继续开展故事会、群众歌咏会、怀旧运动会等多种形式的活动，弘扬由红房子衍生的邻里和睦、勤劳奉献、自强不息的传统文化。

五、多渠道解决行业博物馆运营难题，发挥好武钢博物馆文化传播作用。

武钢博物馆是一家由企业创办，集钢铁文化展示、科普教育和学术交流等功能为一体的大型综合性博物馆。开馆5年来，累计接待海内外观众逾40万人次。但博物馆仍存在以下问题：一是运行成本高，压力大。初步统计，武钢博物馆每年的运行费用合计200余万元，均由武钢自己解决。由于博物馆承担了相当多的社会责任，参观人数逐年增多，增加了人员配备、保安、消防、安全等压力，也进一步提高了运行费用。二是相关政策落实不到位，企业博物馆处在两边不靠的境地。如何解决这些问题？一是利用多种宣传形式，提高武钢博物馆知名度。应在政府网站、电视、广播开辟专栏，介绍博物馆的基本情况及主要特色，在重要街区和街道增设博物馆标志系统，将武钢博物馆纳入博物馆地图，纳入"高铁经济圈"，打好"冶金领域第一"的品牌，着力宣传中国制造、武汉制造、武钢制造，吸引更多观众走进武钢博物馆。二是加大扶持力度，给予政策支持，鼓励企业博物馆健康发展。希望落实《武汉市促进民办和行业博物馆发展实施办法》规定的相关政策。三是在全城博物馆之间开展联动，巡回开展学术交流、文化与艺术展览。一方面是加强博物馆之间的联系和文化传递，另一方面给武钢博物馆这一冶金类专业博物馆注入新的文化气息。四是整合优质资源，打造精品工业旅游线路。除武钢博物馆外，武钢集团目前还拥有多个优质文化旅游资源，如张之洞文化创意产业园、黄石矿山公园，加上被列为 16 个武汉市历史文化街区之一的红钢城等，希望政府将这些旅游资源加以整合，打造武汉市精品工业旅游线路，带动武钢博物馆的发展。[①]

在专家学者为保护工业遗产呕心沥血、奔走呼号的同时，武汉市国土资源与规划局副局长、教授级高级城市规划师刘奇志也开始对工业遗产保护和利用的关注思考。这位学者型的领导结合自己从事国土资源与城市规划管理的工作实践，与同事何梅、汪云、朱志兵联名发表过《武汉老工业城市更新发展的规划实践》的长篇论文，从国土资源与城市规划角度，在总结武汉工业用地结构调整的主要特征，介绍分析武汉"退二进二"的都市型工业发展模式经验的基础上，提出了对武汉老工业基地更新改造和工业遗产保护利用的建议。

该文指出，自 20 世纪 80 年代以后，武汉与我国大部分城市一样进入整体转型时期，面临着快速城镇化、工业化和经济结构转型的深刻变革，旧城区物质和人文空间环境经历着持续的更新、改造和调整。武汉工业用地结构的调整呈现典型的圈层化特征，城市二环线以内原中小型工业集聚区逐步转化。至 1993 年，成片工业用地基本退出二环以内地区，且越靠近中心区的工业用地置换速度越快。至 2004 年，主城区内原位于城市中心的中小型工业聚集区均转化为城市居住等第三产业发展区，二环线内仅剩零星的一类工业。而二环线至三环线间的中型工业企业转型则较为困难，一方面缘于其所处的区位条件相对处于劣势，另一方面也由于它们基本属偏重型的大中型国有企业，更新速度较慢，工业用地基本处于持平状态。2000 年，武汉市土地储备制度正式运行，土地资产的运作使城市建设运作能力上升到一个新的平台，土地级差地租效应推动着规模化的旧城更新改造。传统产业升级改造与企业改制，也促成工业用地在空间上的调整变化。转型过程中，房地产开发的热潮促使主城区内老工业用地的更新改造多以"退二进二"的方式进行，主城区内就业岗位外迁甚至丧失，新增居住用地又带来大量新增居住人口，加剧了职住失衡。同时，主城

① 蒋太旭、阮鹏：《挖掘和利用武汉钢铁工业文化遗产》，长江日报 2015 年 6 月 3 日。

外围新建工业区功能普遍单一，配套严重不足，也使职住分离现象日趋严重。一是未能置换的工业用地、厂房设施闲置浪费严重。遗留下来的工业用地多为区位相对边缘的大中型国企，其产业升级、企业改制启动困难，大量厂房、设备闲置，造成土地、设施资源的浪费。与此同时，主城区却又常苦于高昂的地价而缺乏经济适用的工业发展空间。二是城市历史延续性和工业文化遗产遭到破坏。在大规模的用地置换中，由于观念和认识水平等多方面原因，历史上形成的大量具有保护价值的优秀工业建筑及其环境难以得到有效保护。一些改造地区简单地关注土地价值，忽视老工业建筑的历史文化价值，采取简单的"推倒重来"方式，一批工业遗产的价值未能得到有效挖掘，被改造地区逐步丧失原有的空间特征和特色。

该文接着介绍了武汉市在老工业区的更新改造上摸索出以都市工业园为代表的四种典型模式。即"退二进二"的都市园区发展模式、先进制造业的外拓发展模式、工业遗产的保护性利用模式、工业仓储用地的生态恢复模式。

该文章后面对老工业基地更新改造和工业遗产保护利用提出了以下系统建议：1.应从城市整体角度统筹工业用地结构性调整策略，鼓励"退二进二"的都市型工业发展。老工业基地的用地结构调整和工业遗产的保护利用应从城市总体发展战略出发，从宏观层面研究该类资源的保护和合理利用。一是从城市总体空间发展战略上明确工业用地的总体布局思路，统领各片区工业用地改造和发展方向。如武汉市在国务院新近审批的城市总体规划中，按照"相对聚集，分层布局"的原则，将全市工业布局由内向外划分为严格限制区、控制发展区、重点发展区、引导发展区四个层次，并从城乡区域统筹角度，编制远城区工业空间发展规划，实现对远城区新一轮产业发展的空间保障与落实，从市域层面统筹了全市工业建设和发展。二是在产业结构调整上，在老工业基地的改造中强化第三产业的注入和发展，并在有条件的地区保留建设都市型工业园区，发展无污染、高附加值的劳动密集型都市绿色产业。2.应充分保障"退二进三"中第三产业入驻规模，促进职住平衡与多元化再利用。主城区"退二进三"的更新过程中，应充分研究改造地区城市功能结构，评估地区交通影响，保证商业、文化、金融贸易等第三产业，尤其是现代服务业的入驻规模，避免单一的居住用地的"满铺"，从而有效避免就业岗位的缺失，维护地区职住平衡，促进城市健康、可持续发展。同时，结合第三产业的发展进一步探索工业遗产保护性利用路径，探寻具有地方特色的多元化再利用模式，鼓励资源利用的公共利益性。将工业区改造、工业厂房更新与发展城市文化博览、创意、休闲、商业以及主题旅游、生态绿地等相结合，形成主题博物馆、遗址公园、创意产业园区等灵活多样的发展模式，以承载都市发展的新功能，增加都市创业和就业机会。3.应高度注重城市老工业遗产的保护，通过保障制度的建立实现资源的保护性利用。传统老工业基地城市的工业遗产分布数量广，历史文化价值高，但迄今为止尚无一个统一的对工业遗产的界定标准与明确的保护要求，城市更新过程中工业遗产的保护面临着“无据可依”的尴尬，面对具体地块与单栋建筑“是拆是留”，往往具有一定的主观随意性。因此，建议尽快组织相关部门和机构研究确定城市工业遗产的界定、评价和保护标准，明确工业遗产范畴，据此组织工业遗产项目分布与用地情况普查，全面摸清工业遗产数量、分布、类型、质量以及存量用地等情况，建立工业遗产保护建筑与街区名录，评估保留、改造建筑及街区，划定保护建筑与街区范围，整体、系统地掌握地区工业遗产现状。建议研究建立推进城市工业遗产保护和利用实施的长效机制。建议成立专门委员会，理顺政府各职能部门在工业遗产保护和利用中的职责分工，通过专门机构、专项资金和专业技术力量协同组织实施。建议逐步建立健全工业遗产保护和利用的相关政策法规，尽快进入立法程序，推进工业遗产保护的法制化。引导和利用社会资金对工业遗产进行改造，为工业遗产保护和利用的实施提供资金保障。4.应适度扩大对工业遗产的保护范畴，关注对生活原真性的维护。城市工业遗产的保护不仅应涉及对工业厂房、工厂街区等生产性物质与环境的保护，还应对具有一定历史文化、建筑美学价值的生活性物质与环境加以保护，将保护的范畴扩展到对原真性生活形态、历史记忆与城市文化等的保护。如武汉重点提出对“一五”时期大型工业配套生活区的保护，将青山地区仿苏联规划模式修建的武钢一冶大型职工生活区（俗称红房子）在城市总体规划中划定为10片历史地段之一。红房子片随着建筑外壳一起保留下来的邻里氛围、空间环境，形成独具特色的红房子风貌，也成为唤起一代产业工人对艰苦奋斗、无私奉献的创业过程美好回忆的记忆载体。5.应密切关注污染土地的治理问题，保障土地使用安全。工业用地在置换过程中，往往仅就用地性质作出调整论证，实施层面基本均缺乏对土地污染情况的评估与治理环节，造成所谓的“毒地”现象。由于土壤污染具有隐蔽性、复杂性、滞后性、积累性和不可逆性等特点，其污染责任认定十分困难，而目前我国又未出台关于棕地治理责任认定的相关规定，故在棕地的开发过程中，往往忽视对其开发前期的治理和恢复，仅仅是对其进行拆迁和场地平整，在环境污染治理和生态恢复上缺乏相应的指标和规定。建议借鉴国际上对棕地改造利用的制度方法和治理经验，尽快研究出台污染土地的治理程序和相关规定，从政策法规层面制定棕地再利用的相关程序和规定，切实保障居民的身心健康。①

由于该文作者有的是武汉市规划局领导，有的是武汉规划设计研究院专家，他们的上述研究成果和思想认识，直接促进了次年武汉市规划局《武汉市工业遗产保护利用规划》编制工作的启动。

在武汉工业遗产保护队伍行列里，还有一个特殊的群体即“人文武汉”志愿者群。

自2004年以来，在《汉网・人文武汉》论坛上逐渐聚集着一群网友，其中既有一

① 刘奇志、何梅、汪云、朱志兵：《武汉老工业城市更新发展的规划实践》，《城市规划》，2010年第7期。

般职员、大学生、研究生、工程师、中学教师、新闻记者、公务员、书刊编辑、企事业单位管理者，还有大学或社科机构的教授、研究员等文史研究者及建筑设计者。他们以《汉网 · 人文武汉》为纽带，在汉网上发帖讨论武汉历史文化和城市文化现象的同时，还经常组织以寻访宣传武汉历史文化为主要内容的线下活动，结成一个致力于城市历史文化保护的志愿者群体。

12 年来，“人文武汉”志愿者群在汉网上发布过数以千万计的关于武汉老建筑、老街巷、老地名、老厂房以及历史名人的帖子，引起网友乃至有心人士的兴趣和点赞。截至 2017 年 11 月 13 日，网友爱步行《N 张武汉老照片》的帖子点击量已达到 1159731 人次。网友一人行（王炎生）《武汉老房子》的帖子自 2007 年 4 月 15 日至 2017 年 11 月 13 日，点击量已达到 1204927 人次，被称为汉网贴王。网友花楼百子（王琼辉）的《武汉老地名接着说》，点击量已达到 466889 人次。《汉网 · 人文武汉》论坛成为汉网乃至整个武汉地区网站中人气最旺的版块之一。与此同时，他们经常利用节假日或其他空闲时间，或行走于武汉的大街小巷，“扫街”活动涉及汉口老租界、武昌老城区、汉阳老工厂等这座城市里的历史街区、历史遗址遗存；或自费前往周边城镇乡村，努力寻访、挖掘、记录武汉历史文化的点点滴滴，为保护、宣传武汉历史文化做了有益贡献。近来，他们的感人事迹越来越被社会各界所知晓，被亲切地称为江城文化义工或武汉城市文化守望者。随着活动的深入和武汉市社科院、武汉市方志办等单位专家学者的参与指导，这个群体的专业素质逐渐提高，结构逐步完善，成为武汉市民间文保活动的一支重要力量。

2006 年前后，“人文武汉”志愿者注意到，随着企业改制、城市发展步伐的加快，武汉市城区、市郊的大批工业企业或是合并转产、或是改制外迁，许多工业旧址遗址正在发生着改变，有部分旧址遗址在逐渐消失，他们充当了武汉地区工业遗产的守望者、记录者、保护者角色。他们针对即将消失的工业遗产旧址遗址进行了重点寻访，并将现状向文化主管部门反映，通过媒体进行呼吁，并通过网络征集和完善了大量文字、图片、影像资料，为武汉市工业遗产保护利用作出了贡献。

2006 年 2 月和 2009 年，他们两次对“二七”大罢工、辛亥革命阳夏之战重要战场遗址江岸车辆厂、江岸车站（刘家庙车站）进行寻访，用镜头摄取过江岸车辆厂厂长——法国人杜拉克的别墅、供机车掉头用的转车楼、江岸车辆厂“二七”广场、林祥谦烈士铜像、拉响京汉铁路大罢工第一声汽笛的马力房、林祥谦烈士就义处等“二七”遗址和工业遗产旧址，留下了许多珍贵的第一手影像资料，并在书刊发表文章呼吁：二七片文化遗产，保护刻不容缓。

2011 年 2 月 16 日、8 月 26 日，他们先后两次采访硚口宗关汉水二村的武汉市国棉三厂（原申新第四纺织厂）及武汉第一面粉厂（原福新第五面粉厂）厂区，并采访了原申新第四纺织厂和福新第五面粉厂创办人李国伟的儿子李元俊老先生、原经理厉无咎的儿子厉宗煌先生，并通过媒体呼吁，促成福新第五面粉厂面粉车间大楼被纳入市级文保单位。后来他们获得厉宗煌先生赠送的李国伟及荣毅仁家族的珍贵资料。

2011 年 10 月，他们采访武昌机务段老工人桂合凤、秦宪山等人，确认了武昌机务段初创时期的名称武东机房，在老工人的指引下，探访拍摄了当年英国人修筑的武东机房百年老车间、武昌机务段用于为机车提供净水的水泵房、水塔、化验房、蓄水池，详细了解了“四美塘”的来历及相关资料。在两位老师傅热情指引下，探访拍摄了当年的火车轮渡码头——“下河线”。

2012 年 2 月 3 日，志愿者们按照计划，相邀专程造访原法租界赞育汽水厂旧址，走访了楼房内的多个房间，拍摄了多处保持原状的门、窗、走道、楼梯等建筑构件。仅过了 9 天，该楼房突发火灾，烧毁了部分房屋结构。2012 年 10 月 4 日，“人文武汉”志愿者邀请武汉电视台记者及房管部门的同志，一起再次造访赞育汽水厂旧址，并促成这一问题被提到武汉市当年的“电视问政”专题节目中播出，引起社会广泛关注。

2012 年 2 月 11 日，在武汉市国棉一厂面临拆迁之前，他们突击采访过位于该厂区的汉阳铁厂旧址，由于来得及时，得到了在该厂门房墙壁上有块铁厂石碑的信息。第二天，大家再次来到现场，并请武汉市社科院历史研究所所长张笃勤现场辨认，发现这块石碑是“汉冶萍”记事碑，记录了当年厂矿的生产情况及一桩公案。后来，他们通过媒体进行报道，引起汉阳区有关领导重视，将这块准国家级珍贵文物用吊车吊出，送到汉阳区张之洞博物馆妥善保存。

2012 年 10 月，他们采访武汉轻型汽车制造总厂两位前副厂长，获得该厂在武汉汽车工业初创及发展时期的工作情况及制造 WHQ6450 型乘用汽车的重要资料，并对该厂保存完整的厂区建筑进行拍摄、报道，引起社会重视。

2013 年 9 月 3 日和 2015 年 6 月 16 日，“人文武汉”志愿者两次在汉面见英国纽卡斯尔大学文学院院长杰拉德・科赛恩教授。科赛恩教授是清末民初汉口和利冰厂创始人的后人，他向志愿者们提供了其家族保存的重要资料，厂主的真名是“沃特・休斯・科赛恩”，和利冰厂创建的准确时间是 1904 年，认证了和利汽水厂与和利冰厂应为两个厂，和利冰厂的真实建筑应在岳飞街 42 号，该厂在武汉沦陷时期曾为武汉难民提供水源等详细资料。这些资料纠正了以前武汉史志对和利冰厂、和利汽水厂的错误记载，也丰富了该厂较为缺失的历史资料。

2016 年 2 月，他们采访原武汉汽车配件厂党委书记陈礼才同志，陈书记提供了大量武汉汽配的厂史资料，其中包括 1950 年建厂初期制造新中国吉普车向国庆献礼、工厂的业绩及历史沿革。其提供的文字资料填补了武汉汽配厂的前身日商泰安纱厂及汽配建厂初期的历史空白。

2016 年 4 月，他们考察汉阳钢厂老厂房、老设备，与省市政协委员及人大代表座谈汉阳钢厂老厂房保护利用及张之洞博物馆后期建设问题。

2016 年 5 月，他们冒雨踏访汉阳特种汽车制造厂旧址，采访老厂长彭庭均及部分领导，拍摄了大量该厂旧厂房照片，获得了汉汽创建之初及改制前后的重要资料。

2016 年 6 月，通过对汉口电灯公司旧址采访，详细记录了利用旧址建立湖北电力博物馆的过程及现状。同月，采访武汉锅炉厂拆迁后利用老厂房改建的 403 艺术中心。

武汉市公布的第一批 27 处工业遗产目录，已确定的 69 处工业遗产名单，大部分都被“人文武汉”志愿者们关注、采访、记录和进行过报道。经过十多年的积累，在《汉网 · 人文武汉》论坛网络平台上，已经收集囤积了大量丰富的工业遗产相关的历史报纸、文件、印信、收藏品、老照片和影像资料，这些资料被本地大量出版物无偿引用，为各类媒体提供了大量信息及采访资源。

“人文武汉”志愿者群体多年来坚持不懈开展健康有益的民间文保活动，为武汉城市历史文化的传承和发扬起到了促进作用，为武汉市城市文明建设作出了自己的贡献！ 2017 年 12 月，在中国文物保护基金会第九届“薪火相传”活动评选中，“人文武汉”志愿者群体荣获“讲好中国文物故事杰出团队”称号。

武汉工业遗产的命运也牵动着企业创办人后裔的心。据长江日报记者佘晖报道，2011 年 10 月，李元俊携妻儿自香港专程到汉，参观位于硚口宗关的申新第四纺织厂、福新第五面粉厂旧址，并与申四、福五的海内外后人聚会。李元骏当时已 88 岁高龄，他出生在硚口宗关，参观过福新五厂旧址，李元骏又跑到汉江边看了一圈。在硚口民族工业博物馆，申四、福五的老照片让老先生激动得从轮椅上撑起来仔细端详。他说：“武汉曾是民族工业的重镇，谈到中国现代工业绝对绕不开武汉。”离开武汉 70 年，李先生说话还不时蹦出一句乡音。新中国成立后，福新五厂、申新四厂分别改造为武汉第一面粉厂、第三棉纺厂，继续为新中国经济发挥作用。本次到汉参加聚会的有来自海内外的申新四厂、福新五厂后人 40 多人，其中包括前申新四厂经理厉无咎之子厉宗煌，及当年申新四厂高管华煜卿、章健慧、李右人等人的子女，福新五厂前技师、83 岁的金荣海闻讯也从加拿大赶来。申新四厂、福新五厂是老汉口颇具代表性的近代工业遗产旧址，但申新四厂厂房旧址在 2009 年已被全部拆除。在聚会上厉宗煌发出关于保护福新五厂工业遗产的呼吁书，共计有 58 人参与联合署名。

第二节 《武汉市工业遗产保护与利用规划》内容

在各方共同呼吁建议下，编制武汉工业遗产保护利用法规终于提上了政府议事日程。2012 年，武汉市国土规划局组织编制的《武汉市工业遗产保护与利用规划》完成，2013 年 2 月通过市政府常务会审议，并于 5 月 3 日获市政府正式批复公布实施。这是武汉市首次针对工业遗产保护编制的专项规划，其中公布了对武汉市工业遗产的评判标准、保护推荐名单、保护分级、保护内容、保护利用模式，使武汉工业遗产保护利用走上了全市统一的法规层次。

一、工业遗产的评判标准

一是在相应时期内具有稀缺性、唯一性，在全国或武汉具有较高影响力的工业企业；二是在全国同行业内具有代表性或先进性，同一时期内开办最早，产量最多，质量最高，品牌影响最大，工艺先进，商标、商号全国著名的工业企业；三是建筑格局完整或建筑技术先进，并具有时代特征和工业风貌特色的工业企业；四是其他有较高价值的工业遗存。

二、工业遗产推荐名单

在 95 处工业遗存中，确定 27 处列入武汉市工业遗产保护名单。该 27 处工业遗产从发展阶段上涵盖 6 个时期、13 个行业。其中，具有稀缺性、在全国有较高影响

武汉市第一批工业遗产分布示意图

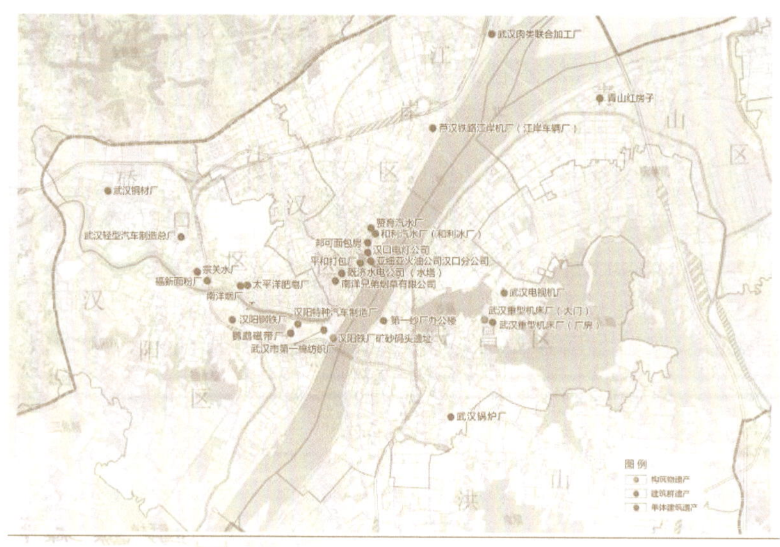

武汉工业遗产形态分类示意图

力等具有“最”字特点的遗产 13 处，已被列为国家、湖北省、武汉市文保单位的遗产 15 处（其中第五批市级文保单位 6 处）。

三、工业遗产的分级保护

《规划》分为三个保护级别进行保护，其中一级工业遗产 15 处（其中国家级文保单位 3 处，省级文保单位 3 处，市级文保单位 9 处），二级工业遗产 6 处，三级工业遗产 6 处。一级工业遗产：已列入文物保护单位的工业遗产参照《中华人民共和国文物保护法》《中华人民共和国城乡规划法》规定的文物保护单位管理办法实施管理。此类工业遗产以保护为主，充分尊重历史特征，对建筑原状、结构、式样进行整体保留，不得随意拆除，应在合理保护的前提下进行修缮。二级工业遗产：对其中具有历史、科学、艺术价值，体现城市传统风貌和地方特色，或具有重要的纪念意义、教育意义，且尚未被公布为文物保护单位、文物保护点、优秀历史建筑的建构筑物，下步可申报作为武汉市优秀历史建筑、文物保护单位的备选名单。此类遗产在严格保护建筑外观、结构、景观特征的前提下，对功能可做适应性改变，对遗产的利用必须与原有场所精神兼容，不宜作大规模的商业开发。三级工业遗产：满足工业遗产评定标准，但是暂时达不到优秀历史建筑甚至文物保护单位级别的工业遗产。此类遗产可对原建筑物进行加层或立面装饰，尽可能保留建筑结构和式样的主要特征，实现工业特色风貌与现代生活的有机结合。可增加现代设施，赋予新功能，与周边城市环境和功能互动发展。

武汉市第一批工业遗产名录及分级

等　级	序号	名　　称	备　注
一级工业遗产	1	汉口既济水塔	国家重点文保单位
	2	邦可面包房	国家重点文保单位
	3	南洋大楼	国家重点文保单位
	4	汉口电灯公司	省级文保单位
	5	和利汽水厂	省级文保单位
	6	赞育汽水厂	省级文保单位
	7	亚细亚火油公司	市级文保单位
	8	平和打包厂旧址	市级文保单位
	9	宗关水厂	市级文保单位
	10	福新面粉厂	市级文保单位
	11	汉阳铁厂矿砂码头旧址	市级文保单位
	12	第一纱厂办公楼	市级文保单位
	13	武汉重型机床厂（大门）	市级文保单位
	14	武汉轻型汽车厂办公楼	市级文保单位
	15	汉钢转炉车间旧址	市级文保单位
二级工业遗产	1	武汉肉类联合加工厂	
	2	武汉铜材厂	
	3	青山红房子	
	4	南洋烟厂	
	5	武汉重型机床厂（厂房）	
	6	鹦鹉磁带厂	
三级工业遗产	1	太平洋肥皂厂	
	2	武汉市第一棉纺织厂	
	3	江岸车辆厂（卢汉铁路江岸机厂）	
	4	汉阳特种汽车制造厂	
	5	武汉锅炉厂	
	6	武汉电视机总厂	

武汉市其他重要工业遗产名录(69处)

时间阶段	序号	企业名称	建厂时间	历史沿革	现在情况
近代工业产生与初步发展阶段	1	邹紫光阁毛笔店(坊)	1850年	创建于清道光年间，以毛笔的生产销售为主，在重庆等地均开设分店。	厂址位于汉口花楼街56号(现民权路185号)，现存建筑为3层建筑。
	2	汉阳兵工厂	1890年	1889年，张之洞选择汉阳龟山北麓建设湖北枪炮厂，后更名为汉阳兵工厂。	厂址位于汉阳龟山北麓西段。
	3	汉口美最时电灯厂	1907年	原汉口德租界最大的发电厂。	厂址位于汉口沿江大道194号。部分厂区于1944年被美机炸毁，现址为武汉供电局物资供应处办公使用。
	4	马应龙药业	1919年	1582年始创于河北定州，1919年南下武昌斗级营设店。1925年名为马应龙生记制药厂。1964年迁厂至南湖周家湾，1966年变名为武汉第三制药厂。	国家商业部认定的首批“中华老字号”，厂址位于武昌南湖周家湾100号。
	5	武汉制漆厂	1927年	1990年改为武汉双虎涂料(集团)公司，2001年改名为武汉力诺双虎涂料有限公司。	厂址位于汉口古田路17号。
近代工业产生与初步发展阶段	6	武汉市江北冠生园食品有限公司	1928年	传统老字号企业。	江汉区马场角，保留原厂房、烟筒，新厂址位于汉阳江堤路特1号。
	7	武昌造船厂	1934年	“一五”期间，被国家列入156个重点建设项目，为我国内陆最大造船企业。	厂址位于武昌张之洞路2号(巡司河入口处)。
近代工业发展滞缓时期	8	武汉制药厂	1939年	前身为八路军卫生部中原制药厂，1953年定名为武汉制药厂，1954年在现址建新厂，2011年改为现名武汉远大医药(中国)有限公司。	厂址位于硚口区古田路5号。
	9	武汉制线总厂	1947年	原名武汉线厂。	厂址位于江岸区球场街1号，目前被“滚石娱乐台”租用。

续表

时间阶段	序号	企业名称	建厂时间	历史沿革	现在情况
近代工业发展滞缓时期	10	中原无线电厂	1949 年	原名空军23厂，1957年由上海迁武汉，现为中原电子集团有限公司。	厂址位于江岸区胜利街266号。军工企业，兼民营生产。
	11	解放军七二一八工厂	1949 年迁至现址	原为延安八路军总部印刷所，1949 年迁至汉口，1965 年更名为七二一八工厂。现主要印刷《人民日报》《解放军报》。	厂址位于硚口区解放大道 1121 号。
解放初国民经济恢复和社会主义工业全面建设时期	12	武汉第二印染厂	1950 年		厂址位于汉阳区汉南路66号。原从汉口第一印染厂搬迁而来，旧厂房现已租赁给其他企业。
	13	汉阳造纸厂	1950 年		厂址位于汉阳沌口路183号，现名武汉晨鸣纸业有限公司。
	14	武昌第二机械厂	50 年代		厂址位于武昌区临江大道。现成为武汉音乐学院新校区。
	15	武汉轻工业机械厂	1950 年		厂原位于硚口区古田四路 36 号。现厂址搬迁至汉阳区枫树二路。
	16	武汉机床厂	1951 年		厂址位于硚口区硚口路164 号。
	17	武汉消防器材厂	1951 年		厂址位于硚口区古田侧路 8 号。现为武汉仪表集团公司制冷自控仪表厂。
	18	武汉市国光织布厂	1951 年		厂址位于汉口汉正街228 号(原 236 号)。
	19	武汉无机盐化工厂	1952 年		厂址位于硚口区古田路37 号。
	20	武汉酒厂	1952 年		厂址位于硚口区太平洋路 143 号。原黄鹤楼酒厂迁址汉阳区。
	21	武汉交通汽车配件厂	1952 年		位于硚口区简易路 67号。现为武汉精工工具磨床制造有限公司。
	22	湖北探矿机械厂	1952 年		硚口区间易路 50 号。现名为武汉探矿机械厂。

续表

时间阶段	序号	企业名称	建厂时间	历史沿革	现在情况
解放初国民经济恢复和社会主义工业全面建设时期	23	武汉桥机附件厂	1952 年		厂址原位于汉阳鹦鹉大道 420 号。总厂位于沌口路770号,是武桥重工集团设备公司的前身。
	24	武汉水泵厂	1952 年		厂址位于汉阳大道 365 号。
	25	武汉饮料二厂	1952 年		原厂址位于汉口解放大道 1503 号。
	26	武汉市中联制药厂	1952 年		厂址位于汉口复兴村 24 号(常发里 1 号)。公司位于江汉经济开发区江兴路 1 号。
	27	武汉阀门水处理机械股份有限公司(原武汉阀门厂)	1952 年		厂址位于青山区冶金大道 64 号。
	28	中国第一冶金建设公司	1952 年		厂址位于青山区。
	29	武汉钢铁(集团)公司	1952 年		厂址位于青山区。
	30	武汉有机合成厂	1953 年		厂址位于江岸区工农路 10 号。
	31	武汉健民制药厂	1953 年	前身为始建于 1637 年的叶开泰参药店,是中国明清以来四大中药名店之一。	厂址位于汉阳区鹦鹉大道 484 号。相继获“全国质量效益型先进企业”,“全国五一劳动奖状”等各级荣誉称号。
	32	武汉国营酒厂(武汉天龙黄鹤楼酒业有限公司)	1953 年	1984 年,武汉国营酒厂更名为黄鹤楼酒厂。现名武汉天龙黄鹤楼酒业有限公司。	厂址位于汉阳区鹦鹉大道 558 号。
	33	武汉冷冻机厂	1954 年	1958 年 9 月建成投产,是“一五”时期国家建设项目之一。	厂址位于汉阳大道 365 号。
	34	武汉冶金设备制造公司	1954 年	2010 年 3 月公司改名为武汉钢铁重工集团冶金重工有限公司(简称武冶重工)。	厂址位于青山区。

续表

时间阶段	序号	企业名称	建厂时间	历史沿革	现在情况
解放初国民经济恢复和社会主义工业全面建设时期	35	湖北省新华印刷厂	1954 年	现为湖北新华印务有限公司。国家、省定点大型书刊印刷企业。	厂址位于硚口区解放大道 145 号。
	36	武汉液压件厂	1954 年		厂址位于江岸区三阳路 11 号。
	37	湖北青山热电厂	1955 年	国家“一五”156 个重点项目之一。现名为国电青山热电有限公司。	厂址位于青山区苏家湾 1 号。
	38	汉长机械厂（又称武汉冷柜厂）	1955 年	1955 年为汉长机械厂，1965 年为武汉市襄河机械厂，1984 年为武汉冷柜厂，现名武汉海尔电器股份有限公司。	原厂址位于硚口区古田二路 33 号。现址搬迁沌口。
	39	湖北第三内燃机配件厂	1956 年	1993 年湖北工业大学兼并该厂，更名为湖北工业大学机械总厂。	厂址位于武昌南湖李家墩二村。
	40	中国港湾集团第二航务工程局第六工程分公司	1956 年	现名为中国交通建设集团总公司第二航务工程局有限公司第六分公司（简称二航局六工程分公司）。	公司地址位于青山区红钢城二街坊 21 号。
	41	武汉制瓶厂	1957 年		厂址位于硚口区古田路 32 号。
	42	武昌印染厂	1957 年	该厂前身为上海天一印染厂，于 1927 年迁至武昌。	厂址位于武昌区临江大道曾家巷。现仅存一座钟楼。
	43	青山船厂	1958 年	国内大型造船厂，生产各种系列的国际型和国内型船舶产品及其配套产品，以及船舶的修理。	厂址位于青山区船厂村特 1 号。现名为中国长航船舶重工青山船厂。
	44	武汉船用机械厂（461 厂）	1958 年	该厂是国家“一五”期间建设项目之一，国有大型企业。1980 年起转型生产民用船舶机械产品，2007 年更名为武汉船用机械有限责任公司。	厂址位于青山区武东路 25 号。现有职工 3000 余人，生产各种船用辅机、港口机械、桥梁设备等。

续表

时间阶段	序号	企业名称	建厂时间	历史沿革	现在情况
解放初国民经济恢复和社会主义工业全面建设时期	45	武汉铸锻中心厂(471厂)	1958年	该厂1964年至1987年名为武汉铸锻厂,1988年更名为武汉重型铸锻厂。2001年更名为武汉重工铸锻有限责任公司,隶属中国船舶重工集团公司,主要从事船舶重型铸锻生产,是中国船舶工业和中南地区最大的铸锻中心,为国有大型工业企业。	厂址位于青山区武东路1号。现有职工4000余人。生产船舶大型铸锻件产品。
	46	武汉化学肥料厂	1958年	我国“一五”期间建设项目之一。1967年,省轻化工业厅建成湖北省化工机械厂。1997年被省双环化工集团公司兼并,化机厂变为双环集团的下属企业,1999年更名为湖北建星压力容器有限公司。	厂址位于青山区白玉街特1号。
	47	武汉市江南电器厂	1958年		厂址位于青山区红港二村257号。区属集体企业,1995年停产。
	48	武汉电缆股份有限公司	1958年		厂址位于硚口区解放大道2号。
	49	武汉铁塔厂	1958年		厂址位于汉口解放大道2034号。属省电力公司企业,主产品为高压铁塔。
	50	武汉汽车齿轮厂	1958年		厂址位于汉阳大道412号。现名为武汉双骏汽车齿轮制造有限公司。
	51	武汉葛店化工厂	1958年		厂址位于洪山区左岭镇化工北路特1号。
	52	花山农具厂	1958年		原厂址位于洪山区花山镇花山大道144号。
	53	武汉市无线电元件厂	1959年		原厂址位于汉口四维路10号。2001年改制为武汉海创电子股份公司,2011年迁至光谷。

续表

时间阶段	序号	企业名称	建厂时间	历史沿革	现在情况
解放初国民经济恢复和社会主义工业全面建设时期	54	武汉无线电二厂	60 年代		厂址位于武昌岳家嘴。现名武汉凤凰科技园，生产凤凰音箱，畅销全国。
	55	武汉市无线电厂	1961 年	生产的长江牌音响曾全国知名。	厂址位于江岸区大智路32 号。目前主要出租物业管理。厂区用地 228.87 亩，房屋 46000 平米。
	56	武汉整流设备厂	1961 年		厂址位于江岸区台东路9 号。2008 年停产。
	57	武汉汽车零件二厂	1962 年		厂址位于汉阳建设十一路涂家湾村 188 号。与武汉神龙开发总公司冲压件厂共用厂址。
	58	武汉市春笋新型墙体材料有限公司	1963 年		位于青山区工人村路丝茅墩特 1 号。现有用地300 余亩，是武汉市最大的利用粉煤灰生产新型墙体材料的民营企业之一。
	59	武汉汽轮发动机厂	1963 年	现名中国长江动力公司集团（又名武汉汽轮发动机有限公司、武汉长源水轮发电机制造有限公司）。	位于东湖开发区关山一路 124 号。
	60	武汉公用客车制造厂	1963 年		位于硚口区古田四路 30号。现名东风扬子江汽车(武汉)有限责任公司。
	61	武汉汽车发动机厂(武汉汽车车身附件厂)	1964 年		厂址位于汉口解放大道2777 号。
	62	武汉市清江化工厂	1966 年	清江化工厂于 1970 年兴建硫酸生产线，以生产硫酸为主。1997 年改制，成立清江化工股份有限公司。拥有多个子(分)公司。	厂址位于武昌区临江大道 862 号。

续表

时间阶段	序号	企业名称	建厂时间	历史沿革	现在情况
解放初国民经济恢复和社会主义工业全面建设时期	63	武汉光明仪表厂(265厂)	1969年		厂址位于青山区冶金大道9-11号。原厂办公楼现为武汉化学工业区管委会使用。
	64	武汉石油化工厂	1971年	中国石化武汉分公司(中国石化集团武汉石油化工厂)。	位于青山区凤凰路10号。现有职工近6000人,年加工原油800万吨,为全国500强企业之一。
现代工业曲折前进时期	65	武汉造纸厂	北厂1971年,南厂50年代		原厂址位于江岸路区。
	66	武汉市胜强微压锅炉厂	1972年		厂址位于汉口解放大道2030号。
改革开放和快速发展新时期	67	武钢集团汉口轧钢厂	1980年	原名武汉薄板厂。	原位于硚口区古田路46号。主厂已迁至新洲区阳逻镇。
	68	武汉高压电器厂	1983年		厂址位于江岸区天门墩路40号。2000年改制为有限责任公司,并搬迁。
	69	武昌第二针织厂	1983年		位于武昌堤东街474号,已停产。

注:因武汉重型机床厂厂房与大门分别作为建筑、构筑物进行保护,故除第一批27处工业遗产外,另有其他重要工业遗产69处。工业遗产总数95处。

四、工业遗产保护内容

《规划》划定遗产的保护建筑和风貌协调区范围,制定遗产保护要求,提出相关强制性保护要求,并提出遗产保护利用措施。

五、工业遗产保护与利用模式

《规划》对全市工业遗产提出保护、利用、非实物保护等三类模式。其中严格保护模式适用于一级工业遗产,即文保单位、优秀历史建筑,按照文物法规定的文物保护单位管理办法实施严格管理;利用模式适用于二、三级工业遗产,即通过城市开放空间、博物馆纪念展示馆、创意产业园、商业综合开发等四种方式进行工业遗产的再利用;非实物保护模式主要针对已消失的重要工业遗产,即在遗址位置进行软性保护、虚拟复原或将企业名称与地名、街名、巷名结合等。

武汉市第一批工业遗产旅游线规划图

原样保护模式以平和打包厂为例，这座由英国人建于1905年的棉花打包厂是武汉早期重要的工业建筑，该处建筑面积3万多平方米，框架砖混结构，由相对独立又相对贯通的8栋楼房构成，每栋四层楼，层高在6米左右。在保护过程中，按照修旧如旧原则，严格使用原构建、原尺寸，尽可能保存其原始风貌和真实性。利用式保护是借鉴了北京798、南京1865文化产业园的模式，将工业遗产利用分为城市开放空间、博物馆纪念展示馆、创意产业园、商业综合开发等种类。

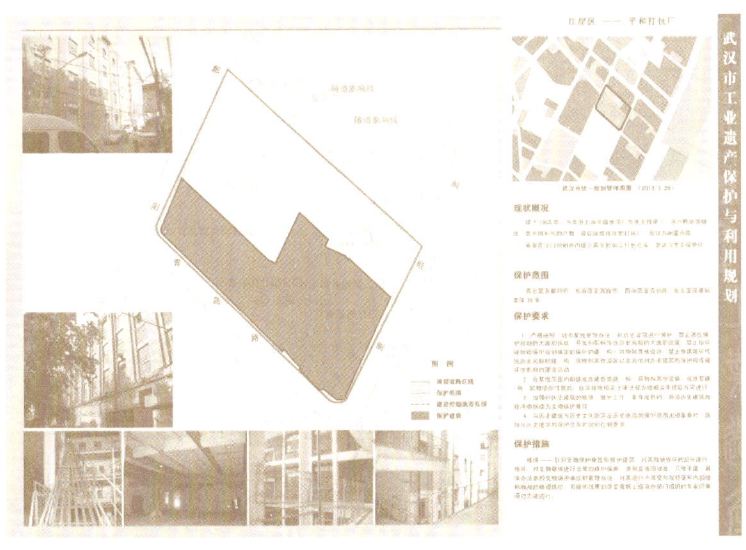

汉口平和打包厂保护利用规划图

城市开放空间将以汉阳铁厂矿砂码头为例，将其规划改造为遗址公园，供市民、游客憩息玩耍。博物馆、纪念展示馆将工业遗产改造为展示、纪念性展馆。目前，硚口区已将武汉铜材厂厂房改造成硚口民族工业博物馆，场景复原般地展现汉口铜业发展中的历史记忆，硚口民族工业创办、兴盛、衰落、重建的过程也将在此展现。

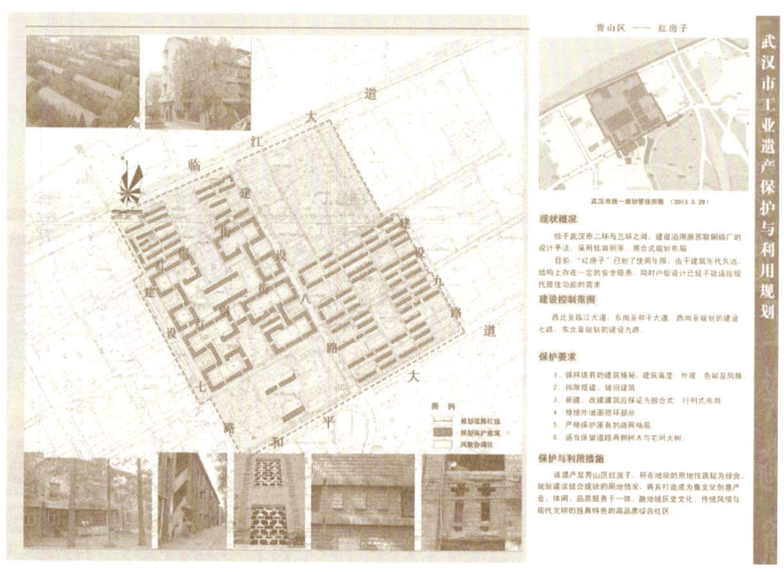

青山红房子保护利用规划图

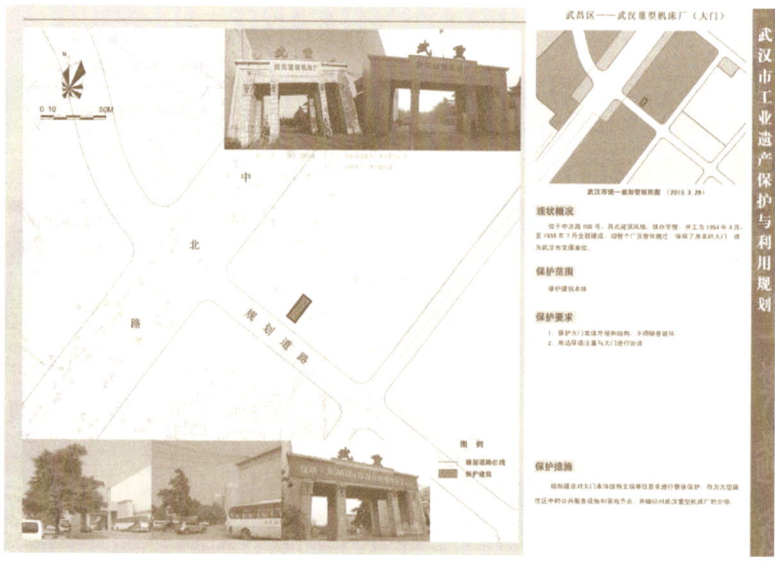

武汉重型机床厂大门保护规划图

创意文化园模式实际已在各区兴起，各地利用遗产厂房空间大，可以随意分割组合的特点，为艺术人士提供创意空间。规划以红钢城为例，组建“红房子创意产业区”，引入餐饮服务、休闲游憩、文化娱乐、生活创意等项目。

商业综合开放模式主要针对三级工业遗产，改造为文化、休闲、购物空间。以武汉重型机床厂为例，除完整留下一大门外，其余均改为小区配套娱乐设施。

非实物保护模式是针对一些企业曾在全国、武汉工业发展史上有一定地位，因搬迁、停产或改建等原因，老建筑荡然无存，由于没有可以依附的载体，只有将企业名称与地名、街名结合，同时对老设备、厂史、档案等遗迹集中展示。比如，历史上赫赫有名的汉阳铁厂，其厂房设备在汉已难以寻到，但依旧可以将它的资料和档案在张之洞博物馆中展出，而在鹦鹉磁带厂厂址中发展而来的“汉阳造”，也是借汉阳铁厂的精神在继续发扬光大。

对于95处重要工业遗产中未进入第一批名单的工业企业，现已统一建立有详细的档案库，以备案预控的方式为后续工业遗产保护工作打下良好基础。

第三节　《武汉市工业遗产保护与利用规划》价值

一是全面梳理武汉市近现代工业发展脉络，为确定全市工业遗产名录夯实基础。作为武汉市首次编制的工业遗产专项规划，本次规划全面搜集并整理了武汉市工业发展的历史文献资料，分析了全市近现代工业自1861年汉口开埠到2000年的发展轨迹，为深入开展现状普查、明确全市历史工业企业奠定了基础。结合武汉市近现代工业发展历经的6个阶段，重点对其中影响力大、留存工业遗迹最多、价值最高的时期——即张之洞督鄂时期、新中国成立后“一五”“二五”时期和20世纪80年代改革开放后等三个阶段进行了深入分析与细致研究。

二是全面摸清武汉市工业遗存家底，建立翔实的遗存档案，科学甄别、分层遴选，确定武汉市首批工业遗产名单。规划对武汉近现代史文献记录的工业企业进行了全面摸底调查，盘清城市历史工业企业家底。从武汉市志工业志、各区区志中选取371家具有重大影响力的历史工业企业，通过现场调查、核实，对接文化、工业等行业主管部门，确定全市现存的95处工业遗存，并建立有全面细致的工业遗存档案，为遗产保护奠定基础。同时，收集整理有工业企业历史照片并汇编成册，旨在完整记录遗产信息和充分挖掘工业遗产文化价值。规划建立有包含“历史价值、社会价值、科学价值、审美价值、经济价值”等五要素的综合评价体系，借鉴杭州、北京等城市经验，并结合武汉特点，创新提出工业遗产界定标准——将最具有影响力、最有特色的遗存作为工业遗产。在95处工业遗存中遴选出27处作为首批武汉市工业遗产名单，从行业类型上涵盖农副食品加工业、通用设备制造业、食品制造业等具有武汉市近现代工业发展特点的 13 个重要行业，其中具有稀缺性、在全国具有较高影响力等具有“最”字特点的遗产 13 处，已被列为国家、湖北省、武汉市文保单位的遗产 15 处。

三是全面对接规划管理，分类分级，有层次有重点地制定工业遗产的规划控制图则。依据 27 处工业遗产的价值重要性等，分为三个保护级别，每级工业遗产制定不同的保护控制要求，实施梯度化保护。其中一级工业遗产 15 处，包括国家级文保单位 3 处，省级文保单位 3 处，市级文保单位 9 处；二级工业遗产 6 处；三级工业遗产 6 处。结合全市规划管理“一张图”，对 27 处工业遗产分别制定保护控制图则，分析遗产现状，划定保护建筑和风貌协调区，明晰片区用地规划性质，制定遗产保护的强制性要求，分类提出遗产利用的建议措施。

四是创新武汉工业遗产保护与利用模式，在保护的前提下注入新的发展活力，提升城市功能。工业遗产的保护与再利用，除保留工业建筑本体外，还应为遗产注入新的生机，复苏其历史活力。规划在学习国内外成功经验基础上，结合武汉市实际，提出严格保护、适度利用、非实物保护等三大类模式，并进行了卓有成效的实践。对于一级工业遗产采取严格保护模式，按文物保护法要求进行保护，遵循“修旧如旧”的原则进行必要的修缮。对二、三级工业遗产采取适度改造利用模式，在保护的前提下对遗产进行适度利用，促进城市功能的完善，具体包括改造为城市开放空间、博物馆纪念展示馆、创意产业园、商业综合开发等四类。对已消失的重要工业遗产提出非实物保护模式，即在原遗址位置进行虚拟复原、遗址命名等软性保护，对老设备、厂史、档案等遗存在工业博物馆集中保护展示。对于 95 处工业遗存中尚未列入遗产名单的 60 余处工业企业，预先建立详细档案，施行实时监督机制，如搬迁改造则需编制相关规划。同时，规划将工业遗产保护与都市旅游相结合，在工业遗产相对较为密集的江汉区、硚口区、汉阳区，通过绿道将工业遗产点串联起来，形成完整的工业遗产旅游线路，丰富武汉市旅游产品。

五是创新规划管控策略，空间规划与政策制定同步，有效增强规划实施性。结合武汉市规划管理特点，全面对接规划管理“一张图”平台，结合遗产保护与利用，对全市控制性详细规划提出修改完善建议，将保护控制要求落实到实际规划管理中。同时，规划提出诸如容积率有偿转移、改造老旧厂房论证程序等政策建议，为工业遗产保护的实施提供保障。

在武汉市工业遗产保护利用规划编制、公示及批准实施过程中，《长江日报》《武汉晚报》等多家媒体对该项工作进行过连续报道，在社会上引起强烈反响，极大地提升了公众对工业遗产保护的关注度。按照规划，目前已实施了武汉铜材厂、鹦鹉磁带厂等工业遗产的保护利用，取得了较好的成效，探索出一条在城市快速发展下协调“保古旧”与“保发展”的平衡路径。尤其是鹦鹉磁带厂改造的汉阳造文化创意产业园，是武汉市工业遗产保护利用中最为成功的案例之一，已经成为汇聚武汉市艺术精英、现代高端创意产品及服务的聚集地。2014 年 7 月，中国城市规划学会、全国政协工业遗产保护与合理利用调研组、国家科委等部门领导专程来汉，听取规划汇报并参观实施案例，高度评价武汉市在工业遗产规划编制和实施中取得的成效，充分肯定武汉市工业遗产保护利用模式的示范作用。

中篇　武汉工业遗产现状调查

工业遗产分类可以有两种方式，一种是纵向分类方式，即按时段划分为近代工业遗产和现代工业遗产；一种是横向分类方式，即按行业与形态划分。而武汉工业遗产行业与形态分类又是由武汉工业产业结构和行业门类决定的。新中国成立前，武汉市工业门类残缺不全，产业结构带有明显的畸形性。新中国成立后35年中，随着生产力发展，产业结构不断调整，逐步形成以冶金、机械、纺织为三大支柱，食品、化工、电子、轻工、医药、建材等有一定规模，高新技术产业开始发展，门类比较齐全的产业结构。

与武汉工业产业结构和行业门类发展变化相对应，武汉工业遗产行业类型留存的属于近代的种类较少，现有的新中国成立以后的种类较多。学界已有研究表明，武汉工业遗产行业类型包含农副食品加工业，食品制造业，酒、饮料和精制茶制造业，烟草制品业，纺织业，化学原料和化学制品制造业，黑色金属冶炼和压延加工业，通用设备制造业，铁路、船舶、航空航天及其他运输设备制造业，电力、燃气及水的生产和供应业，电气机械和器材制造业等十几个行业；使用类型则包括了工业厂房、机器设备、仓库、职工宿舍、企业办公、车站、码头、铁路等工业建筑、交通设施、能源设施等。

第五章　冶金能源业遗产

第一节　汉阳铁厂的吉光片羽

一、“人文武汉”志愿者发现汉冶萍记事碑

2012 年 2 月 11 日，当严涛、侯红志在汉阳龟山脚下武汉市国棉一厂门卫室墙壁上刮开水泥涂层，刮出一块带有“李维格”三字的石碑时，一起的“人文武汉”志愿者们意识到，一件重要文物出现了。严涛是武汉供电局工程师，侯红志是媒体记者，他们发现的是一个有关汉阳铁厂的文物。国棉一厂厂区是原汉阳铁厂遗址，在武汉的工业遗产中，汉阳铁厂当属“重量级”。

民国时期汉阳铁厂大门

光绪二十年（1894 年），湖广总督张之洞在汉阳龟山脚下创办的汉阳铁厂建成投产。光绪三十四年二月（1908 年 3 月），汉阳铁厂、大冶铁矿、萍乡煤矿合并组成汉冶萍煤铁厂矿有限公司，是中国近代最早的大型钢铁联合企业。

汉阳铁厂曾被誉为“中国二十世纪之雄厂”，但它的“蛛丝马迹”也是消失得最干净的。1938 年武汉沦陷前，国民政府为不让铁厂落入敌手，炸毁了运不走的全部设备，如今铁厂的气息渐行渐远，几乎消失于无形。在武汉张之洞与汉阳铁厂博物馆原馆长顾璧阶的指引下，严涛等人刮出的这块石碑，犹如百年铁厂的灵光一现，唤起人们对它的关注与念想。

石碑被发现后，“人文武汉”志愿者文史专业顾问、武汉市社科院历史研究所所长张笃勤闻讯赶到了现场。他仔细研究了碑文，并根据碑文前后不够完整等状况作出判断，这块碑应属汉冶萍公司当年所立的真迹，而且此碑至少还应有另外两块。

汉冶萍记事碑被发现

当时，国棉一厂正面临拆迁，为抢救石碑，“人文武汉”志愿者通过媒体发出了呼吁。2012 年 2 月 23 日，汉阳区文化市场执法大队到现场进行了考察认证，在汉阳区有关领导关注下，3 月 14 日，武汉张之洞与汉阳铁厂博物馆租来吊车将石碑从墙面吊出，搬运至馆内收藏，取名“汉冶萍记事碑”。馆长顾必阶称：“该碑是至目前为止发现的汉阳铁厂最大体量的有文字记载的文物，其价值可达‘国宝级’。”据考证，这座碑的碑文系民国初年（1912 年）时任汉冶萍公司经理叶景葵所撰。

二、百年石碑钩沉百年冤案之争

发现的汉冶萍记事碑文计有 378 字，记述了汉阳铁厂发现原煤储量巨大的萍乡煤矿后，公司面临的巨大商机。碑文中一段文字：“更得李君维格任以汉厂，举向来炉座与矿质两相枘鑿之病如距斯脱”，大意为：李维格任职汉阳铁厂（总办）后，发现此前的炼钢炉与铁矿石两不相容，找到影响钢轨质量的病根。这段文字与“张之洞引进炼钢炉失误”的百年之争有关。

汉阳铁厂建厂之初，所炼制的钢轨材质脆裂，销路不畅。李维格（1866—1929年）江苏吴县人，是留学英、美、日的“海归”，光绪三十年（1904年），被铁厂委以总翻译并出国考察，订购炉机，并将带去的冶炼材料化验得出结论：钢轨脆裂，是贝塞麦（酸性）炉不能去磷所致，于是以预收日本矿石款价300万日元作经费，改造和扩建总厂机炉。光绪三十三年（1907年），改扩建工程竣工后，汉阳铁厂炼铁的焦比达到1：1，成本下降，产量逐年增长，销路日广，“预定至卷，纷至沓来”。

后来，李维格曾写文章，认为贝塞麦（酸性）炉不能去磷，导致钢材质量低劣，是张之洞订购炉机失误所致。有薛福成（时任清廷驻英、法、意、比四国公使）“一再言之”先化验矿石再订购炉机，而张“未从其请”之语。

而汉冶萍记事碑碑文撰写者叶景葵，于民国元年（1912年）4月13日任汉阳铁厂经理，当时，汉阳铁厂在辛亥革命阳夏之战中遭到严重破坏而停工，有人斥责李维格办理不善，叶与李相交甚久，叶遂撰文《述汉冶萍产生之历史》刊登于上海《时事新报》，为李维格辩护。其指责张之洞之评语：“举向来炉座与矿质两相枘鑿之病如距斯脱”（汉冶萍记事碑碑文）则与其所著《述汉冶萍产生之历史》内容如出一辙。

自20世纪初以来的近百年中，叶景葵的文章在洋务运动史、尤其是张之洞及汉冶萍公司史的研究中被广泛引用，产生了深远的影响，是批评张之洞创办钢铁工业失误的始作俑者，但近年来，学界对叶、李所持观点多有反驳。

2010年5月，学者张实著书《苍凉的背影——张之洞与中国钢铁工业》，以“一家之言”评价张之洞的事业。张文认为：叶景葵关于张之洞购炉的记载是一桩大冤案。文中写道：“订购炼钢设备的是刘瑞芬，有人遗漏了‘炉需兼能炼有磷者’，张之洞（建厂时）亲手创办了化学学堂，张之洞不懂矿山需要勘探化验吗？当事人薛福成有日记为证。李维格曾写文章，对于早年张之洞如何订购炼钢炉，有所谓薛福成‘一再言之’而张‘未从其请’之语。而有证据显示，张之洞至少前后四次将化验结果寄给薛福成。叶景葵在此基础上进一步发挥想象，大肆渲染，衍生出张订购炼钢炉的种种情节和语言是无中生有。我们认为，所谓张订购炼钢炉失误，是一桩至今查无实证的莫须有的冤案。李维格是冤案的幕后炮制者，叶景葵则充当了李维格的传声筒，扩大了影响。”

文章认为，李维格自光绪三十年（1904年）出任铁厂总办，至1908年汉冶萍公司建立兼任公司协理，这一时期他是盛宣怀的主要助手，参与了重大决策并负责执行，对公司经营负有重大责任，为此受到股东和舆论的压力，以致后来“颇有人倡议，李君办厂不善，可取而代之者”。李维格在此前后的一些说法，便隐藏着为盛宣怀和自己开脱的成分。

三、汉阳铁厂的凄凉晚景与历史遗存

汉阳铁厂经历了官办、官督商办、商办三个时期。

张之洞创办汉阳铁厂，目的是为修筑卢汉铁路（京汉铁路），故铁厂以生产铁路钢轨为大宗，对奠基中国铁路建设居功至伟。汉冶萍公司曾拥有三万名钢铁和采掘工人，张之洞办汉阳铁厂时，先后派40人赴比利时学习，商办之后的“汉冶萍”时期，又先后派出8人到欧美学习，培训了大批技术人员。第一次世界大战爆发后，钢铁成为紧俏商品，价格成10倍增长，汉冶萍公司转而大量生产材料钢，经营步入黄金时代，从民国三年（1914年）至民国八年（1919年）共盈利2940多万元。

但是到了1924年，公司却欠下了大量债务，其中，由于日本财团先后贷款5000多万日元给汉冶萍公司（即资本输出），一步步控制了公司命脉。因负债累累，汉冶萍公司于当年被迫停产，除保留200余人护厂外，生产工人全部失业。

关于汉冶萍公司“晚景凄凉”，史学界曾有大量研究，综合起来与晚清体制封闭、政务腐败及民国初年战乱频仍、国力势弱有关。

清末时期，汉阳铁厂企业职员主要来自三个方面：一是官派；二是洋派（即聘用外籍洋人）；三是依靠家族、亲戚和地方封建关系。官督商办后（汉冶萍公司时期），厂矿中的高级职员（高级技术人员）逐步被盛氏家族或故旧代替。商办之后，人事情况更为复杂，公司除收养了一批顾问、咨议、调查员外，还有一些既无钢铁专业技术、又无经营近代工业知识的人，据统计不下1200人，当时的董事长孙宝琦公开承认，北京事务所是“应酬品”，是专门用来安排亲友的场所。

汉阳铁厂（汉冶萍公司）虽然上层管理机构不尽如人意，对下层工人管理却十分严苛。企业工人主要来至三个方面：1.福州船政局调来；2.上海、宁波、广州、香港等地招募技术工人；3.多数来自省内破产农民、手工业者和工人。

工人工资：工头每月10～100元不等；工匠每月约20元；长工每月9元；小工和长夫（临时工）日工资不及0.2元，每天12小时工作制，工资发放分5日、10日、半月三个日期。

第一次世界大战发生成为汉冶萍的黄金时代，曾盈利2940多万元，但企业寅吃卯粮，盈利中发放股息就达920多万元，占全部盈余的31%，发放董事长、经理等办事人员酬劳奖金达100多万元，还花了40万元修“盛公祠”，而用于扩建的经费只420多万元，占14.28%。公司与厂矿办事人员营私舞弊层出不穷，公司曾发生四大贪污案，萍乡坐办林志熙侵吞公款银30万两，虽经起诉，最后却不了了之。

抗战胜利后的1948年11月，汉冶萍公司资产清理委员会发布公告，华中钢铁有限公司接收汉厂财产（含房地产），计法币1.96亿元，至此，汉阳铁厂宣告终结。

抗战胜利后，汉阳铁厂也未在原址恢复。新中国成立后，铁厂旧址上分别建设了国棉一厂、汉阳特种汽车制造厂等企业和学校，其厂房建筑遗迹基本消失。现在，在铁厂旧址靠近龟山一侧留有一块重达200余吨的凝铁，这块凝铁为1924年10月（一说为1911年10月）汉阳铁厂生产停产的遗留物。另一处重要遗址，则为地处汉阳晴川阁附近江边的汉阳铁厂矿砂码头，现为武汉市文物保护单位。汉阳铁厂留下的另一个重要文物，当属汉冶萍记事碑了。

第二节　汉阳钢厂旧址的现状与未来

2013年7月25日，工信部公布的包括钢铁等在内的19个行业淘汰落后产能企业的名单中，武钢集团汉阳钢厂榜上有名。汉阳钢厂产能40万吨的电炉已于年初熄火停产，按要求限期拆除。

汉阳钢厂全景图（1980年6月）

已停产的汉阳钢厂车间

汉阳钢厂北临琴台大道，南临京广铁路，东接江城大道和月湖文化艺术区，距汉江不过800米。厂区尚存大量工业建筑物和构筑物遗存，具有较高的历史文化价值。

1958年大办钢铁时期，汉阳轧钢厂在厂长董铸礼、技术人员李伟庆等人的带领下，没有搞“土高炉”。在隔着西月湖南岗高家湾按钢铁设计院的成套图纸施工，建起一座83.5立方米高炉，并建起一条铁路运输专线，由此开启汉阳钢厂的建厂史。1970年，武汉市成立冶金局，汉阳轧钢厂并入汉阳钢厂。1985年底，汉阳钢厂划归武钢集团管理，隶属于武汉钢铁集团江北钢材加工配送有限责任公司。

20世纪末，汉阳钢厂由于设备老化、生存空间狭小、包袱沉重等原因，全厂面临停产危机。1994年，4千人被迫下岗，4千人办理提前退休等手续。2007年，汉阳钢厂迁至阳逻开发区。留下的厂房成为工业遗产。

汉阳钢厂厂区共有建筑74栋，正在使用的有66栋，废弃的有8栋。现存建筑按其功能分类，有生产类厂房、仓储类厂房、办公楼、宿舍楼等。按建筑年代划分，20世纪60年代建筑1栋，70年代建筑9栋，80年代建筑8栋，其余均为90年代建筑。其中，建于1960年、层高12米、钢结构的电路分厂转炉车间，被列为武汉市文物保护单位。1970年5月15日，《人民日报》以《汉阳钢厂建成一座纯氧顶吹转炉》为题对该厂转炉车间进行过报道。

转炉车间钢结构的厂房具有经久耐用、易于维修的特点，同时可以有效地抵御外界恶劣的自然环境，在抗震、防火性能上都要远远优于传统建筑，体现出的是工业建筑所具有的坚实感和厚重感，给人一种工业震撼力。

第六章　机器制造业遗产

第一节　汉阳兵工厂赫山厂区

光绪十六年(1890 年)张之洞奏请清廷，将筹备工作已近尾声的枪炮厂由广州迁至湖北，获准后，即迅速迁厂，于光绪十八年(1892 年)在龟山北麓的汉水南岸开工建厂，于光绪二十年(1894 年)完工，次年投产。

一、汉阳兵工厂概况

汉阳兵工厂曾数次易名，1894 年创建之初，起名为湖北枪炮厂；光绪三十年(1904 年)，湖北枪炮厂规模宏大，分厂林立，厂各有名，张之洞以该厂非枪炮二字所能包括，奏请朝廷改名为湖北兵工厂；光绪三十四年(1908 年)，钢药厂因经费支绌，与兵工厂合并，改名为汉阳兵工厂。

1929 年的汉阳兵工厂

湖北枪炮厂最初下设炮厂、枪厂、炮弹厂、炮架厂、枪弹厂 5 个分厂，雇佣工人 1200 名左右。光绪二十四年(1898 年)在德国格鲁森厂购无烟药机、罐子钢机，于汉阳府城外西北隅赫山增设罐子钢、无烟药两厂，定名钢药厂。从光绪二十年(1894 年)创设至宣统元年(1909 年)，汉阳兵工厂(此时已改名)共造各种炮 986 尊，枪弹 61776554 颗，各种炮弹 989484 枚，马、步快枪 130658 支。直至抗战前夕，汉阳兵工厂一直是全国轻兵器的最大生产厂家。

1937 年，抗日战争爆发，汉阳兵工厂的主要设备和物质在武汉沦陷前夕全部拆卸运往湖南，后来，部分设备用于建株洲兵工厂，大部分运往重庆。该厂西迁途中逐渐解体，各分厂分别改为第一兵工厂、第二兵工厂、第十一兵工厂，有的与其他内迁兵工厂合并为第二十一兵工厂，第五十兵工厂。1946 年，以原汉阳兵工厂巩县分厂为主体的第十一兵工厂大部分人员返汉，在汉阳兵工厂原址和武昌设厂，汉阳厂定名为第十一兵工厂第六制造所，1947 年改名为第三十兵工厂，1948 年迁往柳州。

二、汉阳兵工厂的标志产品“汉阳造”

1911 年 10 月 10 日晚，武昌新军工程营响起武昌首义第一枪，这第一枪就是“汉阳造”打响的。

起义当晚 7 点，工程营第 8 营后队二排排长陶启胜巡营至第 5 棚(班)时，问该棚正目(班长)金兆龙为何现在擦枪？金兆龙回答：“以防不测。”陶大怒令手下扭住金兆龙，金便大喊道：“众同志再不动手，更待何时？”一旁的士兵程正瀛举起“汉阳造”射击，击中陶启胜腹部，陶带伤逃跑，后死于家中。二排枪声响起，工程营共进会总代表、正目熊秉坤随即率徐兆宾、金兆龙、程正瀛等士兵首先诛杀了阻止他们的代理营长等反动军官，开始了起义行动。

程正瀛的这一枪就成为史书上记载的武昌首义第一枪。程正瀛、熊秉坤等使用的“汉阳造”，是汉阳兵工厂仿造的德国 1888-41 式步枪，是“汉阳造”最早的枪型之一。

M-1888 最著名的特色和识别标志就是枪管前端的套筒——防热套，因此，仿制的“汉阳造”又被中国人赋予了另一个流行很广的名字“老套筒”。改进后的“汉阳造”正式名称为“汉阳式 7.9 毫米步枪”。

“汉阳造”口径 7.9 毫米，枪长 1250 毫米，重 4.06 千克，其最大的亮点就是采用无烟弹药和金属包裹的弹头，这在 20 世纪是世界上比较先进的。“汉阳造”最明显的特征是枪身、刺刀较长(枪长 1250 毫米)，因此在抗日战争时成为中国军队唯一一种在白刃格斗时与日军“三八大盖”相抗衡的步枪。

“汉阳造”从投产到 1910 年，汉阳兵工厂共生产“汉阳造”136000 支，子弹 6300 万颗，无烟火药 33 万磅。“汉阳造”一直生产到 1944 年才停产。

三、汉阳兵工厂的火炮利器“鄂造 57”

湖北枪炮厂创设后，造炮机器自德国引进。在订购前征询了厂内洋员的意见后，选定仿造德国格鲁森厂新式炮车及配件的制造设备，这些设备于 1894 年 10 月运抵武汉。据张之洞的奏报，湖北枪炮厂的火炮设计生产能力为年产 120 毫米口径以下火炮 100 门，炮弹设计生产能力为每天生产 120 毫米以下实心弹、榴弹、榴霰弹、霰弹共 100 颗。

1899 年，湖北枪炮厂仿制成功德国格鲁森 57(口径)速射炮，取名为鄂造 57 毫米速射山炮，俗称“鄂造 57”。1900 年后快炮厂全面转产鄂造 57，至 1906 年共生产炮 480 门，榴弹 321900 颗。

“鄂造 57”的闭锁机构为立式炮闩，开闭迅速。炮架为单脚式，运动时用 1～2 匹马挽曳或 4 匹马驮载，也可用人力挽曳或 8 人扛运。

辛亥革命武昌首义阳夏之战中，清军与起义军均配备有这款火炮，在当年驻在汉口租界外国记者拍摄的战地照片中，“鄂造 57”的身影时有浮现。

四、汉阳兵工厂的遗址遗存

1938 年 10 月武汉沦陷之前，国民政府将汉阳兵工厂主要设备和物质向后方迁移，将位于龟山脚下的枪炮厂厂区，及位于汉阳赫山的罐子钢厂、无烟火药厂厂区内拖运不了的机械设备及厂房炸毁。

至今，汉阳兵工厂位于汉阳琴台大道北侧的赫山厂区旧址，已成为武汉船舶职业技术学院校园，在校区还留有一处兵工厂制造火药时用的大碾盘。2016 年 3 月，

1929 年德国军事顾问军械专家马丁先生带着女翻译到汉阳兵工厂参观指导

“人文武汉”志愿者对旧址进行寻访考察时，发现汉阳兵工厂赫山厂区还留有另一处旧址。

在靠近赫山的校园后半区，有一栋7层高的楼房，虽然楼房进行了加高，外墙立面有所改变，但建筑细部却留有民国时期建筑特色。据校方介绍，这栋楼曾为当年国民党兵工部门使用。

在楼房墙根处一块石碑上，可见“继往开来”四个阴刻宋体字，落款为“兵工署长杨继曾题”。杨继曾，安徽怀宁人。早年就学于同济医工专门学校，德国柏林工科大学毕业，投身国民党军工部门，历任军政部兵工署兵工研究委员会委员，汉阳兵工厂副厂长，兵工署副署长、署长等职。1949年去台，1951年任台湾糖业公司董事长兼总经理，1958年在陈诚“内阁”中出任“经济部长”，后曾任国民党中央评议委员，1993年在台病逝。

1937年7月“卢沟桥事变”后，国民政府经济部与兵工署合并，成立“钢铁厂迁建委员会”，由杨继曾带队，将上海钢铁厂、汉阳铁厂、大冶铁厂、萍乡煤厂及六河沟铁厂等进行合并西迁，杨继曾为开辟、建立抗战大后方国防重工业基地，做出了很大贡献。抗战胜利后，杨继曾被国民政府军政部派往芷江，参加接受日军投降工作，1946年5月，杨升任兵工署署长，负责组织实施兵工厂的调整归并和员工遣散工作。

“继往开来”石碑落款时间“民国三十六年九月”为1947年9月。据史料记载，1946年，抗战胜利后，兵工复员，奉民国政府之令汉阳兵工厂于9月结束一切事务，1947年9月1日，为实施兵工厂调整归并和员工遣散工作的该厂保管处撤销，汉阳兵工厂至此而落幕。其时，杨继曾升任署长一年多，在汉阳兵工厂旧址内负责以上工作，杨此时题写“继往开来”四字，是对兵工厂撤并之后一句鼓励的话。现在，这栋保存完好的大楼及其石碑，成为汉阳兵工厂落幕的见证。

第二节　武汉重型机床厂旧址蝶变

一、武重厂史

武汉重型机床厂简称“武重”，是我国“一五”计划期间苏联援建的156个项目之一。1953年5月筹备，选址于武昌答王庙，1955年9月破土动工，1958年9月26日建成投产，实际用资1.31亿元。

武重在建厂之初，就试制成功7242A和7242B龙门刨床，1556立式车床和2630卧式镗床等产品。工厂有83人到苏联对口培训，100人到国内高等院校学习，为工厂发展打下了基础。

武重投产后的1959年，全国掀起“照马学礼那样干”的技术革新热潮。马学礼，武重车工，技术革新能手、全国劳动模范，曾实现技术革新近百项，至今仍在全国使用的“内孔梢胎”，被称为“马学礼胎具”。

20 世纪 80 年代，武重曾研制成功一批具有国际先进水平的产品。1981 年与联邦德国席士公司合作生产的 DKE 系列单子柱立车、高精度 Y31200A2 米立式滚齿机等。至 1985 年底，武重共完成投资总额 1.78 亿元，建筑面积达 51.86 万平方米，其中生产用建筑面积为 24.27 万平方米，有门类齐全的锻、铸、热、机加工、装配和恒温等车间 26 个，各种设备 2700 台；职工 9654 人，其中，工程技术人员 604 人。

从 1958 年至 1985 年，武重共生产 10 大类 120 多个品种的机床 7334 台（含 5514 台重型或超重型），其中有 20 个品种机床出口到 16 个国家和地区；在国内，产品覆盖 29 个省、市自治区。建厂以来，武重一直担当着中国超重型机床的“排头兵”。

2007 年 11 月 29 日，武重投资 20 亿元，在武汉市东湖新技术开发区佛祖岭产业园建设新厂区，2010 年 5 月完成。2011 年 10 月 25 日，武重并入中国兵器工业集团，重组后改称为“中国兵器工业集团武汉重型机床集团公司”。

二、武重旧址保留烟囱、火车头、老厂房

2007 年，复地集团竞得武重地块 790 亩的开发权，计划在该地块建造总建筑面积达 106 万平方米的各类建筑。为保留武重的工业遗迹，这个房地产开发企业在初期规划中，将工业遗产的历史存在感与住区景观环境品质和文化气质相结合，被称为聪明之举。

现在，在武重旧址的住宅小区内，老厂房被改造成为售楼中心，原厂区烟囱、老火车头和红砖墙也得到保留，这些工业遗产元素与楼房、景观协调搭配，使居民和访客有时空交错之感，使得走近它们的老武重人感到十分亲切。

三、武重老厂门

武重旧址保留的另一处工业遗产标志物，是位于武昌区中北路 108 号、建成于 1958 年的武重老厂门。武重厂门设计为门楼样式，高 10 米，长 20 米，宽约 6 米，门楼正面为三开间 4 柱（内外共 8 根门柱）风雨廊形制，

武汉市文物保护单位武重老厂门

门柱为方形，上部设计有简单纹饰，门楼上方竖立着“武汉重型机床厂”7个大字，顶部则竖立硕大的楷体“武重”二字。“武重”，曾是企业的简称，也是企业的标志，还是工人们对企业的爱称。

2011年3月21日，武汉市人民政府确立武重老厂门为武汉市文物保护单位。现在，这处记录了武重人奋斗、创新、发展史册的建筑物，静静地矗立在老武重的坐标原点，观看着眼前正在发生的快速变化。

为保护武重老厂门，武重集团在门楼周边划定了一个保护空间，但是，与门楼右边某“家居厨卫广场”装饰豪华的建筑、彩灯闪烁的招牌、广告相比，武重老厂门显得老态、逼仄；又由于它与周围的建筑、构筑物的使用功能缺乏联系，老厂门也显得冷落而孤寂。如何将它与周边环境联系起来，既互相映衬，又成为独立展示工业遗产纪念碑效应的一处景观，还有待拿出方案予以完善。

第三节　寻找老武汉锅炉厂踪迹

武汉锅炉厂位于武汉市武昌区珞喻路，是新中国成立后，继上海锅炉厂、哈尔滨锅炉厂之后建成的全国第三个大型锅炉厂。

一、老武锅的辉煌与没落

1953年5月，中南锅炉厂筹备处在武汉成立，同年12月改名为武汉锅炉厂，筹建中，得到苏联和捷克斯洛伐克专家来汉指导。

20世纪90年代末的武锅厂门

1956 年 9 月,武锅破土兴建,1959 年 9 月建成投产,总投资 6311.7 万元。

1983 年,国家计委向该厂投入用于压油专项技术改造资金 1600 万元,“六五”计划期间完成多项设施及厂房改造扩建,“七五”计划时期以后,围绕以形成 300MW 锅炉小批制造能力等条件进行技术改造,到 1992 年末,已相继投入资金近 5000 万元,新建和配备大型汽包制造场地和设备、添配第二套膜式壁、蛇形管生产线等设备设施。

武锅生产的电站锅炉品种多,适用范围广,其中黑液锅炉是燃烧造纸厂废液用以产热、产汽、供电并回收碱,能减轻环境污染的特种锅炉,该产品国内市场覆盖率达 90%,并出口国外,1989 年荣获国家优质金奖。除锅炉外,该厂还生产石墨——水冷反应堆及压水堆设备等重大军工产品,为我国国防工业、原子能工业的发展作出了贡献。

至 1992 年末,该厂有职工 6528 人,其中工程技术人员 1443 人;全厂占地面积 889721 平方米,其中建筑面积 448398 平方米;固定资产原值 16776.6 万元,净值 4682.9 万元;主要生产设备 1249 台;同年完成工业总产值 26505 万元,实现利税 2536.7 万元。

1995 年 7 月后,武锅改组为武汉锅炉股份有限公司,1998 年在深交所上市。2007 年 8 月,总部位于法国巴黎的阿尔斯通集团完成了对“武锅股份”51%的国有股权收购,成为控股公司。

2009 年 9 月,阿尔斯通武锅股份有限公司搬迁至武汉东湖新技术开发区流芳园路 1 号,新厂建筑面积 15.1 万平方米,员工 1700 多人,阿尔斯通武锅公司的预计目标,是成为阿尔斯通全球最大的电厂锅炉研发、生产基地。

2007 年阿尔斯通收购“武锅股份”时,曾被视为技术换双赢案例,然而之后,武锅交了一份七年业绩亏损的难堪答卷,走到了退市的边缘。

据报,武锅在深交所上市后,多年来最大的客户一直是自己的控股股东——阿尔斯通控制的子分公司,这种交易被称之为“关联交易”。有人士认为,关联交易价格是非市场化的,较为灵活,往往高于或低于市场价格,成为上市公司借以进行资金转移或利润包装的主要手段。不赚钱的关联交易,对控股股东有利,而忽略中小股东利益。关联交易使武锅更像是阿尔斯通在华的廉价加工厂。

因此,在武锅已经拥有 60 万千瓦以上等级锅炉制造能力的情况下,国内市场的相关订单却少得可怜。2015 年 7 月 13 日,深圳证券交易所对武汉锅炉股份有限公司股票予以摘牌,武锅股份成为能源装备产业第一只退市的境内上市外资股。

二、寻找老武锅踪迹

从 2009 年武锅生产厂区搬迁到东湖新技术开发区后,有人告知,现在要去看“老武锅”,要顺着武昌武珞路左拐(或右拐)进入宝通寺路。走进这条路,一条柏油马路一竿子通到底，贯穿至雄楚大道。武锅的生产区已建成百瑞景住宅小区，武锅职工生活区的“红房子”则正在拆除。

武锅厂区拆迁后，有座“403 房子”被保存下来。2016 年 6 月 10 日，笔者顺着宝通寺路寻找“老武锅”的气息。一位清洁工指着一座两层楼房说：“就是它，武锅的人都知道的。”

“403” 国际艺术中心

“403”房子全称“403”国际艺术中心，由原武汉锅炉厂编号 403 双层车间的工业遗址改造而成。“403”中心门脸虽然装饰了玻璃幕墙，但走进大门，从中心打通的中庭内空可看到车间顶部原貌。武锅的兴建曾有苏联专家参与，所以这座 20 世纪 50 年代的厂房与前苏联电影《列宁在 1918》里列宁演讲的那座厂房相似——顺着屋脊有左右相对的一排采光气窗。艺术中心将顶部结构刷上了灰漆，既有时代感，也有艺术范。

“403”国际艺术中心定位于“文艺青年们不能错过的地方”。与一般艺术中心所不同的是，部分装饰物、展览台直接就是遗留的工业设备，这些设备来自武锅。但是，在这个脱胎于武锅的艺术中心里，观者竟然找不到一处与“武锅”有关的文字，连一段简介、一本书、一幅“老武锅”建筑的照片都没有。

“403”所处地域曾是“老武锅”的中心，这里曾经有武锅行政管理中心，职工俱乐部、食堂、幼儿园、托儿所，也曾有大片机器轰鸣、人声鼎沸的生产区，武锅人在这里留下的脚印、汗渍、心血与尘土扬浮，与地幔共融，厚重而深沉。但是现在，贯通“老武锅”区域的是“宝通寺”路且不说，临街的商业道路也名为“百瑞景中央花园商街”。

在一份街边导游图上，观者在武珞路进宝通寺路的第一个十字路口可见一条横向的“武锅路”，那里正在拆迁，是一片尘土与盼望、焦灼混合的区域。

宝通寺地处武昌武珞路对面，是千年古刹，但在与武锅做邻居的60年里，多数时日“门前冷落车马稀”。而那时的武锅，依然是国家重点能源装备企业，依然“革命、生产”两不误，依然人潮涌动，热力四射。历史老人的脚步自顾自地走过了60年，至今，在武锅曾经的领地上，宝通寺路“一剑穿喉”，武汉锅炉厂销声匿迹。历史有时充满了喜感，乾坤腾挪、风水轮流转，有时并不需要多长的时日和给你多少心理承受的预设。

不知道将“宝通寺路”代替“武锅路”（后者是很多人的预期），是否又是为了打好哪张“牌”？旅游、商业？决策者在这个问题上，选择了历史的纵深感而抛弃了历史的横截面，而这个横截面是巨大的，是牵动多少人心喜乐、慰抚、回忆、价值、尊严的巨大的横截面。

在60年的发展过程中，武锅人用自己的双手干出了一座国家重要的装备企业，他们为共和国的工业史建基立业，为国家建设与发展做出了巨大贡献。但是现在，他们被忽视了。

笔者的一位朋友曾在“403”见到一本武锅人士自己印刷的彩色相册《武汉锅炉工人》，他将全部照片传了过来。相册留下了武锅最后的影像：水池边的玻璃茶杯、挂满工序单的工段长办公桌、晾晒在厂院里的蓝色工装。

拍摄者是法国人皮埃尔·贝萨德，他在序言中写道：“鉴于此项目独特而重大，我们很早就决定用一组照片将这个厂区的陈迹一点一滴记录下来，因为它可以向我们诉说许多有关中国发展的动人故事。”印刷者（可能是武锅人）在后面写上了一段动情的话：“以前我们已与皮埃尔·贝萨德先生在《中国发展的背后》一书中有过完美的合作，我们仍然希望这位摄影记者可以继续拍摄该厂及其几千职工的发展变化。我们需要一个公正的证明。”

2016年6月10日，作者寻访老武锅旧址，在“403”没找到这本相册！

第四节　江岸车辆厂旧址的“二七”印记

这枚“京汉铁路总工会江岸工会会员证”没有铭刻制作时间，证章中心有一颗五角星，星中间镶嵌“工”字。此类徽章设计大量出现于1926—1927年国共合作的大革命时期。据此判断，1923年“二七”惨案发生后，京汉铁路总工会继续活跃于中国的工人运动中。

京汉铁路总工会江岸工会会员证（万学工供图）

一、江岸机厂与京汉铁路相伴而生

铁道部江岸车辆厂是座具有 110 多年历史的老厂，它既记录了中国铁路建设史，也记录了中国工人运动那一段悲壮的历史。

1901 年，江岸车辆厂选址汉口刘家庙，这里东临长江，深水轮可以靠岸，南边则是汉口租界，与外国洋行和工厂的来往也很方便，因而被投资建厂的比利时人看中。

江岸车辆厂原名卢汉铁路江岸机厂，这个名称与中国铁路建造史有关。中国造铁路的动议开始于 1889 年，最先提出这一动议的是湖广总督张之洞。到 1896 年，盛宣怀出任铁路督办，在上海设立大清铁路总公司。1897 年 5 月，大清铁路总公司与比利时大比银行工厂合股公司订立《卢汉铁路借款合同》。借款 450 万镑（合中国库平银 3750 万两），铁路分别在北京卢沟桥、汉口玉带门动工，因而得名卢汉铁路。

由于清廷是向比利时借的钱，比利时人获得卢汉铁路筑路权便顺理成章。比利时人计划分别在卢汉铁路两端——北京长辛店和汉口江岸各建一个工厂，供修铁路机车车辆用。

卢汉铁路建造之初，清廷因对铁路这个“妖物”怀有戒心，便将起点设于北京城郊的卢沟桥。到 1906 年建成时，朝廷被庚子国变所伤，决定再续洋务，便把铁路延伸到北京正阳门，故改卢汉铁路为京汉铁路。江岸机厂 1902 年开建时，起名卢汉铁路江岸机厂，后亦改名京汉铁路江岸机厂。

1904 年，比利时人建造的机厂却来了位法国人杜拉克当厂长，杜拉克的上任与清末积贫积弱的国势有关。卢汉铁路开工前，曾因筹款困难向外国借款。但自从找比利时借到钱后，“管理实权俱归比公司，所有权不我操，势力全属外人，遇事难免掣肘”。比国虽获铁路修筑权，然而财力不逮，法、俄成为其幕后伙伴，贷款总额中，法财团占主要份额，于是诸多法国工程师参与建设，所以，江岸机厂建厂便来了法国厂长，与此同时，大智门火车站由法国工程师设计也属此例。

江岸机厂建成到了 1919 年，已发展成为拥有工人 500 余名、大型厂房 8 个、设备 100 多台，总面积达 11000 余平方米，年修理机车 36 辆，客车 300 辆的大型铁路机车厂。

抗战时期，江岸机厂被日本人占领，战后由国民党政府经营。1949 年 5 月，武汉解放后，京汉铁路江岸机厂改名为江岸车辆厂。经过几十年改造建设，江岸车辆厂发展成占地 50 多万平方米，固定资产上亿元，设备 2000 台套，职工 7000 多人，具备修造并举、生产五大系列二十多种产品，销售收入达 2 亿多元的综合性大型企业。

江岸车辆厂落户江岸 110 多年，在这一地区“制造”了许多地名，如因铁道布局而得名的头道街，因建厂初期大量来自福建的工人定居而得名的福建街（“二七”大罢工烈士林祥谦便是福建人），因有便于机车掉头的机车大转盘而得名的转车楼。1950 年，徐州铁路工厂 2000 多人支援江岸车辆厂重建，在江岸生造了一个徐州新村。据说，当年江岸车辆厂的“官话”既不是普通话，也不是武汉话，而是徐州话。

二、江车拉响“二七”大罢工第一声汽笛

江岸车辆厂在中国近代史上最沉重的一页，是京汉铁路大罢工和“二七”惨案。

1923 年 2 月 1 日，京汉铁路总工会筹备会决定在郑州召开成立大会，遭军阀吴佩孚禁止，当晚，总工会执委会临时总办公处转移到汉口江岸。2 月 4 日，江岸车辆厂马力房拉响第一声汽笛，京汉铁路全线两万多工人举行大罢工，1200 公里铁路线顿时瘫痪。

1923 年 2 月 8 日《申报》4 版刊登《京汉路工潮益烈》专电：“东方通讯社六日汉口电云，京汉铁路之同盟罢工工人组织决死队，因破坏刘家庙附近之轨道数十条，遂与武装之军起冲突”报道了“二七”大罢工。2 月 7 日下午，湖北督军萧耀南派兵包围江岸京汉铁路分工会，开枪射杀 39 人，其中有 26 人为江岸车辆厂工人。

拉响京汉铁路大罢工第一声汽笛的马力房（锅炉房）现已拆毁（侯红志摄）

当夜军警将共产党员、工会委员长林祥谦抓捕，捆绑在江岸车站站台电线杆上。督军署参谋长张厚生让他下令复工，遭到断然拒绝，林祥谦被刽子手砍了7刀，英勇就义。

1949年5月武汉解放后，江岸车辆厂回到人民手中。1951年7月5日，汉口《大刚报》的一篇报道在江车掀起了波澜，释放了人们心头积存了28年的愤懑，报道说："二七"惨案凶手赵继贤7月10日将押来江岸公审。

赵继贤，原京汉铁路局局长，是"二七"惨案中枪杀罢工工人、杀害林祥谦和铁路总工会法律顾问施洋的指使者和参与者。1951年7月16日，湖北省武汉市人民法院在汉口江岸召开公审大会，会后将赵继贤绑赴江岸车站，在当年林祥谦烈士遇害的地方执行枪决。

1991年，江岸车辆厂在厂区大门左侧建造了"二七"广场，铭刻了"二七"牺牲烈士名录，安置了林祥谦烈士铜像。每年的2月7日，都在这里举行纪念仪式，缅怀先烈，继承遗志。

三、"二七"精神永世长存

2007年，铁道部江岸车辆厂与5家铁路车辆厂合并，组建南车集团长江车辆有限公司，整体搬迁至武汉市江夏区。2009年2月17日江车拆迁前，原江岸车辆厂党委副书记刘章义，带着笔者观看了多处"二七"惨案纪念遗址。

厂区内的"二七"广场占地约1000平方米，在广场纪念碑上刻有江岸机厂"二七"惨案中牺牲的26名烈士的名字，正中版块是李先念的题词："发扬二七传统，争取更大光荣"，广场正中间有林祥谦塑像基座。刘章义说，工厂拆迁开始后，是武汉市林祥谦学校校长张恩弘发现林祥谦塑像将被废弃，把它抬到学校保存起来。

寻访当时，拉响京汉铁路大罢工第一声汽笛的马力房（锅炉房），还保持着江岸机厂时代原貌，与大罢工有关的"转车楼"也保存完好，厂区内还留有法国原厂长杜拉克的别墅等其他十分珍贵的工业遗产遗址。

2012年9月5日，武汉市首次遴选29处工业遗产保护名单，江岸车辆厂赫然在列（卢汉铁路江岸机厂）。2014年，由于开发"沿江商务区"，江岸车辆厂厂区内的"二七"遗址及工业设施被拆除。本文作者拍摄的现场照片已成为最后的记忆！

刘章义说："建国初期，我们工厂是一个濒临倒闭的企业，就是为了纪念'二七'烈士，继承革命传统，我们把这个厂发展成为中南地区铁路货车的修理基地，从江岸机厂至今，我们在这里已经有五代人了，'二七'先烈永远会被我们铭记。"

第七章　汽车制造业遗产

第一节　制造新中国吉普车的武汉汽配厂

1952年“十一”国庆节，武汉市按照惯例，在解放大道中山公园路段举行国庆游行。当天，在公园大门口，中南军政委员会副主席邓子恢高兴地走下主席台，为一辆“建设号”吉普车剪彩，并乘车绕场一周，引来一阵阵欢呼声和掌声。这辆车，是中国人民解放军汽车制配厂第四厂的工人代表团献上的一份国庆大礼，这个厂就是后来的武汉汽车制配厂。

一、武汉汽配制造国庆献礼吉普车

2016年1月3日，现年80岁的原武汉汽车配件厂党委书记陈礼才，讲述了老一辈汽配人制造新中国首批吉普车的往事。

1952年七一前夕，中央军委下达任务，要求生产部队指挥车、吉普车。厂里克服设备、技术条件不足，以苏联进口的嘎斯51型2吨半卡车发动机M-20为样品，进行仿制，用75天制造了700多种零部件，造出了“毛泽东号”“国庆号”“建设号”三台吉普车。

1952年9月25号，当时的武汉市长李先念，中南军区驻武汉办事处主任潘振武，武汉市总工会主席赵敏到厂里为新车剪彩。此后，工人们将“毛泽东号”“国庆号”送往北京向毛主席献礼，并参加了国庆游行，通过了天安门；另一辆“建设号”则参加了武汉市的国庆献礼，于是便出现了本文开头的一幕。

这三辆车一加仑汽油走26公里，最高时速106公里，车型现在看来确实有些简陋，但在百废待兴的新中国成立初期，可是件鼓舞人心的大事。1952年10月1日，厂里为此出版了一本“庆祝引擎试制成功纪念册”，职工人手一册，至今还有许多老汽配人把它当宝贝珍藏。

武汉汽配厂生产的吉普车

纪念册最具时代特色的是《向毛主席报喜》一文，其中写道：敬爱的毛主席：在第三度国庆节日前夕，谨向您报告一个喜讯，我们“七一”向您所提出的保证，试制汽车的光荣任务，已经胜利提前完成了。

当时的《长江日报》《新武汉报》《战士报》《中南工人日报》都报道了这件事。

二、武汉汽车配件厂简史

武汉汽配的前身可追溯到民国十一年（1922 年）。当年，日本大财阀之一的江州集团所属日本棉花株式会社投资 520 万日元，在硚口宗关水厂东边建立泰安株式会社，即泰安纱厂，泰安纱厂由汉口日信洋行直接经营。

民国二十六年（1937 年）八一三淞沪抗战爆发，驻汉口的日本商人撤退，国民党政府接收泰安纱厂，将没被破坏的设备搬到重庆小龙坎重新建厂。1938 年 10 月武汉沦陷，日本侵略军第十一军接收泰安纱厂，将该厂与隔壁的申新第四纺织厂、福新第五面粉厂合并，成立日军十一军野战自动（汽车）车厂，该部队代号为吕字 611 部队，对外称吕字 611 师野战自动车站，负责修理入侵河南、湖南、湖北、江西等地日军部队的车辆，厂长为日军西藤中将，1941 年，井坂正治中校接任厂长。1945 年 8 月 15 日日本投降后，国民党军王耀武部队接管工厂，该年 10 月，国民党军联合后方勤务总司令部，派来国民党成都第一修理厂厂长夏毅等十余人正式接收日军十一军野战自动车厂。夏毅为厂长，又从军政部交通运输局调来上校技正（旧时中国技术人员官职）柯保性任副厂长，厂名改为联勤总司令部403汽车修理厂，简称403厂。此后，403厂将申新、福新划出恢复原生产，使厂区面积缩至63000平方米，继续搞汽车修理。1945年后，该厂在长沙、湘潭设有分厂。

1949年5月16日武汉解放，5月18日，解放军四野后勤材料处处长李天明以军代表身份接管403厂。此前国民党白崇禧部逼迫一部分工人搬走部分设备至广西柳州，厂内中共地下党经过努力，保留了一部分设备。6月初军管会派王毅刚同志来厂任监委，王将国民党武昌善后救济总署农垦处的一个汽车修理厂和国民政府交通局、汉口二区局汽车修理厂与403厂合并，组成武汉汽车厂。当年9月底，随军南下的东北汽车修理厂又并入。1949年10月1日中华人民共和国成立当天，武汉市军管会将工厂正式移交给部队，改名为四野后勤（部）运输部汽车修理厂，当年，厂里的桌椅板凳均订上了这个厂名的铭牌。

1950年3月，广西解放，工厂派人将迁到柳州的设备和人员接回武汉，此时工厂开始生产汽车零配件。1950年10月，四野后勤运输部将四野汽修分为两个厂，即制配厂和修理厂。1951年，制配厂改名为江零51工厂，即后来的武汉汽车配件厂，修理厂改为江零52工厂，该厂迁往武昌阅马场，即后来的总后7435工厂。当时，四野有四个厂：除了江零51、52在武汉，江零53则在湖南衡阳，江零54在海南岛海口。1952年9月24日，中央军委决定将江零51厂移交给军委总后勤部，升格改名为“中国人民解放军第四汽车制配厂”，产品方向为制造汽车及零配件，比单纯搞修理升了一级，也就是在第二天的9月25日，这个厂试制的3台吉普车剪彩，在车辆引擎盖两侧刷的就是新厂名。

1953年，该厂由中央军委后勤部转交给一机部汽车工业管理局，改名为武汉汽车配件厂。当时，上级调来原新四军第五师侦查科科长、行政12级干部白洛任厂长。1958年9月1日，厂名又改为武汉汽车制造厂，在武昌沙湖答王庙破土建厂，中南局将该厂定位为中南地区最大的汽车修理厂，职工人数达到4000人。1959年，一机部汽车局决定，武汉汽车制造厂停止生产汽车，主要生产汽车活塞、活塞环、轴瓦，至此，厂名再次改回到武汉汽车配件厂。

1976年，武汉汽配创建汽车活塞、活塞环、轴瓦研究所。1978年，获机械部批准为二类所，负责国内同行业各厂新产品上目录的产品鉴定、产品质量评比测试、行业情报收集与交流等工作，是行业的组长厂。

2006年，武汉汽配宣布破产。

三、武汉汽配的遗址遗物

武汉汽配原有一栋日商泰安纱厂时期的西洋建筑风格办公楼，楼高三层，周身建有拱门、回廊，竖立在工厂大门右侧，后来一直为武汉汽配厂的办公楼，厂里的干部工人如果照集体照，都是在这栋楼附近的厂大门前整队留影。

武汉汽配职工20世纪70年代在厂大门前的合影（左一为陈礼才）

武汉汽配破产后，原厂区纳入旧城改造项目，厂区建筑已基本拆除。但今天，武汉汽配还留有一处重要的原厂痕迹——武汉汽车配件厂职工医院，这座医院地处硚口区宗关铁桥北村1号，至今还有许多老职工喜欢来这里就诊，顺带寄托对老厂的念想。

2011年5月28日开馆的硚口民族工业博物馆，地处硚口区古田一路28号，由原武汉铜材厂老厂房改造而成。武汉汽车配件厂为新中国生产的吉普车照片及资料全部展示在这里。武汉汽配全体干部职工艰苦奋斗，为国家建设作贡献的精神，以这一方式铭刻在国家汽车工业发展的史册上，被后人永远铭记。

第二节　大国重器：汉阳特种汽车制造厂

汉阳特种汽车制造厂厂区原址，地处张之洞于1894年创办的汉阳兵工厂遗址。汉汽创办于1957年，修建厂房时，曾挖出汉阳兵工厂界碑，这些界碑现被武昌辛亥革命博物馆征集陈列。2005年，汉汽加入三环集团，改名为湖北三环汉阳特种汽车有限公司，全厂整体搬迁到汉阳沌口经济开发区，原厂区现属于汉阳区国资委管辖。

原汉阳特种汽车制造厂大门

一、汉汽的辉煌篇章

2005 年之前，汉阳龟山上的游客，常可看见山脚下厂区里停着崭新的军车，这些军车带给人们极大神秘感。时至今日，虽然汉阳特种汽车制造厂已经搬离，但是，笼罩它数十年的神秘面纱似乎还未揭去。就连临近退休的汉汽厂党委书记余更胜，至今还严守保密规定，他出言谨慎，不用邮箱，不玩“自媒体”，为了国家利益与现代时尚相去甚远。老余的“讲规矩”，带有汉汽人数十年延绵不息的习惯。

其实，汉汽的辉煌与价值于 2015 年纪念反法西斯战争胜利 70 周年阅兵式在北京举行时，已经展现在全世界面前。当时，东风-31 洲际弹道导弹运输发射车通过天安门广场时，镜头里出现“HY”车身商标，这辆 HY4330 半挂牵引车便产自汉阳特种汽车制造厂。东风-31 是我国战略核武器洲际导弹的主力型号，它携带 1 枚 100 万吨当量核弹头，射程可达 11270 公里，从中国发射，可覆盖美国全境。汉汽人就是这样，以自己的勤劳和智慧承载了国之重器。

2015 年东风-31 洲际导弹运输发射车通过天安门广场检阅台

汉汽原厂区面积 183000 平方米，在工厂的全盛时期，依据自身能力孵化出两个生产基地——汉阳扁担山的半挂车生产基地、汉阳七里庙改装车生产基地。

汉汽的全盛时期当属 1980 年至 1985 年间，当时，全厂设置有金工 1、2、3 车间，工模具、热处理、机修、铸造、冷作、油漆、总装车间及材料、成品仓库，厂房占地面积达 170000 平方米，职工人数达 4350 人。已形成能生产重型特种汽车和各类改装汽车两大类，包括舟桥、坦克、飞机、导弹等军用车辆；半挂车、工程车、自卸车等民用车 60 余种产品，年产量达 3000 台，产品广泛用于交通运输、矿山、码头、油田、国防等不同领域。除台湾和西藏外，产品遍销全国各地，并远销坦桑尼亚、加蓬、卢旺达、巴基斯坦等国。至 1985 年底，工业总产值达到 10307 万元，实现利润 1052 万元。

二、汉汽的历史与成长

79 岁高龄的彭庭均老人，曾经多年担任汉汽主管生产的副厂长，他说汉阳特种汽车制造厂的发展可分为三个阶段，即公私合营阶段、“大跃进”阶段、20 世纪 80 年代迅速发展阶段。

汉汽的前身与一个名叫汉合记金属结构厂的私营小厂有关，在 1955 年之前，“汉合记”是个私人作坊，地址在江岸区六合路清仁里。1955 年，武汉市对私有企业实行公私合营，当时，有关方面将 3 个电焊厂 1 个五金厂，加上“汉合记”，一起组成公私合营汉合记金属结构厂。“汉合记”产品为金属结构屋架、铁钢窗等，20 世纪 50 年代建设的武汉剧院建筑内的大屋架，就是这个厂生产的。

1958 年，全国开展“大跃进”运动，力求工业出现大发展，国家对湖北机械工业投资猛增，当年投资额就达 1.4 亿元，相当于“一五”计划时期的 70%。武汉市建立关山工业区，公私合营汉合记金属结构厂与汉口循礼门附近（今武汉市青少年宫旁边）的一个厂合并，一起迁到关山工业区，改名成立为武汉起重机厂，其厂址便是后来的武汉炭黑厂。

1960年，武汉市组建汽车制配厂，武汉起重机厂奉命“下山”，搬到汉阳龟山脚下，与汉阳机器厂部分人员合并，组建老汉汽，1962年定名为武汉市汉阳汽车制配厂，此后不久被收到第一机械工业部汽车总局，成为中央直属企业，当时武汉被收编的还有武汉汽车配件厂、武汉汽车标准件厂。

20世纪60年代初，汉汽获得第一笔可观的国家贷款254万，给产品的研制生产以极大促进。关于这笔贷款厂里有个传说：当年，美蒋飞机频繁骚扰大陆，汉汽制造的飞机拖车在我空军机动出击、打击美蒋飞机入侵中立了功，因而获得了国家贷款。

70年代初，汉汽根据我国缺重少轻的状况，研制成功重型牵引车，80年代初开始研制重型特种汽车，这时，汉汽已经拥有生产8吨、25吨半挂车能力，用工人的话来说，这个里面就有“东西”了，就有国家的461军用产品，即拖带地对空导弹的拖车。至此，汉汽才真正称得上“特种汽车制造厂”。

2005年，汉汽与湖北汽车集团的八家企业进入上市公司三环集团，合并时，近5000名汉汽职工中有800人进入了新单位。2007年6月2日，《湖北日报》报道了三环集团汉阳特种汽车有限公司总装车间封顶的消息，报道说：总装车间新厂房面积2.4万平方米，搬迁技改全面完成后，新厂区将形成年产5万辆水泥搅拌车、牵引车等专用特种汽车的能力。

三、汉汽的陈年往事

汉汽成立后研制重型拖车、半挂车的条件很艰苦。彭庭均老人说：当时，厂里在蒙古搞到一台样车，全封闭，用火车拖回武汉。回来后拆开、测绘，最后试制成功。这个车是拖带导弹的车。

汉汽厂由于有军品，在“文革”时期一直没有停止生产。彭庭均曾担任厂生产指挥组副组长，组长是军代表。他说，“文革”闹得最凶时，厂里的造反派要揪斗厂党委书记孙维恒，为此事，湖北省革委会主任曾思玉曾带着方铭、张绍剑专门到厂里来。因曾思玉要求“造反派”搞好生产，他们便提出条件，要孙维恒下台，理由是他是叛徒、日伪汉奸。正好，孙维恒曾是方铭的下级，方铭曾任武汉军区空军副司令员兼15军军长，是空降兵部队的元老，1964年晋升为少将。“文革”期间，方铭任武汉警备区司令员，1968年1月至1973年1月任武汉市革委会主任。方铭对造反派说：“你瞎说，他是个么汉奸？他是我们六团的政委，他是15军的。”方铭这样一说，解救了孙维恒。后来，组织派人调查，发现孙是1938年参加革命的老干部，曾参加抗美援朝，1955年授勋时是少校。

在特种汽车试制工作中，汉汽人曾经付出了生命的代价。汉汽新产品473型车一次进行试验，在北京试车时，是从一处陡峭的山道上下来，当时部队已经对周边戒严，但是，当车向下疾驶时，突然路边走出来一群农民，司机为避让向一旁急打方向盘，车辆瞬间翻下山坡，包括司机在内的车上人员全部死亡。余更胜说："当时，车上死了六位一级工程师，都是清华毕业的，一机部二位，我们厂有四位，虽然此事发生后，我们的司机及工程师保护人民群众的行为得到了有关方面的通令嘉奖，但这件事对我们来说损失太大了！"

1980年至1985年汉汽效益最好时期，福利待遇令人羡慕。职工月票全报、职工子女在厂医院拿联单看病、单身职工进厂可分到住房、中层干部每人派发一辆自行车、全厂职工每人派发一台电扇、一对沙发，尤其实惠的是，每个职工派发一套煤气灶具，连双职工家庭的亲属们都沾了光。汉汽企业办社会模式对企业发展带来了阻碍，汉汽最终走上改制重组，实属必然的趋势。

已搬迁一空的汉阳特种汽车制造厂车间（侯红志摄）

四、极具计划经济企业氛围的汉汽旧址

由于汉汽原厂址既具有汉阳兵工厂工业遗产背景，又属于新中国成立后武汉市汽车工业生产的重要一环，工厂搬迁后，地处武汉市汉阳区汉南路9号厂区内金工、模具、热处理、机修、铸造、冷作、油漆、总装等车间全部得以保存，在材料成品仓库的墙面上，还留有"大跃进"时期的标语。

汉汽创建于计划经济年代，曾建有后勤保障及生活配套设施，现在厂区大门附近原行政、生活区的职工俱乐部、职工食堂、职工医院、职工子弟小学、幼儿园、招待所等楼房建筑全部保存着原状，在这些房屋墙面上，还挂着当年的工厂厂标、各类职工文化协会的牌子，时代色彩非常浓郁。

汉汽原厂区是不可多得的、具有计划经济年代国有企业特征的工业遗产旧址，它记载了国家工业发展的一个历史阶段，具有珍贵的保存价值。汉汽旧址的规划、保护及其利用，应该得到重视和妥善对待。

第三节　武汉轻型汽车总厂的校区工厂建筑

在武汉市汉口解放大道硚口区路段，古田一路至古田五路是20世纪70年代留下来的为数不多的老地名，地名源出于对土地革命时期“古田会议”的纪念。“古田”路段曾是武汉市地方工业企业集中的区域，随着城市格局的变化，许多老厂区变成了现代高层住宅小区，使得位于古田五路17号的武汉轻型汽车制造总厂旧址更显得卓尔不凡。

一、武汉轻型汽车制造总厂的前世今生

在计划经济年代，武汉轻型汽车制造总厂曾经是武汉汽车工业的佼佼者。当年，造汽车是受人羡慕的，如果还是行业“领头羊”，则更是令人自豪。田巧生、罗家其两位老人提起往事，至今还留有这种感觉。

田巧生，80岁，原武汉轻型汽车制造总厂副厂长。

罗家其，82岁，原武汉轻型汽车制造总厂副厂长。

田巧生老人至今还住在汉口古田五路原武汉轻型汽车制造总厂职工宿舍楼里。他1949年参加工作，当时是在汉口水塔旁的一个厂子里做工匠，这个厂属公安部管，生产消防器材，厂长叫周传孝，是解放军的战斗英雄。1950年，这个厂搬到永清街三元里，改为生产汽车零件。1953年与陈荣昌、汉昌、顺昌三个私营企业合并，改名为新明机器厂，1955年12月被国营武汉消防器材厂接管。

当年，武汉轻型汽车制造总厂是全国28家轻型汽车制造厂家之一，主要生产WH213型客货车、WH120型轻型载货汽车及其系列产品。总厂是1982年调整武汉市汽车工业生产格局时，由原武汉汽车制造总厂和长江汽车改制总厂（武汉消防器材厂）合并组建而成。早在1964年，长江汽车改制总厂的前身——武汉消防器材厂就开始生产CB22型轻便消防车和210型扬子牌轻便汽车。到1970年底，这个厂迁至古田五路17号武汉机械学院现址，同年累计生产消防车600余辆。后来，他们开始生产211型越野吉普车。1976年，在211吉普车基础上，开发出213型客货两用车新产品，为武汉轻型汽车的发展奠定了基础，并于1980年获机械部科技成果

三等奖。当时，罗家其老人便是213型车的设计者。

罗家其老人记忆力非常好，谈起过去，可以将时间精确到年、月、日。1976年至1977年，消防器材厂试制213型客货两用车时，罗家其和同事们一起赴海南岛搞过五万公里行驶实验，该车于1980年定型生产。这是他这辈子搞汽车的一大亮点。

1985年，武汉轻型汽车制造总厂有职工3980人，其中工程技术人员389人，拥有各式生产设备960台，年工业总产值达9097万元，占当时武汉汽车工业公司总产值约1/3强。至该年底，这个厂累计生产各种轻型汽车68747辆，累计销售收入达到99249.99万元，累计上缴利润达3391.4万元。

20世纪90年代初，总厂效益开始走下坡路，逐渐承接东风汽车公司部分轻型汽车配件业务，后来更名为东风武汉轻型汽车公司。1995年，企业实行改制，职工算断工龄回家，到年龄的办理了退休手续。

2013年10月，田巧生（左）、罗家其在原厂办公楼前合影（侯红志摄）

二、厂区原来是校区

东风武汉轻型汽车公司改制后停产，位于工厂大门口的办公楼引起了人们注意，这是座具有苏联建筑特点并糅合了中式风格的楼房，主楼高五层，两边副楼高三层，正面主体四层由四根立柱间隔三面大窗户，天沟以上为一层中式大屋顶亭台式楼宇，正立面立柱间镶嵌苏俄风格花饰。从武汉市政府退休的黄明忠先生，向作者提供一张汉口机器制造学校的老照片。照片显示，当年办公楼前建有一座高大的中式牌坊，从牌坊立柱上的“反右”运动标语推测，该照拍摄于1957年。

20世纪50年代的汉口机器制造学校门楼（黄明忠供图）

1970年，在武汉轻型汽车制造总厂的前身——长江汽车改制总厂搬入古田五路17号之前，这里曾是第一机械工业部汉口机器制造学校校区。

汉口机校是一所工科院校，1953年由湖南工业技术学校（含楚怡工业学校）等中南五省工业学校的机械科合并组建而成，初名汉口汽车制造学校，1955年更名为汉口机器制造学校，归属第一机械工业部管理，1961年改名为汉口机械学院，1962年更名为武汉机械学院，1971年11月并入华中工学院（今华中科技大学）。武汉机械学院当时有教职工300人，学生2600多人，设置的主要学科为压缩机、焊接和制冷。至今在华中科技大学主校区的图书馆内，书库的书架上还有“武汉机械学院”标记，这些是当年并校时的产物。

在武汉轻型汽车制造总厂时期，厂里的这栋“豪华”办公楼曾让在里面办公的人很提气，在那个“先生产、后生活”的年代，一般工厂的办公楼都很简陋，外来办事的人，都说这办公楼有派头。

三、武汉轻型汽车制造总厂旧址保护现状

2002 年，东风武汉轻型汽车公司拿出部分房产，与硚口区科技局、武汉老三届经济技术开发公司，在此合作成立了武汉新材料科技企业孵化器。2008 年东风轻汽开始改制后，厂区地块由武汉市土地储备中心委托硚口区政府经营管理，现在内驻企业 100 多家，整个大楼由物业公司管理。

原武汉轻型汽车制造总厂占地面积 29 万平方米，其中，总建筑面积为 16.7 万平方米，厂区内除了行政办公楼，还有 5 处老车间，两处 50 年代建的两层宿舍楼，一处食堂建筑，这些建筑均出租给外来企业使用。在厂区，还有“文革”时期“搞战备”挖的一条防空洞纵贯地下。

原武汉轻型汽车制造总厂办公楼，已经引起各方关注。2009 年 3 月，在第三次全国文物普查不可移动文物登记表中显示，这栋面积为 6000 平方米的办公楼，已被纳入近现代重要史迹及代表性建筑，属工业建筑及附属物类别。2012 年 9 月，在武汉市规划局公布的 27 处工业遗产保护名录中，武汉轻型汽车厂办公楼被列为一级工业遗产。

第八章　食品生产业遗产

第一节　和利冰厂与和利汽水厂

一、正史记载的和利冰厂

汉口中山大道岳飞街44号，是一幢有着漂亮曲线形阳台的两层小楼，墙上的铭牌写着："湖北省文物保护单位——英商和利冰厂旧址"。

左图为汉口岳飞街44号和利冰厂旧址（侯红志摄）
右图为和利冰厂初创时期的沃特·休斯·科赛恩（Walter Hughes Corsane）

关于和利冰厂，《武汉通史》记载为："英商1904年开办，资本250000元，业务为制冰、冷藏。"《汉口租界志》记载为："1891年英商柯三、克鲁奇两人合资20万元，在汉口开设机器制冰厂，名为和利冰厂（Hankou Ice Works）。"而据1891年7月3日《捷报》报道："经过年余的努力经营，本埠的制冰厂的机器终于开工了，现在二分钱一磅的一等人造冰,已能够想买多少就买多少。"

另有史料记载:1918年,英商柯三、克鲁奇合伙在法租界霞飞将军路36号(今岳飞街44号)筹建和利汽水厂。该厂全部机器设备从英国曼彻斯特机械厂购进,1921年建成投产,日产汽水最高2000打。该厂主要原料柠檬酸、糖精、香精等从英国进口,用量较大的砂糖、小苏打等从上海购进。因为原料优良,纯净卫生,"和利"牌汽水味正气足,是当时的高级饮料,十分畅销。1931年,克鲁奇病故,柯三独力经营,因年事较高,欲出售该厂。

武汉市文物保护部门认定的和利冰厂及和利汽水厂旧址,位于汉口中山大道一元路附近岳飞街44号。现在,这栋洋房已被赋予三重保护身份:湖北省文物保护单位、武汉市优秀历史建筑、武汉市工业遗址。和利冰厂旧址至今做过多种用途,2003年曾被美的食品店租用,2005年被"028"餐饮店租用;2015年,房屋产权已被一个企业集团买断,整体空置,等待整修。

二、柯三与科赛恩

作者遍寻武汉相关历史资料,有关和利冰厂的记录是十分有限的,在这些有限的记录中,读者仅能获知和利冰厂厂主名叫柯三。柯三可能是这位英国商人的姓,至于他全名是什么,当年在汉经营冰厂的状况如何,和利冰厂和汽水厂是否同一企业(毕竟制冰与生产汽水工艺有所不同)等,都还无从得知。

2013年9月3日和2015年6月16日,经武汉大学研究生寇寰引见,笔者两次面见英国纽卡斯尔大学文学院院长杰拉德·科赛恩教授,获得和利冰厂重要资料。

科赛恩教授来汉参加武汉大学"城市历史遗产保护"交流讲学,在网上看到两张和利冰厂老照片,通过长江日报记者佘辉介绍,找到了包括笔者在内的"人文武汉"志愿者群体。在汉口岳飞街42号和利冰厂旧址大门前,这位海外来客出示了十多张和利冰厂创始人"柯三"当年拍摄的老照片,人们欣喜地得知,科赛恩教授竟然是当年老"柯三"的嫡孙。"柯三"——这个在武汉史学界沿用了几十年的称呼,被教授要求译为科赛恩(Corsane),比对这两个发音,与武汉人吐字快捷的习惯相似。当年,是否是喝汽水的老武汉们图简便,将科赛恩一带而过成了"柯三",从而使其跻身正史流传至今?

三、科赛恩提供和利冰厂重要史料

科赛恩教授提供了其家族影集中十多张老照片,并两次接受采访,多次传递邮件资料,这些珍贵资料对近百年前老汉口和利冰厂、和利汽水厂的史实给予了重要补充与更正,主要内容如下:

1.和利冰厂不是合伙经营,而是科赛恩家族独资经营。

教授介绍,他祖父"柯三"全名为沃特·休斯·科赛恩(Walter Hughes Corsane),

祖籍苏格兰，生于1871年10月20日，原为晚清轮船招商局安平号轮船上的工程师。老科赛恩20多岁时来到汉口，看到两件事给他留下深刻的印象，一是看到中国人很吃力地推独轮车，二是看到中国人把冰集中起来压紧，送到地窖储藏，存放到夏天用。由此，他想在汉口开一家机器制冰的工厂。

关于现有史料记载说“英商柯三、克鲁奇两人合资20万在汉口开设和利冰厂”，科赛恩教授表示：和他爷爷共同创办和经营和利冰厂的合伙人实际上有两位，即安德森和克鲁奇。

和利冰厂创办时，同为安平号轮船工程师的安德森与他爷爷一起合伙，安德森任经理。此人于1925年去世。

另一位合伙人克鲁奇是1922年加入的。此前克鲁奇在汉口英商怡和洋行工作，他的妻子是日本人，他们有两子一女。1936年克鲁奇去世，他的家人既受英国人排挤又受中国人排斥，后由一位美国传教士介绍去了美国。现在，克鲁奇的孙女伊莲娜·马丁一直生活在美国。

科赛恩提供的照片，记录了其祖父的婚姻状况和在汉生活的部分细节。当年，老科赛恩在苏格兰邓迪市与玛格丽特·沃伦丝·科赛恩结婚，生下科赛恩教授的父亲查尔斯·休斯·科赛恩，结婚后，妻子沃伦丝·科赛恩与丈夫一起来汉居住，从照片上看，沃伦丝是位十分开朗的太太，脸上常挂笑容。

这批照片中，有多张是老科赛恩与其家犬的嬉戏照，这条家犬之所以如此受宠，是因为它曾在武汉街头“义救”沃伦丝。有一次，沃伦丝驾车去郊区的一个高尔夫球场，回程途中在汉口街头行驶，遇上一日本兵阻拦，并企图对她非礼，后座上的那条家犬见状，便用爪子扒那日本兵，迫使那日本兵作罢。事后，科赛恩夫妇专门与爱车、义犬合影，以作纪念。可惜这个生动故事发生的具体时间尚未得到确认。

科赛恩夫妇在汉口街头与他们的爱犬合影

科赛恩教授说，当年祖父在当地与华商交往密切，闲暇时经常到附近一家华商家里参加聚会，喝咖啡，打桌球。根据手头资料，教授在汉口车站路找到了祖父聚会的那幢建筑——涂坤山公馆。

2.和利冰厂、和利汽水厂是科赛恩家族在汉先后开办的两个厂，并确定了开办时间。

多年来，岳飞街 44 号一直被武汉文史界及文物保护部门认定为“和利冰厂”旧址。科赛恩教授说，和利冰厂与和利汽水厂分属两处。现在挂牌保护的岳飞街 44 号，虽然铭牌上标明为“和利冰厂”，实则应为和利汽水厂。

他介绍，根据他们家族流传的说法，他的爷爷沃特 · 休斯 · 科赛恩于 1900 年在汉口法租界租赁了土地，英国 1925 年出版的《远东的港湾》一书，记载了和利冰厂(Hankou Ice Works)于 1904 年开办；1933 年出版的《武汉三镇指南》一书中登载的一幅和利冰厂广告，也标明是创办于 1904 年，这两项记载与《武汉通史》相吻合。此后，和利冰厂又在法租界霞飞将军路(今岳飞街)创办和利汽水厂。

2015 年 12 月，科赛恩教授从英国给笔者寄来珍贵的家庭老照片，其中有两张是其祖父老科赛恩在和利汽水厂的留影。教授告知：“这些照片是前不久帮母亲搬家时发现的。”

牌子上用中英文写着“和利冰厂”

老科赛恩在和利汽水厂大门口留影

老科赛恩在工厂栅栏旁拍摄的一张照片，身后牌子上用中文写着“和利冰厂”；在大门口的一张照片，招牌上写着“汉口和利汽水厂”，两块牌子的英文则同为“汉口冰厂”。科赛恩教授认为，当年和利汽水厂、和利冰厂同为一个“集团”下的两个厂子，这一点与《汉口租界志》的记载相吻合。

在大门前拍摄的老照片中，左侧有几名工人在拖垃圾、废料之类，科塞恩站立处则有倒扣的竹篓子，还有拖车，也疑似为拉废料。同时，两张照片里的栅栏等构件很新。科赛恩教授介绍：照片是老科赛恩为厂房竣工纪念而拍摄。两张照片标明的时间为 1917 年 3 月 19 日。

《汉口租界志》记载和利汽水厂筹建于 1918 年，1921 年投产，根据科赛恩家族照片显示的时间，和利汽水厂应于 1917 年 3 月建成投产。

3.确定和利冰厂、和利汽水厂旧址。

和利汽水厂旧址，是现在那栋挂牌保护的两层洋房——岳飞街 44 号，那么和利冰厂旧址在哪里呢？

科赛恩教授来汉后，获得两张汉口法租界法国巡捕出操的老照片，其中一张照片的背景房屋上，清晰可见中英文“和利冰厂”字样。现在在岳飞街 44 号房屋左边百米之遥，有一座挂着“金源旅馆”招牌的老房子——岳飞街 26 号和挂着“老村长餐馆”招牌的岳飞街 24 号，这两栋建筑的门框、门楣、窗户等细节，与照片中的和利冰厂厂房非常相似。科赛恩教授表示，经过他实地查看和与家族资料对比论证，可以确定，岳飞街 26 号、24 号即和利冰厂旧址。

法租界巡捕背后墙上可见“和利”与英文“汉口和利冰厂”字样

4.武汉沦陷时期,老科赛恩救助了法租界内难民。

科赛恩教授携带的照片中,有四张令人震撼,照片上至少数百名中国老百姓提着水桶,排着长队,等着从一个巨大的方形水箱里领取饮用水。经过现场比对,放置水箱在门前的那栋建筑,就是现在岳飞街26号"金源旅馆",即当年的和利冰厂。照片中,几根粗大的水管,从工厂的窗口接出,源源不断地向水箱输送着自来水。

汉口市民在和利冰厂前排队等候取水

据《武汉文史资料文库》第五卷记载,1938年10月25日,武汉沦陷前夕,法租界关闭了在周边设立的十五处栅子,隔绝了与外界的交通往来。当时,涌入法租界的中国难民近20万人。"法租界关栅子"是武汉历史上一件大事,"孤岛"内的居民虽得以躲避一时,但备受煎熬,其中最大问题是生活用水。

《武汉文史资料文库》描述:"关栅子当天深夜,法租界内即停水。第二天清早,家家户户,男女老幼一齐外出找水。由于极度缺水,胆大的(乘栅子短时开放时)纷纷去江边拎水,这时法租界河街(今沿江大道)两头的栅子已经开放,法当局在蔡锷路东口架设电网,派兵站岗,控制出入。取水居民走出蔡锷路口岗哨,穿越沿江大道,提心吊胆,左右张望,避开飞驰而过的日本军车,到江边也要防范日军汽艇,然后赶紧舀满水就回头,慌慌张张越过马路,进入岗哨才松口气。因此,一桶水到家,只剩下一半。"

老科赛恩拍摄的四张照片中,除了上面这一张从窗户接出水管向难民供水的照片之外,另外三张(见下页)也记录了法租界难民的生活状况。这些照片背后均有老科赛恩的手写英文说明,拍摄时间分别为:1938年10月,1939年10月,1940年1月。

法租界门外可以看到很多中国老百姓

等候取水的人们排成长龙

和利冰厂外到处是水箱

由于《汉口租界志》记载有“1938年汉口商人刘耀堂将该厂买下，不久，因武汉沦陷而未生产”一说，使“老科赛恩在法租界用和利冰厂的水，救助了武汉难民”存有疑问。综上所述，因和利冰厂与和利汽水厂是两个厂，又有当年老科赛恩拍摄照片佐证，可以判定：1939年，老科赛恩还在汉口法租界和利冰厂，并利用水源救助过中国难民，而且救助时间至少有三个月。《汉口租界志》记载的刘耀堂买下的“该厂”，应是地处霞飞将军路36号（今岳飞街44号）的和利汽水厂。当时，和利汽水厂地处霞飞将军路口（今岳飞街）法租界栅栏之外，属日占区。

教授说，当年，他爷爷给法租界难民提供了许多帮助。后来，老科赛恩曾于1943年被日本人关进监狱，不知是否因为他帮助过中国人。二战时期，日本所属的德、意、日轴心国与英、美等同盟国处于交战状态，日本人抓捕老科赛恩，可能与他的英国国籍有关。

和利冰厂在汉口的历史结束于1950年。

第二节　赞育汽水厂旧址现状调查

一、脱胎于药房的赞育汽水厂

赞育汽水厂位于汉口洞庭街105号，是栋三层砖木结构洋房，建于1913年（一说建于1918年），设计者和施工单位不详。

左图为1931年汉口发大水时的赞育药房，右图为2012年赞育汽水厂旧址风貌

汉口开埠后，随着西医传入，西药需求量激增，英商投资在汉口英租界建立香港华生有限公司中国大陆分店。1909 年，赫伯特・詹姆斯・林出资 10 万美元设立医药公司，1910 年脱离华生公司成为独立公司，即汉口赞育药房有限公司，注册地香港，赫伯特自任经理。

1913 年，赞育药房在法租界现址建成新楼，将药房迁来此地，除药品及医疗用品外，1918 年在该场地投资扩建，取名"汉口赞育汽水厂"作为自己的附属工厂，从英国进口设备，日产汽水 1000 打，与同在法租界的和利汽水厂争夺市场。1948 年，赞育汽水厂因经营亏损停产。后来，这个厂又由抗战胜利后恢复生产的和利汽水厂租赁经营，至 1949 年底停产。2008 年赞育药房（赞育汽水厂）大楼成为湖北省第五批省级文物保护单位。

赞育汽水厂大楼后成为民居，2012 年 9 月被武汉市列入一级工业遗产目录。

随中山舰一起打捞出水的赞育汽水厂汽水

二、曾遭受火灾，亟待保护

从 2006 年开始，"人文武汉"志愿者便列出对武汉市现存工业遗产进行寻访的计划，2012 年 2 月 3 日，志愿者们相邀寻访赞育汽水厂旧址，拍摄了多处已十分破旧的门、窗、走道、楼梯等建筑构件。《武汉晚报》及汉网上登载了寻访报道及赞育汽水厂建筑的俯视全景照片，没想到仅过了 9 天，这座"赞育"老房子竟然发生了火灾。

2012 年 2 月 13 日凌晨 1 时 40 分左右，楼房内一居民的房内突然失火，幸亏楼下消夜的 3 名年轻人发现险情，叫醒熟睡的 16 户居民转移，才避免了人员伤亡。可惜的是，火势窜上天花板后沿着楼顶内空间串烧，将房顶烧穿，致使顶层塔楼发生倾斜。

2012 年 10 月初，"人文武汉"志愿者邀请武汉电视台《都市写真》栏目记者和江岸区房管局房管站副站长邓伟明先生一起赴现场采访。当时，主管部门认为，如果要有效保护，最好采取腾退方式，改变其民居性质。

10 月 13 日，武汉电视台报道了赞育汽水厂旧址危楼情况，引起社会极大关注。在当年的武汉电视台《电视问政》节目中，也将这一问题对主管部门进行了"问政"，使这一身兼省级文物保护单位、市级一级工业遗产双重身份的建筑的保护问题得到充分讨论和研究。

第三节 发现康成酒厂旧址

一、武汉化工厂的老洋房

在汉口城区，许多老巷道和老地名已是徒有虚名，容颜已改，双厂巷则不同。

双厂巷地处硚口仁寿路，老武汉们一提起它，便指着巷道一侧小洋房说事，但他们却知其然不知其所以然。这双厂巷的“厂”字，与武汉的工业记忆是否有联系呢？

2011 年 5 月 31 日，双厂巷一侧的武汉化工厂宣布破产，厂区内顿时沉寂下来。多年前，笔者就注意到双厂巷里的小洋房，此时走进厂区大门，原来这里的洋房竟然有六幢。大门两侧两幢相对而立的厂办公楼、党办公楼是洋房；厂区内，三幢红砖车间也是洋房，大门上还留有欧式风格的大弧度铁质电灯杆。

厂区内三座保存完好的老车间（侯红志摄）

武汉化工厂占地面积4.1万平方米，新中国成立后，这里生产的青龙牌肥皂曾陪伴武汉市民生活60多年，这里为什么会有这么多洋房呢？

“人文武汉”志愿者里有位地图研究人士徐望生先生，在他收藏的一份《武汉三镇市街实测详图》上，有着这些洋房的“蛛丝马迹”。这张图出版于1930年，图上标明，在靠近硚口锅厂台附近的双厂巷巷道两侧有两个厂，从仁寿路方向进来，右侧是阜成渣石炼灰厂，左侧的武汉化工厂现地域则标示为康成酒厂。康成酒厂是个什么样的厂？

打量康成酒厂的洋房，室内的天花板、栏柱，室外的山花、窗楣、柱子、勒角等无不与汉口法租界洋房相似，尤其它的屋檐花饰和较浅的铁皮天沟，最具法租界建筑特点，康成酒厂是法国人开的吗？

保存完好的康成酒厂老洋楼（侯红志摄）

二、确认百年酒厂旧址

查《武汉通史》晚清卷（下）记载：1913年康成酒厂在汉口仁寿路建有二层砖木结构厂房、办公楼、宿舍等，由康生记营造厂承建。

《汉口租界志》记载：康成酒厂，1910年建，资本35万两白银，制造酒类及食品。

武汉出版社2003年出版的《硚口史话》记载：“宣统二年（1910年），法国商人比格在双厂巷地段（今武汉化工厂厂址）开办康成酒厂，改变中国糟坊手工酿酒的传统办法，用机器酿制果子酒、汾酒等中西名酒和火酒（酒精）出售。后因成本高，亏损过巨，于民国十年（1921年）停办。民国十七年（1928年），商人方少岩租赁康成酒厂厂房及设备，生产酒精、汾酒，开业两年后，因无法维持生产而停业。”

2013年，文史研究人士彭翔华先生提供一份《汉口商业一览》登载的康成酒厂广告，该广告有“汉口总厂经理方少岩”字样，出版于民国十五年(1926年)。解读该资料日期、文字可界定：康成酒厂并非停办于1921年，商人方少岩也并非1928年才租赁该厂，而是在1926年，方少岩便以康成酒厂名义生产果子露、各种酒类和酒精等产品。

综上所述，武汉化工厂内的这六幢法式办公楼、车间、职工宿舍建筑，就是上世纪初法国商人建造的康成酒厂。

三、从康成酒厂到武汉化工厂

武汉解放后，康成酒厂“转身”为武汉化工厂，在蜕变过程中，它经历了民国、抗战武汉沦陷、日本投降至武汉解放时期，记录了武汉化工工业历史延续的脉络。

据《硚口史话》记载：“民国三十二年(1943年)日商林彰义购买康成酒厂，开办林大酒精厂，抗日战争胜利后，被湖北建设厅接收，组成汉口酒精厂，生产酒精、肥皂。”又据《武汉市志·工业志》等书记载，1945年抗日战争胜利后，湖北省建设厅接收日本人开办的林大酒精厂(即原康成酒厂)、第一工业株式会社汉口工厂(即原太平洋肥皂厂)、大二酒精制造所、出光酒精厂等，组成湖北省汉口酒精厂，1946年改名为汉口化工厂，1948年改名为湖北省民生实业股份有限公司化工厂，1949年改名为武汉化工厂。1956—1958年，又先后将华中、天伦和祥泰等肥皂厂，汉昌和新康化工厂的设备和部分职工并入。由此看来，1949年武汉解放后，武汉化工厂由解放前的林大酒精厂等六个工厂合并改名而来。

四、康成酒厂魅影犹存

2011年破产前，武汉化工厂有职工1800多人，生产青龙、红山、金钟、警钟、天伦、皂霸肥皂，厚朴牙膏等多种产品。工厂破产后，民营企业武汉天伦化工有限公司承接了原武汉化工厂的制皂技术，原厂许多管理、技术人员是这个企业的主要力量，这个厂的主要产品“清侬”牌肥皂与“青龙”一字之差，带有怀旧意味。

康成酒厂旧址被发现后，网络上出现大量图文介绍，《武汉晚报》《长江商报》等进行了报道，呼吁政府予以保护。2012年5月，武汉市历史文化风貌街区保护委员会办公室，向社会征集武汉优秀历史建筑保护名单，“人文武汉”志愿者佘辉、刘宝森、王炎生、周启志等人向该机构提供了康成酒厂旧址的详细资料，提请列于保护名单。2012年12月，硚口区政协委员递交“将原法商康成酒厂纳入武汉市优秀历史建筑”的建议案，引起市区两级有关部门关注。

现在，武汉化工厂厂区归属于武汉市国资委，由硚口区土地储备中心代为监管。2015年12月，厂区内的拆迁工作已全部停止，六幢洋房得以保留，这一工业遗产旧址的保护性开发呈现乐观前景。

第四节　从阜昌砖茶厂到湖北省麻茶公司

阜昌砖茶厂是清末汉口俄商砖茶厂唯一延续茶叶生产、贸易至今的工业遗产旧址。阜昌砖茶厂地处汉口英租界阜昌路（今南京路5号）与沿江大道交叉路口，现为湖北茶麻进出口公司、湖北省茶叶协会所在地。

原阜昌砖茶厂老大门

一、巴诺夫创办阜昌砖茶厂

清雍正五年（1727年）订立的《中俄恰克图条约》允许俄商到北京通商，大宗茶叶在武汉集中，转道上海，运入北京、张家口、恰克图等地，再转入俄国。1861年汉口开埠前，俄商已直接来汉口贩茶。开埠后，又鉴于鄂南地区盛产茶叶，1863年，俄商在湖北蒲圻羊楼洞建顺丰砖茶厂。1869年，俄罗斯贵族巴诺夫（J.K.Panoff）来到汉口，随后被俄商新泰洋行聘为大班。1874年，他结伙莫尔强诺夫（N.M.Molchanoff，1880、1883、1885～1889年任英租界工部局董事）、彼恰特诺夫（A.S.Bechahnoff）、拉萨丁（A.N.Ras-sadin，1896年任俄租界工部局首任总董，1905—1909年任英租界工部局董事）等人在英租界开办阜昌洋行，任联合经理。阜昌洋行步顺丰洋行后尘，在羊楼洞设砖茶厂，后也将茶厂迁回，在汉口英租界阜昌路（今南京路）设阜昌砖茶厂，常年雇有工人1300～2000人。

19世纪六七十年代，汉口成为全国最大的茶叶港，茶叶输出额占到全国出口总量的60%左右，其中绝大多数输往俄国。

俄罗斯恰克图市博物馆收藏的创办于1874年的汉口阜昌茶厂照片

唐宋时，我国就有内地与西藏、新疆之间以茶易马的茶马交易，这便是“茶马古道”的由来。明代以后，两湖茶取代了川陕茶。《明史·食货志》载：“番人嗜乳酥，不得茶，则困以病”。两湖茶因而很受以食“乳酥”为主的群族欢迎。到了晚清，湖北制作茶砖的中心地在蒲圻县的羊楼洞，“俄国皇室早在17世纪中叶就开始喝中国茶”，也是因为“湖茶味苦，于酥酪为宜”。用武汉人的话来说，这茶“刮油”。

在当年俄租界顺丰、阜昌、新泰、柏昌四大茶厂中，虽然阜昌砖茶厂的创建要晚于顺丰砖茶厂，但业务规模却超过了顺丰。巴诺夫和他在阜昌砖茶厂任机械师的弟弟——齐诺·巴诺夫并称为“大巴公”和“小巴公”。1890年，齐诺·巴诺夫任阜昌砖茶厂工程师，设计出蒸汽压茶机，改手工操作为机械操作，极大提高了茶叶加工效率，后来被各大茶厂纷纷效仿。

当年，阜昌年产砖茶数十万箱，运销俄国西伯利亚和中国新疆、蒙古以及俄罗斯欧洲大陆，总公司设在汉口，分公司设在上海、天津、九江、福州，还有斯里兰卡、海参崴、敖德萨、圣彼得堡、恰克图，组建起一个巨大的营销网络。为了方便水运，在英租界三码头（今汉口19码头），阜昌砖茶厂建有栈房仓库和趸船。

1917年11月7日俄国爆发十月革命，汉口的顺丰和阜昌砖茶厂首先停产关闭。1918年7月，当汉口俄商得知尼古拉二世全家被杀害的消息，许多人泪流满面，整个俄租界的公共建筑和俄侨家庭都下半旗默哀。他们预感到危机将要来临，开始变卖制茶厂、房产，汉口的中俄茶叶贸易就此衰微。

抗日战争爆发后的1938年10月，武汉被日军攻陷后，汉口尚有300多名俄国人。沦陷时期，日军占领了英、俄租界。因1938年苏联空军志愿队炸毁并击落多架日本飞机，日军进城后肆意欺凌、残害俄商，俄国人不堪忍受，纷纷逃离武汉。阜昌砖茶厂地域被日军占用。

二、阜昌砖茶厂之根延续至今

1949年5月16日武汉解放后，原阜昌砖茶厂旧址被人民政府接管，更名为汉口茶厂。2013年10月10日，笔者与“人文武汉”志愿者、民间文史研究人士王炎生先生，采访了原湖北汉口茶厂老员工——82岁的周定纯老人。周师傅老家在湖北宜昌地区五峰县，1950年，经其姐夫介绍，进入汉口茶厂工作，此后便再也没有离开。五峰县是宜昌的产茶区，周师傅的姐夫家也是茶农。当年，来汉口茶厂工作的有许多是这样的茶农。

原老汉口俄国茶厂的茶叶主要来源于蒲圻羊楼洞，周师傅在汉口茶厂工作时，除了羊楼洞的茶叶，其他大部分来至江西、湖南，但不是砖茶而是细茶。

汉口茶厂的砖茶销往西藏和内蒙古，砖茶原料都是粗茶，它只能煮，不能泡。西藏、内蒙古当地人饮茶，先用刀子把砖茶削掉一块，扔在锅里煮，到一定火候了再饮用。汉口茶厂当年虽然主要生产细茶，但每年出产近万吨茶叶中，大部分出口到了苏联，当时的苏联人拿到了汉口茶厂的茶，与另外国家进口的茶叶拼配，再做“二道贩子”。周定纯工作时，茶叶虽然品牌繁多，但不外乎四个分类：红茶、绿茶、大叶种和小叶种，制作时，绿茶熟做，红茶生做。

汉口茶厂走过近60年历程，改过不少名字。上世纪50年代初，汉口茶厂名为中南区茶叶公司，中南区撤销后，被湖北省茶叶公司接管，便统一称为烟麻茶公司，这里的“茶”便脱离外贸归属于商业部门管。1984年企业改制时，上级主管部门把麻和烟茶分开，结果麻垮了。到90年代中期，茶也垮了，改为土特产公司，2012年改为中国土产畜产湖北茶麻进出口公司。现在，场地已对外出租，大院里有照相器材商店、仓库、收费停车场、茶叶小作坊等。

周定纯老夫妻俩住在汉口茶厂最老的建筑、由茶叶仓库改造的房子里，每月只用交很少的房租。

三、判读阜昌砖茶厂老楼

据周定纯老人回忆，1950年汉口茶厂有一栋两层楼砖木结构建筑，在汉口沿江大道南京路口日本正金银行大楼对面，是一栋俄商办公楼，除此之外厂区是一片废墟，这些废墟是因为武汉沦陷时期空袭轰炸所致。

在一张日本旅行社在汉口发行的明信片上和一张民国时期武汉举办横渡长江活动老照片中，汉口阜昌街（今南京路）口，正好有一栋两层小洋楼，该楼房面阔五间，一层为五扇半圆拱门，二层则为五开间前廊，由十四根十二大两小的廊柱支撑，整座建筑门楣、廊柱厚实坚固，具有浓郁的俄罗斯风格，这栋楼即阜昌茶厂俄商办公楼,现在该办公楼已毁,原址建起一栋酒店建筑。

20世纪30年代阜昌洋行俄国风格公事楼(现已拆)

第五节　福新第五面粉厂面粉车间大楼

一、武汉一面粉厂前身——福新第五面粉厂

在2012年之前,从汉口沿河大道汉水铁路向宗关水厂方向上行,有几栋红砖厂房看去虽十分破败,但窗户和门楣上考究的西洋纹饰却在告知路人其不凡的身价,这里是武汉一面粉厂的老厂区。

武汉一面粉厂前身,是1919年荣宗敬、荣德生兄弟集团在汉口创办的福新第五面粉厂。荣德生是前国家副主席荣毅仁的父亲。至上世纪90年代停产止,“福五”是在武汉延续最久的面粉加工企业之一。

上世纪90年代,武汉一面粉厂停止生产,厂区改作仓库及停车场地,延续了近百年的机器轰鸣声停息了下来。2012年,一面粉厂整体拆除,仅保留面临汉江的1918年修建的面粉大车间作为纪念。现在,这栋建筑已挂上“武汉市文物保护单位”的牌子。

二、“福五”,武汉面粉业的“长跑冠军”

汉口福新第五面粉厂现地址为硚口区铁桥北村2号,这个地点紧临汉水,距京汉铁路玉带门车站终点处不远(1919年前后),这样既可利用铁道运输,又可兼收汉水船运之便。

1919 年 10 月“福五”竣工投产，当时拥有美制面粉机 22 台，600 匹马力蒸汽机 1 台等主要设备，日产面粉 6500 包，其“牡丹”“兵船”牌面粉曾远销南洋和欧洲各国。1925 年“福五”扩建钢骨水泥五层新厂房一座，两个车间日产面粉可达 12000 包以上，在荣氏集团的 12 个面粉厂中跃居第 4 位。从 1919 年至 1924 年 5 年间，福新五厂资产总额由开办时的 30 万银元增为 150 万银元。

1927 年国民政府开征“面粉特税”，使国内面粉厂家与洋粉竞争处于劣势，福新五厂虽受外销影响，但它地处华中，内销市场广阔。此外，又大量利用价格低廉洋麦，1930 年后的 3 年内，所用洋麦数量占全年用麦量的 71.41%，所受损失较小。

1933 年 8 月，参加中国工程师学会第三届年会的会员在汉口福新第五面粉厂大门前合影

1937 年 7 月，抗日战争爆发，华北、华东等工业较集中的地区相继沦陷，使武汉地区的经济出现暂时繁荣。“福五”因此获得丰厚利润。武汉沦陷前，“福五”经水陆两路内迁，在重庆、宝鸡分别复建，继续生产。

抗战胜利后，福新、胜新（均属荣氏集团面粉生产企业）相继迁回复工。但因社会动荡，又受国民党政府“粮食流通管理办法”限制影响，武汉面粉工业受到严重摧残，“福五”亦未能独善其身。

1949 年 5 月至 1951 年底，武汉的私营面粉厂仅剩 4 家，福新厂仍在其中。1954 年 3 月，福新五厂首先公私合营，由武汉市纺织管理局领导，1955 年 4 月移交武汉市粮食局。1966 年福新、胜新面粉厂转为国营后，面粉行业形成单一的国营经济，后来改名为武汉一面粉厂。

三、“19 壹 9”老场坊

2012 年，武汉一面粉厂整体拆除，保留了汉江边 1919 年修建的面粉车间大楼。该大楼高 6 层，由主楼、副楼及附属建筑物构成，门前还有处场院。由于早在 2011 年 3 月 21 日，武汉市人民政府便公布福新第五面粉厂旧址为“武汉市文物保护单位”，使这栋楼得以保存。

2014 年的“福五”面粉车间大楼

2017 年“武汉壹玖壹玖老场坊商业管理有限公司”投资对大楼完成整修，在保留原有大楼整体框架结构不变的基础上，形成具有艺术、工业设计风格的办公空间。

“福五”面粉车间大楼建成至今已近百年，从民国至新中国成立后的各个历史时期，刻在它身上的印迹均有显现，构成了一处处犹如时光隧道似的历史信号管道。

2016 年 5 月 13 日，笔者受原“福五”经理李国伟家族及“福五”管理层后人厉宗煌、林嘉炎先生之邀，回访“福五”面粉公司大楼。在大楼内部，“福五”老电梯刷上了黑漆，在 20 世纪初，它实属汉口工业电梯的“大体量”。在各个楼层，参观者可见到天花板、墙角等处留下原状的通风窗、管道、天车构件等物，车间廊柱、部分涂层剥落的墙面也保持了原状。在一处机修车间墙面上，“百年油渍”给人以沧桑感。在楼内，墙壁上建厂初期涂写的工序间编号“贰”，带有民国气息；楼梯、门楣等处的“文革”标语是另一个时代的记忆；原车间工位旁大红的“安全、质量规范”警示语则是工厂发展的辙痕。

在文化遗产保护工作中，商业开发与文物保护具有矛盾统一性质，商业开发的“利润”规律容易对文物形成伤害，而离开了商业开发，文物保护的“生命延续”也成为问题。“19 壹 9”老场坊在对文物建筑进行保护性利用时，强调工业遗产的风格定位，与文化元素构成了有机联系，不失为一例成功尝试。

第六节　南洋大楼、南洋烟厂薪火不断

爱国华侨简氏兄弟创建的南洋兄弟烟草股份有限公司，是著名的中国民族工业企业，至今在武汉留下了两处重要旧址。

今日汉口中山大道上的南洋大楼

1921 年落成的南洋大楼

一、汉口南洋大楼

位于汉口中山大道708号的南洋大楼，是其汉口分公司的办公楼，1996年3月被列为全国重点文物保护单位，2012年9月被列入武汉市二级工业遗产名单。

1905年，广东人简照南、简玉阶兄弟在香港创办广东南洋烟草公司，1909年改名为广东南洋兄弟烟草公司。1919年11月，简氏兄弟、陈炳谦、钱新之等9名商界人士持港币1500万元，在上海正式成立南洋兄弟烟草有限公司，后相继在天津、汉口、北京、济南、营口、南京、镇江、汕头、厦门设分厂。

1917年，南洋公司选址汉口六渡桥建造南洋大楼，聘请美国建筑师海明斯和土木工程师柏格莱共同设计，汉合顺营造厂和李丽记营造厂承建，1917年动工，1921年落成。南洋大楼占地面积885平方米，建筑面积4745平方米，五层楼框架结构，楼内设电梯间，是汉口现代派风格建筑的开山之作。

南洋大楼建成后，南洋兄弟烟草公司曾与汉口英美烟草企业展开激烈市场竞争，双方互有胜负，但“南洋”始终没离开武汉市场。

南洋大楼还是一座政治名楼。1926年9月，北伐军占领汉口，12月，国民党中央党部和国民政府由广州迁到武汉，受简氏家族的邀请，在南洋大楼三层设办公地点，即武汉国民政府，党政临时联席会议同期设在此楼。

1986年，南洋大楼三楼设武汉国民政府旧址纪念馆。现在，南洋大楼一二楼为武汉烟草公司的香烟商场和雪茄酒吧，三楼除300多平方米的“武汉国民政府陈列室”外，其余皆为武汉卷烟厂办公区域，而四、五楼则是武烟所属的准三星级酒店——大华饭店的客房部。

二、南洋公司汉口分厂

南洋兄弟烟草股份有限公司1926年在汉口设分厂，选址于汉口仁寿路(现硚口仁寿路62号)。因时局原因，直到1934年8月1日才正式开工生产，第一个品牌为“千秋”牌卷烟。

南洋汉口分厂在建立后至1937年，拥有卷烟机20余台，日产量达2500箱，计有“白金龙”“红金龙”“大喜”“双喜”“梅兰芳”“美女”“长城”“爱国”等十余个品牌，汉口分厂成为南洋公司旗下一个重要的生产营销基地。

抗战时期武汉沦陷后，汉口分厂被日商东亚烟草公司占用，有男工140名，女工740名，月产量约3000箱。抗战胜利后，由南洋兄弟烟草有限公司派员接收，于1946年3月14日开始复工。而后，宋子文趁“南洋”经营不善的时机，取得了半数股权与绝对控制权。1949年春，因经营管理不善，公司将汉口南洋厂和汉口分公司全部停产。

1949年5月16日武汉解放。武汉军事管制委员会接管南洋烟厂，8月22日工厂恢复生产。1951 年 2 月改组为公私合营企业，1953 年定名为“公私合营南洋兄弟烟草公司汉口制造厂”，但人们仍习惯称其为南洋烟厂。1958 年，国营汉口烟厂、国营宇宙烟厂先后并入南洋烟厂，从此，武汉地区机制卷烟厂独此一家。1965 年，根据中国烟草工业公司《关于建立中国烟草工业公司汉口总厂的通知》，以南洋烟厂为主体，成立汉口卷烟总厂，将汉口、襄阳、长沙、常德、郴州五家烟厂划为汉口总厂的分厂，形成了产、供、销综合企业，直属轻工部领导。1966 年，汉口卷烟总厂改为国营企业，1969 年，该厂改名为武汉卷烟厂。

新中国成立以来，武汉卷烟厂共计开发了“大桥”“永光”“游泳”“白金龙”“星火”“新华”“圆球”“大公鸡”等 26 个品种香烟，“游泳”和“永光”分别在 1979 年和 1980 年被评为全国优质产品。当年，“永光”是武汉及湖北地区消费者互送亲友的珍贵礼物，宴席上的上品。

1982 年 12 月，武汉卷烟厂在汉阳十里铺兴建的新厂落成，厂房占地面积 38900 平方米，设计年产卷烟 50 万箱，是当时我国大型烟厂中生产设施最完备的工厂。1995 年 10 月，武汉卷烟厂完成股份制改造，更名为武汉烟草（集团）有限公司。

三、百年厂房依然机器轰鸣

位于硚口仁寿路、创设于 1926 年的南洋汉口分厂，包括办公区和厂房两大建筑群，厂区建筑为一栋 U 形环状车间，有点像中国民居的三合院，房顶建成三角形齿轮状，在向阳一面开有长条形排窗，以利通风和采光，车间中间的拱门有一层楼高，可以走汽车。在车间内，每个立柱都做成了六边形，以利减少磕碰，便于推车拐弯运行，这种立柱在上世纪二三十年代武汉工厂建筑中十分普遍。

南洋兄弟烟草公司 1926 年兴建的汉口分厂老车间至今还在生产

自1982年主要厂区搬迁到汉阳十里铺后，老厂区还在生产香烟产品的内包装和过滤嘴包装纸，车间里机器轰鸣、灯火通明，一派繁忙景象。

四、老办公楼将辟为博物馆

南洋烟厂老办公楼现为“武汉红金龙人力资源有限公司”办公楼，该楼房由两层主楼和配楼组成，主楼呈正方形，歇山顶屋面，楼内老式地板和墙裙还十分完好，内空约4米高，配百叶窗以避武汉炎夏，有老汉口公寓楼的韵味。

办公楼配楼为“走马楼”形制，有很长的走廊，从主楼窗口可监视配楼人员活动，这可算是资本家企业管理的一个考量。

2012年9月，南洋烟厂旧址被列为武汉市二级工业遗产名单，厂方按“整旧如旧”的原则对老办公楼进行了修缮，准备开辟为厂史陈列室或博物馆。

第九章 交通运输业遗产

第一节 曾经的京汉铁路汉口三大火车站

一、刘家庙车站

1906 年 4 月京汉铁路全线通车后，汉口市区从北到南建有三个火车站：江岸、大智门、玉带门火车站，1911 年后又建循礼门火车站。江岸火车站建于 1898 年 4 月，由于地处刘家庙地域，也被称之为“刘家庙车站”，但在许多著作文献中，一直坚称“江岸火车站”。据《夏口县志·舆地志》“镇市”记载：“刘家庙，在邑东北八里，与京汉铁路江岸票房毗连，往来要冲，铺户约四百余家。”江岸火车站应是铁路开通时的取名。

阳夏战争时民军与记者装扮的人在江岸车站(刘家庙车站)站房前留影

当年，在汉口城区四座火车站中，江岸车站是典型的中式建筑。江岸车站票房为两层砖木结构，主体为中式歇山式坡屋顶，在站房候车室面向站台一面，由底层十三根木头廊柱支撑起二楼的走马楼凉台，使一楼形成通道式风雨廊，用以遮风避雨。各个廊柱与走马楼横梁接触处缀有镂空木雕花饰，每对廊柱间各有一扇拱形门供乘客进出。砖木结构建筑到底要比砖混结构建筑生命力差一大截，到 1992 年京汉铁路拆除、改成京汉大道时，大智门、循礼门、玉带门站房建筑都保持了原样，唯独江岸车站票房早已被另一座钢筋水泥站房所代替。

在近代史上，江岸车站最大的历史事件当属“二七”惨案。1923 年 2 月，中国共产党发动和领导了京汉铁路工人大罢工，2 月 7 日下午，反动军阀将江岸工会委员长、共产党员林祥谦杀害于江岸车站站台，时年 31 岁。

1983 年，在江岸车站上有一处林祥谦烈士雕像，但在车站站房路轨对面约 300 米处一座老式平房的墙壁上也镶有一块“林祥谦烈士就义处”的水泥匾牌，这里怎会出现两处林祥谦纪念遗址呢？ 2006 年，笔者与“人文武汉”志愿者探访江岸车站，弄清了缘由，并发现了老站房真正的位置。

作者侯红志在林祥谦烈士就义处留影（此纪念碑现已拆除）

当时，这座红砖平房位于京广线靠长江江岸码头一侧，江岸码头，便是当年为修建京汉铁路，由比利时人主持修建的。平房面向铁轨的一端开有十二扇窗户，仔细观察，这些窗户都是用砖头在原有拱形门下部垒起而成，“林祥谦就义纪念”匾牌就嵌在左起第二、第三扇窗户之间。

比对原江岸车站老照片，这些改装的窗户正好与江岸车站站房的十二扇门相对应，而且拱形门形制也一致。据住户、铁路工人徐师傅介绍，这座房屋，就是江岸车站的老票房（站房、候车室）。新中国成立后随着解放大道的兴建，人口重心向铁路线另一端转移，江岸车站由面向江边一端搬到面向解放大道一端。多年前，票房的木柱及第二层走马楼损毁后，改建成现在的平房，供职工居住。当年，林祥谦就是在这座票房前面的站台上被杀害的。令人遗憾的是，这座建筑已于 2013 年进行商业开发时拆毁。

据 20 世纪 30 年代的《武汉三镇市街实测详图》标示，江岸车站附近的一大块地域标注为刘家庙，里面包括福建街、头道街等留存至今的地名。据说，清代这一带曾经有过一座庙，名刘家庙，后来庙毁，留下这个地名，至今，有关这座庙的具体方位在史料中尚未有定论。

武汉人称江岸车站为刘家庙车站，与辛亥革命时期的阳夏之战有一定联系。1911 年 10 月 10 日，辛亥武昌首义爆发后，汉口刘家庙曾经是民军与清军展开反复争夺的咽喉要地。当时，刘家庙曾几易其手，双方在这一地域的战斗非常激烈。2011 年辛亥革命 100 周年纪念活动期间，武汉地区出版的《武昌起义图像史》等书籍登载了大量当时驻汉口租界的外国记者拍摄的刘家庙战场照片。无声的照片表现了战斗的惨烈，刘家庙也因此被载入中国近代史史册。

大英图书馆馆藏阳夏战争中刘家庙附近清军扎营照片

英国《伦敦新闻画报》1911 年 12 月 2 日登载的一幅刘家庙战场照

2013 年,刘家庙地域进行商业开发,江岸车站的新老站房,林祥谦烈士塑像、牺牲地牌匾,以“二七”命名的诸多条道路、建筑构筑物,均被拆毁,由于笔者及诸多朋友的探访拍摄,留下了刘家庙的最后影像。

二、大智门火车站

20 世纪 80 年代,一位年轻的德国人随团来汉,在武汉市政府礼堂的经济洽谈会上发问:“汉口在哪里?”引得现场一阵笑声。这德国后生不好意思地解释道,他祖父曾在汉口德租界居住,他从小只知道汉口,不知道武汉。

1917 年之前的老大智门火车站站房

1861 年汉口开埠后，曾有英、俄、法、德、日五国租界。改革开放后，老字号——“汉口”直到今天还在发酵，譬如热干面创新袋装快餐后，取名“大汉口”；武汉市商业银行创设多年，近年却“幡然醒悟”，改名为汉口银行。1991 年之前，地处汉口车站路的老汉口火车站，门脸上曾挂“汉口站”。1991 年 10 月汉口火车站搬迁至金家墩，这个“汉口老大”直至武汉火车站通车才屈居第二。

汉口火车站，原名大智门火车站，新中国成立后改为现名。大智门火车站始建于 1897 年卢汉铁路开筑之时，1906 年 3 月，汉口至北京正阳门全长 1214.49 公里铁路全线建成通车，4 月 1 日举行通车典礼，清廷派张之洞与直隶总督袁世凯验收，将卢汉铁路更名为京汉铁路，大智门火车站在通车前已建成。

英国国家图书馆馆藏照片：1911 年清朝军队在大智门火车站

现在的很多史料中，将汉口京汉大道车站路那座有四座塔堡的大智门火车站法式建筑误认为通车时的原物。其实，1906 年 4 月通车时的大智门火车站，要比它低矮、收敛一些。当时的火车站站房占地 800 平方米，主站房为两层结构，斜面坡顶，弧形拱券门廊，方形砖雕壁柱，两侧配以单层附楼。1911 年 10 月 10 日武昌首义爆发后的阳夏保卫战中，大智门车站的部分建筑被炮火损毁。

1917 年 12 月 30 日，《汉口中西报》刊发《扩充火车站之伟观》新闻，此时，新大智门火车站经改建落成。这座车站由比利时贷款，法国工程师设计，建筑面积 4000 多平方米，是法、德式四堡建筑。客运室为两层木结构，钢筋混凝土楼板，木架屋，方斗形铁皮屋面。站房正面中部有一超大的半圆拱窗，两侧各有两座绝对尺度很大的塔堡。站房坐西朝东，面临租界，楼上办公，楼下售票、候车，这座新车站确实要比老车站“伟观”了许多。

大智门火车站与汉口城堡有着密切的关系，居仁坊、由义坊、循礼坊、大智坊是汉口镇最初的四坊。1864 年，汉阳知府主持修筑的汉口城堡有八个城门，即玉带门、居仁门、由义门、循礼门、大智门、通济门以及东西两个便门，卢汉铁路修筑时，这些城门通道均成了与铁路垂直的交会点。汉口城堡拆除后，形成了以铁路站房为核心的商业辐射形态，汉口新的商业街道空间随之形成。

武汉地处中部，号称九省通衢，但经济上是个矮子。铁路开通前，货走武汉主要是水路和驿道，量少时长，比如从北京运货到武昌，沿着古驿道要走27天，有了铁路后，快车只需36小时。当时有统计说，铁路开通后，汉口的商品流通总量增加了四倍以上。《夏口县志》记载当时地价飙升的情形说：“猥自后湖筑堤，卢汉通轨，形势一年一变，环境寸土寸金。”

在比利时人承办卢汉铁路时，由于法国人暗中使劲，“比国暗将股份转售法人，其工程师多系法人”。在卢汉铁路建设全面铺开时，法租界背面的大智门车站也在建设中，这刺激了法国人将租界与车站连接起来的欲望。自1901年5月起，法国领事屡次要求展拓租界，遭到湖广总督张之洞阻止。

1902年11月12日，湖北汉黄道江汉关监督与驻汉法国领事签订《汉口展拓法租界条款》，把法租界向西扩展到汉口城堡以外，自官地西距铁路60丈为止，就是这60丈，法国人也并没守规矩。

日军占领时期的大智门火车站

武汉沦陷时期，曾住法租界的老人、台盟武汉市委员会顾问张厚恺曾亲自丈量这“60丈”。在永贵里、天声街、如寿里、辅堂里、平安里等处，法租界旧界形成的西界线，距铁路线不是60丈，而是48丈。

1991年10月，汉口火车站搬迁，铁路拆除后，武汉轻轨一号线穿行于老京广线的脊背之上，大智门轻轨站代替了原来的名号。大智门火车站站房建筑经过整修，大体维持了原有风格。2001年大智门火车站站房建筑被列为国家重点文物保护单位。

2004年10月，武汉市文化局向市政府提交“将大智门火车站改造成博物馆”的请示报告，当时市领导作了批示，并转发至轨道公司，该公司曾作出过成立陈列馆的预案。2006年9月，武汉市人民政府参事室布衣参事胡全志，曾提出将汉口火车站老站房开辟为中国武汉铁路历史博物馆的建议案。

三、玉带门火车站

在辛亥革命阳夏保卫战中，汉口刘家庙（江岸）车站到玉带门车站，都曾因战火而载入史册。当年，清军乘火车沿铁道线往西打，除了装备和训练好于起义军，铁道的机动性帮了清军的忙。这恐怕是清廷老臣张之洞主修铁路时，没料到的一个意外。

现在有人士记述1906年4月通车的京汉铁路时，误将南边终点表述为大智门车站。其实，在1957年修建武汉长江大桥形成京广线之前，玉带门车站一直是京汉铁路正宗的南方终点，但它确实貌不惊人，与大智门车站的奢华艳丽无法比肩。

京汉铁路原起点在卢沟桥，名为卢汉铁路。1897年7月卢汉铁路开工时，玉带门火车站是这条铁路南部的第一个起点站，1898年11月，卢汉铁路局部通车，第一趟列车从玉带门出发，走过大智门车站、江岸车站到达23.5公里外的滠口。此后，武汉的客货列车从这里一直开到了北平。

京汉铁路（原卢汉铁路）通车后，玉带门和大智门车站的年客运量达12.55万人，1908年至1911年，每年从玉带门运出的货运量依次为3773吨、4322吨、4836吨和3329吨。1938年武汉沦陷后，铁路运输基本瘫痪。

抗战胜利后，武汉地区铁路客、货运量均有所回升。中华人民共和国成立后，特别是1957年武汉长江大桥通车后，从玉带门车站通往全国各地的客流、货流与过去已是不可同日而语。

1991年10月新汉口火车站通车后，玉带门成了货运站，设有仁寿路货场、皇经堂货场、阮家台货场，站场占地总面积1.5万平方米，建筑面积6.5万平方米，月发送量1.5万吨，卸车量10万吨。玉带门火车站为机械化作业，有卸煤机3台、吊车2台、龙门吊1台，并建有现代化仓库。

1999年，京汉铁路汉口城区老路段改造成武汉轨道交通一号线，在玉带门车站站房原址上，盖建了武汉轨道交通有限公司办公大楼。现在，这座近百年的老站由其后来者以一种更高、更快的效率所代替，“京汉大道”将是对它风雨岁月的最好传承。

在武汉历史文献及网络上，玉带门车站的老照片非常少。2011年出版的《武昌起义图像史》登载了一幅它的老照片（见下页），从照片中的人物穿戴、站台的铁质电线杆来看，照片应摄于建站之初。其中，玉带门车站站房是一间低矮的平房，体积看去甚至不如现在的一个社区超市。

建站之初的汉口玉带门火车站

照片注解说:“1911 年 11 月,黄兴督军反攻汉口,后亲临汉口玉带门前线指挥作战。”这段历史的详情是:1911 年 10 月 28 日,同盟会首领之一黄兴被授予战时总司令,在汉口满春茶园设立司令部办公处,组织民军反攻,在歆生路一带与清军激战。10 月 31 日,冯国璋怂恿清军在华界放火,烧一段进攻一段,迫使民军退却,这次大火一直烧至 11 月 4 日,汉口市区五分之一几成焦土。

11 月 1 日,黄兴率队力图守住长堤街至玉带门一线。当日午后,清军派出步队、机枪队由王家墩向民军左翼发起攻击,前进至距玉带门车站六七百米时,民军敢死队从右翼对敌冲击。连日战斗中,双方死伤 2000 余人,当天汉口失陷,黄兴率队退返武昌。

第二节　即将消失的武东车房

一、江岸机务段原名武东车房

武东车房位于粤汉铁路始发点武昌徐家棚武北村 324 号。粤汉铁路是广州到武昌的铁路线,现为京广铁路南段,该路 1898 年动议修建,1936 年全线通车,全长 1095.872 公里。

武东车房组建于 1914 年,始称湘鄂路第一段车房,1950 年改名为武汉铁路分局武昌机务段,承担武昌至庐山客车、武昌东至庐山货车、武汉枢纽、铁(山)灵(乡)黄(石)地区小运转列车牵引,及武汉枢纽长江以南大部分车站调车作业任务。2002 年末有职工 2110 人,支配机车 91 台,配属机车 99 台,拥有各类大型设备 248 台

(套)。2006年,武昌机务段与武昌南机务段合并。

二、擦车夫桂合凤

生于1920年的老人桂合凤,是武昌机务段原业务指导,他1944年到铁路上做事,1949年1月1日领到一本“粤汉区铁路管理局员工服务证”,至今还保存完好。服务证里,桂老职称一栏为“擦车夫”,服务处所为“武东机务段”。

粤汉铁路1898年动议修建,1902年动工,由于众多错综复杂的原因,直到1936年才全线通车,是旧中国典型的“胡子工程”。粤汉铁路建成之初,“武东机务段”曾被称为“武东车房”。

英国人设计的武东车房后来成为武昌机务段机车维修车间

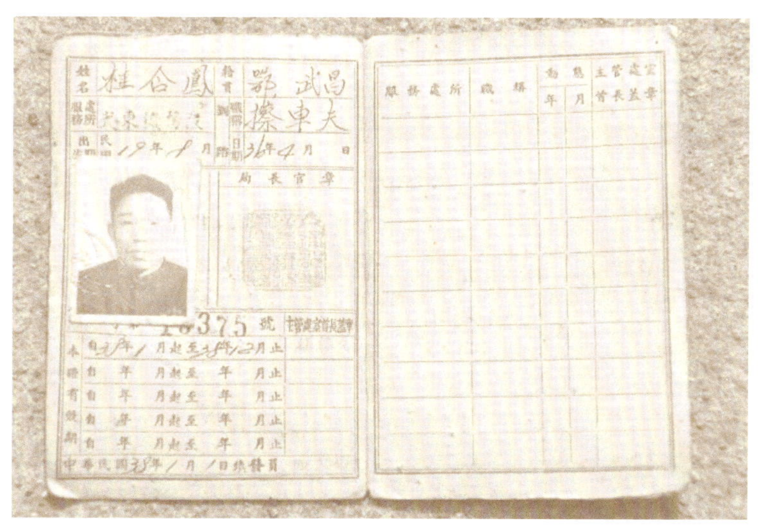

武东车房退休职工桂合凤老人的员工服务证

桂合凤老人说:“平汉铁路是美国人修的,粤汉铁路是英国人修的。”老人的话,勾画了一段史实。1896年,粤、鄂、湘三省绅商动议修建粤汉铁路。1898年4月16日,清廷向美国合兴公司贷款400万英镑。1902年,粤汉铁路开始动工,不久,因美方未履行合同而停工。1905年8月,清廷欲以675万美金赔偿费收回修筑权,但苦于没那么多钱,而不得不由英、法、德联合对华贷款还美国人的钱。由此,在修筑粤汉铁路时,清廷遵守了“中国应选用银行团认可的英国总工程师一人修两湖境内粤汉铁路”的议定。粤汉铁路由英国人修筑的原因便是这样来的。

三、武东车房的洋房与四美塘

现在的武东车房区域,机务段车间是一座英国建筑,外墙上的拱形窗楣带有英格兰建筑色彩。武东机房的西式建筑,皆由清末铁路修筑依从西洋势力所致,武东车房以建筑的形式记录了帝国主义侵略中国主权的历史。不仅这座车间,粤汉铁路初建时,徐家棚区域火车站票房、候车室、变电房均为西洋建筑。后来,在粤汉铁路36年的“胡子工程”中又新增了许多这类建筑。

据老人讲,武东车房后来发展成颇具规模的机务段,这儿曾经也有一个用于火车调头的大转盘。机务段分运转车间、工厂车间(抢修车间),当时有20台机车,有职工300人左右。

桂合凤老人说,位于徐家棚东南端北面,现在的四美塘公园,也与武东车房有关。四美塘就是当年为修筑武东车房时,取土而形成的一个大水塘。关于四美塘名称的由来,坊间有多种说法,有说武汉沦陷时期,四女子不服日军侮辱,跳塘自杀而得名。而据《武昌老地名》一书记载:“一说是太平天国四位女豪杰在此殉难;二说是修建粤汉铁路时老百姓挖土筑路,有四位美丽的村姑特别能吃苦耐劳,民工称其为四美,路修好后,此处形成水塘,人们故称四美塘。”1996年,四美塘公园动工兴建,1997年10月28日对外开放。

四美塘形成后,曾经也是机务段的取水点。这里的水抽出后,经过处理,将“硬水”转化成“软水”,供给机车使用。据说,用这样的水,可延长机车寿命。

随着城市规模的扩张,京广线在武汉区域内的停驶站已移至武汉、武昌、汉口三座主要站点,徐家棚站(后改名武昌北站)停开客、货列车后,将退出历史舞台。现在,武昌机务段已经停止运转。若干年后,武昌机务段(武东车房)有可能从此消失。

第三节　徐家棚火车站与火车轮渡码头

一、徐家棚因粤汉铁路而兴盛

原粤汉铁路的最北端徐家棚火车站,曾经有段坎坷而又耀眼的历史。

1917年2月徐家棚车站建成,有到站、始发线14条,客运站房1座、旅客站台2座、铁皮风雨棚1座、货运仓库1座。1936年9月1日,从广州直达武汉的首趟列车,由南段的起始地广州黄沙车站发车,历时44小时,于9月3日到达北段的起始地武昌徐家棚车站。那一天,徐家棚车站的人们敲锣打鼓、燃放鞭炮,庆祝粤汉铁路全线通车。

在最初的方案中,粤汉铁路武昌起点为钻鱼套,因购地困难等原因,起始地东移,从此成就了名不见经传的徐家棚。

徐家棚街东南起武昌和平大道,西北止沟边街,发轫于清朝末年。清末武青堤(武昌大堤口至青山)修筑后,有徐姓人家筑棚定居,随着居住者纷至沓来,逐渐形成徐家棚村、柳村、钟荫村等居民点,即使如此,徐家棚还是个小地方。

粤汉铁路北段起点东移徐家棚后,小"徐家棚"随即膨胀起来。徐家棚片区是京汉铁路和粤汉铁路的交接处,京汉铁路1906年通车,粤汉铁路1936年全线通车,直至新中国成立后武汉长江大桥修建前,徐家棚车站(武昌北站)和轮渡码头,一直是京汉与粤汉铁路跨江的水陆交通联运处。徐家棚素有火车、客运、水陆联运、汽车轮渡"四渡"之称。随着火车的到来,徐家棚片区房屋如雨后春笋搭建起来,"沟边街""洋园"等地名也相继诞生,甚至还形成因粤汉铁路而冠名的"粤汉里"。这时的徐家棚地区,不仅是粤汉铁路局办公机关所在地,而且还是武昌城北热闹的处所,这里商贾云集。

二、徐家棚车站现状

徐家棚火车站留下来的照片十分稀少,武汉民间文史研究者王炎生先生提供了一张1938年武汉沦陷之前日军飞机轰炸徐家棚车站的旧照。照片中烟尘滚滚,但车站主体建筑还未受毁坏。照片显示,车站为一层西洋式平房建筑,面阔五开间,分别设计为三座半圆形拱门和两座带罗马柱方形大门。徐家棚火车站老站房毁于当年日军轰炸,至2009年,车站改名为武昌北站,在地处横堤二街尽头老站房旧址处,后建成一幢三层平顶混凝土票房、候车厅。

现在,武昌北站(徐家棚火车站)已停开客、货运列车,老徐家棚车站有座钢结构跨线天桥。武汉长江大桥未修建前,附近居民走过老天桥,在徐家棚轮渡码头坐船到江对岸的粤汉码头,就可逛汉口江汉路。

1938 年徐家棚火车站遭日军飞机轰炸的老照片(王炎生供图)

2011 年 10 月,武昌北站站房、候车室拆除,铁路路基加宽为双向四车道的柏油马路,跨线天桥为给公路让路,被拆除了一半,成为“断桥”。现在,在临江大道公路上,汽车轮的沙沙声代替了列车的呼啸声。但是,“徐家棚”的变迁并非是铁路对公路的退缩,在被现代光电助推的路轨上,那些列车的后代已经是真实的“风驰电掣”了。

武昌北站(徐家棚火车站)跨线桥及站房旧址(侯红志摄)

三、徐家棚火车轮渡码头旧址

1914 年，粤汉铁路在徐家棚地区开工。1936 年 6 月，粤汉铁路全线通车后运输量日益增大。1937 年 3 月 10 日，位于徐家棚火车站江边和江岸火车站江边修建的铁路轮渡码头竣工，实行了粤汉铁路与平（京）汉铁路轮渡水上对接联运。徐家棚火车轮渡码头坡长 740 米，由承载钢轨的钢轨桁架、石墩由高向低分三组排列，使钢轨桁架可随水位涨落而升降，便于火车上下岸由轮渡载运过江，当地人称其为“下河线”。

徐家棚火车轮渡码头旧址

粤汉与平（京）汉铁路在武汉实现水上对接后，轮渡载运的火车主要是满载货物的载重车，轮渡一次可运载三节车厢，往返需要一个多小时，正常气候下，每天可接转六至七对火车过江。1938 年 8 月，中日武汉会战展开后，日寇进逼武汉，火车轮渡被迫停航，直到抗战胜利后的 1947 年才恢复通航。徐家棚“下河线”一直运行到 1957 年 10 月 15 日武汉长江大桥建成通车后才停止运行。

武汉的铁路与码头曾是“闺蜜”，就是粤汉铁路做的“媒”，这码头便是汉口江滩的粤汉码头。1954 年以前，徐家棚车站在汉口粤汉码头设有营业厅，除出售客票外，还办理行包中转和承运业务，铁路轮渡段备有船舶专司接运。1954 年的长江大水，冲毁了汉口营业厅，业务移交徐家棚车站办理，接运行包过江改由轮渡公司承担，这种行包运输方式直到 1957 年 10 月长江大桥通车后方才停止。至此，粤汉码头正式由铁路部门移交武汉市轮渡公司。

徐家棚火车轮渡停运后，武汉铁路分局武汉轮渡段一直存在。轮渡段位于武昌区杨园街防洪大堤外，临江大道797号，拥有武汉号、武昌号渡轮2艘，战甲1号驳船1艘，趸船2艘及附属设施。武汉轮渡段为战备单位，主要承担战时长江铁路运输任务和战备训练工作。

第四节　万里长江第一桥

站在黄鹤楼上向长江看去，一条玉带般的公路从脚下流出，向正前方汇入长江大桥，越过长江消失在蛇山电视塔下葱郁的绿色之中。现在在推介武汉时，黄鹤楼下的这幅图景是地标性的。但是，如果60多年前武汉长江大桥选址是另一个结果，今天的武汉地标便不会如此。

一、长江大桥选址曾有两方案

1950年7月，武汉市人民政府市长吴德峰主持召集地方83人参加商讨会，在关于长江大桥址线的讨论中，有意见认为龟、蛇山线将破坏黄鹤楼古迹，建议改为汉阳龟山至武昌凤凰山线。另一种意见则认为，古黄鹤楼历代屡建屡毁，现存“黄鹤楼”实为晚清张之洞的门生故旧为纪念张之洞而修建的奥略楼；在桥侧选址重建黄鹤楼，更可古楼今桥，相得益彰。后一种“龟蛇线”方案占了上风，成为今天武汉的标志性景观。

新中国成立之初，国家百废待兴，第一个五年计划的建设高潮即将到来。京广铁道线在长江武汉段被一分为二，每天只能过六七对列车，每年只能发送旅客6~7万人、货物10余万吨，打通京广线南北大动脉，已是刻不容缓。

二、25个月建成万里长江第一桥

武汉长江大桥设计始于1950年8月。1953年7月，初步设计方案赴苏联鉴定组一行9人前往莫斯科，与苏联25名桥梁专家组成鉴定委员会，于9月1日结束鉴定。根据鉴定结论，1954年2月，政务院201次会议讨论了铁道部部长滕代远的报告，通过了“关于修建武汉长江大桥的决议”，审核了工程概算，任命了彭敏同志为局长，武汉市委书记王任重同志为政治委员的大桥工程局，批准了1958年底铁路通车和1959年9月公路通车的竣工期限，武汉长江大桥工程在全国人民的支援关怀下拉开了建设序幕。

武汉长江大桥全长1670.4米，由正桥、引桥及连接处的桥台组成，其中，正桥长1155.5米，汉阳岸引桥303.45米，武昌岸引桥211.45米。铁路为双线，桥面公路宽18米，4车道。铁路公路两侧各有宽2.25米的人行道。正桥8座桥墩，正桥钢梁为

3 联等跨连续钢桁梁，由山海关和沈阳桥梁工厂制造。引桥也是双层，将上层公路和下层铁路分别引到正桥来。

大桥的建筑美术主要在引桥和桥台部分。引桥上层采用拱的形式。桥台内部各层大厅的墙裙、柱体、拱圈均用大理石镶贴。公路面桥头堡处筑有 4 个民族形式的桥亭，桥头堡内设置了楼梯和电梯供行人上下，正桥铸铁栏杆每两片间嵌有民族风格图案的栏板。

武汉长江大桥正桥工程 1955 年 9 月正式动工，1957 年 9 月 25 日竣工，同年 10 月 15 日通车，时为万里长江上第一座公铁两用桥。大桥建成后，桥头堡内的电梯曾经是市民的“旅游胜地”。50 年代，让武汉市民随便坐的电梯较为稀罕，逢年过节，一家老小去大桥坐电梯，是许多家庭的重大游玩项目，最高兴的是孩子们，那时电梯票 5 分钱一张，大人们把孩子送进去，自己却捂着荷包往上爬。

1957 年 10 月 15 日武汉长江大桥通车

长江大桥曾在武汉市民中刮起一股“桥”旋风，1955 年至 1957 年出生的孩子们，名字中带“桥”的比比皆是，当年的“铁桥”“汉桥”“大桥”们现已逐步进入老年，武汉人使用这种方式铭记着对“大桥”的爱恋。

武汉长江大桥工程除了正桥外，其配套桥梁遍及武汉三镇，如横跨汉江的汉水铁路桥、月湖正街跨线桥，汉口的汉水公路桥、汉正街跨线桥、仁寿路和张公堤跨线桥，武昌的解放路铁路跨线桥、公路跨线桥，武昌路、中山路、粤汉铁路、武珞路跨线桥等。

三、苏联专家西林墓碑上镌刻着武汉长江大桥

武汉长江大桥建成后，在武昌岸引桥一侧筑有一座大型纪念碑，其造型是大桥基础施工时“管柱钻孔法”的构件，碑座上刻有这样一段文字：“苏联专家康斯坦丁·谢尔盖维奇·西林创议用大型钢筋混凝土管柱，下至岩盘，然后用大型钻机在管柱钻岩，再用水下混凝土与钢筋笼将岩孔和管柱连接起来，形成基础的结构，这种方法是在世界上从未使用过的。”

新中国成立之初中苏友好时期，“苏联老大哥”曾在武汉市进行了多起援助项目：中苏友好宫（武汉展览馆）、武汉剧院、友好商场（武汉商场）大楼，湖北电视台（今湖北人民广播电台）、武汉体育馆大楼等，武汉长江大桥则是武汉乃至全国数一数二的大型苏联援建项目，这个项目的专家组组长便是苏联专家西林。

铁道部部长滕代远向西林颁发荣誉证书

西林参加武汉长江大桥建设，使中苏双方在中外桥梁史上青史留名的便是“管柱钻孔法”。中苏关系裂变后，受政治气候的影响，后人笔下对苏方当年的援华专家颇有微词，有的甚至描述他们独断高傲。但在武汉长江大桥建设过程中，曾有过这样一件事：1955年底，用“管柱钻孔法”新方法筑成的1、2号桥墩已耸立在江心水面上，苏联政府派出以运输工程部部长柯热仁尼哥夫为首的代表团来华，随团还来了很多桥梁和工程界权威。在听取西林“答辩”，经过十多天严峻、苛刻的审查后，西林的方案终于被承认。当年的大桥工程局局长彭敏曾动情回忆：“苏联专家的帮助，渗透在我们长江大桥工程的各个方面。”1996年，西林与世长辞，武汉长江大桥被镌刻在他的墓碑背面。

第十章　水电纺织业遗产

第一节　老汉口城市地标——既济水塔

一、既济水塔曾经是汉口城区地标

汉口中山大道繁华地段的水塔，曾经是武汉城市的地标。汉口水塔为正面八方体七层建筑，1982 年实测塔高 41.32 米，占地 350 平方米，建筑面积 2120 平方米，20 世纪 80 年代之前一直是武汉最高的建筑。

汉口水塔的建造者是上世纪初的汉镇既济水电股份有限公司。既济公司 1906 年由宁波旅汉商人宋炜臣联合湖北、江西两帮商人共同发起筹办。当年，既济公司自来水厂在硚口外宗关上首破土动工，1909 年 7 月竣工。

矗立在后城马路（今中山大道）边的既济水塔

在自来水厂动工同时，既济水电公司在张美之巷（今民生路）后城马路附近，开建为水厂供水设施配套的水塔。1909年7月，水塔与水厂同时建成供水。既济水塔内装有一根铁质水柱，通过机器吸水至塔顶，再由塔顶分布四旁以供居民之用。宗关自来水厂竣工后，其供水范围在歆生路（今江汉路）以南，硚口以北，面积约4.3平方公里，日供水量达500万加仑（合22730吨）。采取水塔供水技术，是汉口在清末跨入城市公共设施现代化的标志性事件。

在1949年之前的汉口老照片中，汉口城区最显眼的建筑有两处，一处是位于汉口江滩江汉路口的江汉关，另一处则是水塔。由于水塔地处老汉口华界商业集中的繁华地带，距离租界也不远，在建筑高度上鹤立鸡群，在近半个世纪里，均为汉口各方关注的焦点区域。武汉抗战时期，水塔上曾悬挂武汉军民的抗战标语；武汉沦陷后，日本占领军也曾在这里悬挂标语，庆祝占领新加坡；1949年武汉解放，武汉人民曾在此地拉起横幅欢迎解放军进城。

二、汉口水塔的历史使命——供水、救火

水塔建成后，曾是汉口消防的主要观察报警塔。1861年汉口自开埠后，经济发展，物质集中，“商旅居民杂犊，街道狭窄拥挤”，加之当时城区多是砖木结构建筑及混乱无序搭盖的茅棚，造成火灾频繁。清朝有记录的大火灾便有：

> 嘉庆十五年（1810年）汉口大智坊大火，延烧房屋431间，烧死6口；道光二十九年（1849年）十一月，武昌新河口（塘角）大火，毁船800余艘；咸丰元年（1851年）十二月，太平军逼近武昌城，湖北巡抚惊恐万状，下令焚烧紧靠城墙外的民宅以利防御，大火延烧七天七夜；同治元年（1862年）十月，武昌火药局失火，30万斤火药爆炸，死伤1000余人；光绪十年（1884年）八月，武昌汉阳门外起火，蔓延蛇山，将黄鹤楼焚毁。

在商贾云集的汉口，频发的火灾催生了早期的民间消防组织。嘉庆年间大火后，以郡守刘倡为首，率领绅商筹备资金，购置水龙，分布城区各善堂、善局。此后绅商自发相率举办，不久成立水龙局。到了光绪年间，汉口出现了一个由善堂筹办，名为“笆斗会”的消防组织。尽管水龙局和笆斗会的设备非常简陋，但毕竟是汉口最早的消防组织。

汉口消防事业朝着现代化方向迈进，是从水塔建成后开始的。1909年水塔一落成，就在顶端设置了一座瞭望台，同时，还安装了一具大钟，并根据城区格局，划分了九个报警区域。瞭望台一旦发现某区失火，白天挂红旗，夜间悬红灯。接着，先敲乱钟三十响，通知火警。稍停，再敲一响，即表示一区失火。如敲两响，则告知二区失火……消防人员听到报警声，便迅速赶去扑救。

水塔投入使用后,市内各主要街巷,就陆续安装了专供消防使用的自来水门,从而使救火的水源问题得到了大大改善。同时还以现代的水袋消防工具代替旧式的水龙。水塔建成第二年,汉口警务公所购买了第一架汽车水龙,武汉人称之为"救火龙"。

既济水塔一直到20世纪80年代初停止供水。2006年5月25日公布为全国重点文物保护单位。

第二节　汉口宗关水厂旧址

1906年创建的既济水电有限公司宗关水厂，可算最具标本意义的百年老厂。2012年,宗关水厂在工商部门登记的全称是武汉市水务集团有限公司宗关水厂,地处武汉市硚口区沿河大道388号。

一、水火既济,造福于民

既济水电宗关水厂占地面积18.4万平方米,在汉江取水,于1909年9月4日建成送水,日制水能力600万加仑,约合27273立方米,其供水范围在歆生路(今江汉路)以南,硚口以北,面积约4.3平方公里,以人均日耗水量50加仑(合114公斤)计,供水人口当在10万左右。

100多年前的武汉三镇,市民吃水还只能"靠水吃水",沿江沿河的市民大都到江河里挑水,离江河较远的人家也有小河汊、湖泊或水井。各家各户厨房里有一口大水缸,以存生活用水。武汉拥有大江大河大湖,水源丰富,但挑水很困难,城区市民吃水特别是水质的清洁卫生,仍是一个令人头痛的大问题。清朝同治光绪年间,随着汉口开埠,英、法、美等西方列强先后在汉口开办了工厂,其中有的工厂已安装简易的供水设施。

光绪十五年(1889年),两广总督张之洞调任湖广总督后,把原为广东订购的引进项目带到了武汉,这就是湖北枪炮厂、汉阳铁厂、丝麻四局等近现代工矿企业。这些企业生产用水量巨大，不能再用人挑肩扛的办法引水。1897年建成投产的纺织局北局就安装了供水机器,1906年在武昌平湖门外建成的麻布局,已有了一套较为完整的小型供水装置。不过这些"自来水"属于企业自办工业用水,并未惠及武汉平民。

光绪三十二年六月初四(1906年7月24日),浙商宋炜臣联络浙、鄂、赣等富绅11人,筹集300万银元申请创办水电公司。宋炜臣等集资申办水电,由于符合总督张之洞关于不许外商承办,华商创办要具备雄厚资金,不得招纳洋股和借外资,在建水厂同时须建电厂的规定,很快获得张之洞批准。

据传“既济”名号出自宋炜臣手下的一名职员，是宋炜臣在公司悬红200银元征名所得。公司成立当年即1906年8月，宗关水厂和大王庙电厂破土动工，水厂选址宗关上首（今硚口区水厂一路汉江边），电厂选址大王庙（今硚口区利济南路江汉边），作为既济水电公司供水的一个对置水库——水塔则选在后城马路（今汉口中山大道前进五路口）。

水厂供水后，当时的自来水供应还不能进入平常人家，既济水电公司在街头巷尾设立自来水供水站，公司聘用水夫作为水站的管理人员，由各家各户自行挑水或由挑水工送水上门。但出乎建设者初衷的是，民智初开的汉口市民尚不敢轻易尝试从铁管中汩汩流出的机制水。据传，宋炜臣亲自到供水站当着众多市民的面畅饮一大杯自来水，方解除大家的怀疑。但近年来不少网文称市民不敢饮用自来水是因为自来水中含氯味重云云，这就是以讹传讹了，既济公司在自来水中下氯消毒始于供水25年后的1934年。

20世纪60年代中期，市民吃水依然要从公用自来水站挑水。只是这时的自来水站管理者已不再是水厂的职工，他们只需每月按水表止码（当月用水数）与自来水公司结算就行。那时，也还有一些专司挑水的挑水工，将自来水送往邻里人家，特别是缺乏壮劳力的人家赚取力资。据说直到上个世纪70年代中后期，在自来水没有实行一户一管时，仍有挑水工的身影在巷中出没，在他们身后的石板路上，长长的滴水印痕依旧湿漉漉地随着他们的脚步在延长。

二、保存完好的宗关水厂老泵房

在硚口区民族工业博物馆陈列着一张宗关水厂的老照片，该照片拍摄于武汉解放初期。在宗关水厂大门的一张布告前面，一名管理人员向一位外来者解说有关规定，旁边有一位荷枪实弹的解放军岗哨，这张照片展示了水厂严格的保卫措施。直到今天，宗关水厂的门卫管理还是非常严格，特别是制水区，非厂方人员绝不能轻易靠近，一个企业的门比一个政府机关门还难进，除了宗关水厂，不知还有谁？

作为百年老厂，宗关水厂厂区内还保留着两处百年建筑：一处两层办公小洋楼。一处老泵房。宗关水厂厂史中有关老泵房的记载如下：“1908年，宗关水厂大机器房——送水泵房竣工，1909年9月，宗关水厂落成送水。”这座时称“大机器房”（简称大机房、机器房）的建筑物，外观酷似欧洲古堡式建筑。新中国成立后，随着宗关水厂的扩建，新送水泵房相继建成，这座大机器房被职工称为“老泵房”、“一号泵房”；又因其外墙为红色，被不少人昵称为“红房子”。

宗关水厂场外的这两道长堤在1931年武汉大水时起到了重要作用，使宗关水厂免于被淹。

宗关水厂老泵房2005年11月29日最后一次运行送水后停用，2006年5月，武汉市自来水公司对老泵房进行了整修。此后，该建筑开辟为“武汉市自来水事业百年历史展示馆”。现在，馆内保留了停止泵水后的电机和水泵原物，并将市内施工时挖出的既济水电当年敷设的自来水管道运至馆内陈列。同时，馆内还陈列了大量既济水电珍贵的企业档案。

在这些馆藏档案中，有一份既济水电公司1966年第二季度股息收据，该收据编号为“既济字第78号”，内容为：1966年7月19日，公司董事会发给一位名叫肖季纯的股东930股股息，折合人民币313.88元。

明信片上的宗关水厂老泵房

宗关水厂初创时期老泵房室内景

宗关水厂老泵房1993年7月28日被确定为“武汉市保留历史建筑(二级保护建筑物)”,其保留原因是:早期重要的工业建筑和有较高建筑艺术价值。同年,武汉市人民政府公布宗关水厂老水泵房为“武汉市历史优秀建筑”;2005年改称为“武汉市优秀历史建筑”。这最后一个称谓,是武汉市文化管理部门在对重要历史建筑研究保护过程中,逐步转换确定下来的,“优秀历史建筑”受地方法规保护。

新中国成立后经过35年的改建、扩容,到改革开放后的1985年,武汉市主城区供水区域已达95%,其管道长度是1949年的10多倍,达到1407公里,自来水管网已遍布全市,管道已进入武汉市城乡千家万户。自来水质量检测也从1928年的17个理化检测项目到1985年的34个,直到2012年7月1日起实施的《生活饮用水卫生标准》(GB5749-2006)中规定的106项监测内容。现在,武汉市水务集团有限公司宗关水厂日供水量已达150万立方米以上。

第三节　既济电厂遗址遗物

一、既济电厂留存老厂房

汉口沿河大道利济路口的既济商城,是一处人潮汹涌的财富之地,商城在网上称自己“新颖独特,颠覆了老汉正街拥挤、嘈杂的购物环境”。既济商城大厦,有好几栋高楼,平均楼层达30层,但在商城大厦楼栋之间狭小的空地上,却有幢占地仅100平方米左右的两层小楼,这座楼是座旧房子,小楼的屋顶和窗户上有老式风雨檐,圆形通气孔上也缀有水泥纹饰,墙面爬上了一道道青苔。小楼拆了一半,但留下的一半被人作为仓库,堆满了男女衣裤。衣裤的老板租老房子时,曾担心不结实,商城的人拍胸说:“漏雨算我的!”商城的人确实没说假话,所以这老板至今还纳闷:“这么扎实的房子谁造的?”

既济水电公司大王庙电厂留下的一处厂房建筑

现在很多年轻的武汉市民或外迁来汉的居民,不知道既济商城的前身是既济电厂,更不知道这个电厂也是当年商办汉镇既济水电股份公司的产业,与宗关水厂和江汉路水塔是一个胚胎中孕育出来的。

二、张之洞推举华商办电助成既济电厂

说到既济电厂，要提到100多年前的清朝末年。1906年，宁波商人宋炜臣（1866—1920年）联合湖北、江西两帮巨商王予坊、朱佩珍、叶璋、万昭度、蒋鸿林、朱士彬、丁维潘、叶世濂、蔡绍荣、胡敞等人共同发起筹办既济水电公司。

既济电厂创建之前，汉口虽然已有居民区用电，但基本集中于外国租界。1902年，英商集资创立了汉口电灯公司，供英、俄、法租界用电，德租界则有美最时洋行附设的电厂发电，日本租界由日商投资设立的大正电气株式会社自备发电机供电。

汉口既济水电厂的创设，与张之洞着力推举由华商创办汉口华界"自来水、电器灯两项"有极大关系。从1896年起，汉口绅商就多次有人申请筹办公用水电事业，为华界服务，均因股东不足或暗掺洋股而为张之洞所不准。其间，亦有英、法商人企图染指华界水电，均被张之洞婉言谢绝。

张之洞曾批示：查自来水、电器灯两项，弥灾卫生，关系紧要；唯大利所在，叠经各国洋商恳请揽办，本部堂以事关中国主权概行谢绝未允。其华商出面而暗附外股，系冀蒙允者，亦经本部堂查明，一概驳斥。且查水电两事，必须一商兼办，利益多方。兹据该职商等具禀创办汉口既济公司，在上海筹资100万元，在汉口招股50万元，另由汉口商民附股150万元，共300万元，具禀呈核前来。惟此举前经本部堂谕该商等，由官提倡，应即拨款30万元作为股东，一律办理。

既济电厂创办之初，张之洞特拨官款相助，并特许既济水电公司专利，规定汉口地区"除租界外，不得另设电气灯、煤油气灯、自来水公司"，让既济水电公司"独家经

既济水电公司大王庙电厂

营”。张之洞力挺“既济”，与他的“执政理念”有关。1889 年，作为清洋务派后期中坚人物，张之洞出任湖广总督，在武昌从政了十七八年。张以兴汉振鄂为己任，用大手笔驱动武汉现代化，先后建起了汉阳铁厂、汉阳兵工厂，修起了京汉铁路，拓宽了城市马路，办起了电报电话。其时，宁波商人宋炜臣在上海和叶澄衷一起办厂有成，1897 年，他又携白银 25 万两到汉口创办了燮昌火柴厂、华胜军服厂，宋氏的办厂经历显然获得了朝廷认可。宋在汉口经商期间，与清廷官员过从甚密，张之洞说他是“有为之士”，朝廷接受他的捐献，给了“候补道”的虚衔，同时赐以二品顶戴。

三、既济电厂成四大城市民营电厂之翘楚

1906 年 8 月，商办汉镇既济水电股份公司大王庙电厂，在汉镇河街大王庙汉水边（今汉口沿河大道利济路口）开工。电厂由英籍工程师穆尔氏设计，占地 280 英亩，机械设备有 500 千瓦直流发电机三部，总装机容量为 1500 千瓦，施工两年，于 1908 年建成送电。在当年沪、京、穗、汉四大城市的民营电厂中，既济电厂规模首屈一指，占当时全国民营电厂总容量 4449 千瓦的三分之一。既济电厂当年的发电量可发动二万七千十六支之电盏。

既济电厂建成送电后，当年即安装电灯一万八千盏，汉口武圣庙至黄陂街一带繁华市区，入夜一片光明，以往黯然无光的汉口夜色也因万家灯火的渲染而光彩夺目起来，武汉市才真正出现“十里帆樯依市立，万家灯火彻宵明”的夜景。这耀眼的灯光标志着汉口市民生活领域的巨大变革，成为武汉近代城市发展上具有划时代意义的大事。

武汉解放初期既济电厂员工为用户安装电表

辛亥首义，民军与清军在汉口激战，既济水电公司在这场战火中遭受了很大的损失。民国成立后，既济水电公司为恢复生产，只得再次向日本东方兴业株式会社借款 150 万元，重新架设电线、敷设管道，并添置 500 千瓦、60 赫交流发电机。第一次世界大战期间，外汇暴跌，日元对银元贬值了近五成，既济水电有限公司立即抓住这个有利时机，筹措华资，大举购买日币，提前还清所有日债，并辞退公司内日籍人员。

随着武汉三镇城市用水人口的增加,既济水电公司获利丰厚。为进一步扩大产能,1919 年又购置美制 1500 千瓦、60 赫交流发电机 2 台及拔柏葛锅炉 2 台,并添置 500 千瓦电动变流机 2 台,将原有直流发电机所发的直流电变为交流电,与新机并列运行。1923 年,公司将历年盈余利益以红利形式将股本增至 500 万元后,其发电设备容量,也由 1500 千瓦增加到 5000 千瓦。1926 年,发电设备总容量为 10500 千瓦,年发电量上升到 2114 万千瓦时,供电能力尚有余裕。

1929 年 8 月,全国民营电业联合会在南京成立,既济水电公司代表汪书城当选第一届主席。为适应城市扩容,1933 年 4 月,汉口电厂 6000 千瓦机组投产,装机容量 16500 千瓦,影响深远,被当时报纸称为"华中之超电厂"。

但到抗战前,虽然装机容量大了,经营状况并不好,一方面因政局动荡、军阀混战、洪灾肆虐、民不聊生,另一方面公司内部经营管理也有问题。在 1936 年公司出现上文中的"折实资产、补足股份"一幕,使既济水电公司以民族资本为主变成官僚资本控股。抗战以后特别是武汉沦陷后,既济水电公司被日本人强行控制、掠夺达 7 年之久。直到 1945 年抗战胜利,于 9 月 19 日收回被日商华中水电株式会社侵占的水电资产。大王庙发电厂的设备仍为战前的 3000 千瓦机 2 台、1500 千瓦机 3 台,总容量 10500 千瓦,其中 1 台 1500 千瓦机组损坏无法使用,新中国成立后才修复。

四、中共地下党组织工人保护电厂

1949 年,解放战争进入最后一年,5 月初,国民党军驻鄂军事长官、华中剿总司令白崇禧下达命令,撤退时能挟裹而去的尽量掳走,不能带走的就地炸毁。武汉市各界人士在中共武汉地下党工委的领导下,开展护厂护校,特别是保护关系到民生等重大要害部门的水电设备。中共既济水电公司地下党支部也在这个时期建立起来。既济水电公司在护厂过程中办法多、路数灵活,他们采取了调包、贿赂(雅称赎城)、武装保护三大措施,将水电两厂完整地保存下来。5 月 13 日,国民党军派了 8 人带炸药欲炸毁大王庙电厂的泵船。电厂循环水都是由泵船取自汉水,炸了泵船,电厂就要停。这时 100 多人的工人纠察队赶来了,最后厂里用 100 枚银元贿赂了这些军人离去。5 月 15 日傍晚,一队国民党士兵要炸水厂,护厂队员出来劝阻,当双方僵持不下时,厂方拿出 200 块银元贿赂了带队军官,他们收了钱,胡乱炸了附近杂乱建筑做样子走人。

据资料介绍,既济水电公司的钳工彭仰钦这时已加入共产党,他与共产党员冯百诚等人发展一批新工人协会会员和新民主主义建设协会会员,使党的外围组织不断壮大。在物价飞涨、通货膨胀时,他策划并督促资方将水厂的临时滤沙工、电厂的运煤(灰)工转为正式工,为他们争取到较好的经济收入,赢得了民心。他团结工人群众,组织护厂队。同时,中共地下党员通过应城籍在汉石膏商人陈耀阶的社会关系,做通水厂及各方工作并协助护厂。当国民党军与护厂队发生冲突时,是他出面游说晓以利害，并用厂方的 200 块银元买通了带队军官。护厂工人用自己的智慧和力量与前来破坏工厂的国民党反动派巧妙周旋，有效地为新政权保留下功能完整的城市。

1950 年彭仰钦任宗关水（电）厂厂长，成为武汉市第一名工人厂长。武汉市当年评出了三位特级劳模，都是护厂有功的功臣，彭仰钦即是三名特级劳模之一。1958 年后，他历任湖北省电业局、武汉市冶电局、武汉供电局副局长，是第一、第二、第三届全国人大代表。石膏店老板陈耀阶则后来下落不明。

1949 年 5 月 16 日武汉解放。17 日开始，中国人民解放军管事管制委员会先后接管汉镇既济水电股份有限公司的水厂和电厂，派军事代表孙长安监管制水发电。9 月 27 日市军管会、市人民政府改派陈希为军事代表，正式接管既济水电公司。1951 年 10 月 27 日，既济水电公司与鄂南电力公司合并成立“武汉市冶电业局”。历时 45 年的“汉镇既济水电股份有限公司”从此走进了历史。原汉口电厂改名为武汉冶电业局第五发电厂。1952 年清理原既济水电公司的公私股权，与私股董事协商，用水厂同等价值的资产，交换电厂同等数量的私股，使发电厂属全资国营企业，水厂则属公私合营。自 1953 年 1 月 1 日起理顺股权关系后，水电彻底分家。

五、参观证显示既济电厂管理严密

收藏家万学工先生，保存着一件既济电厂文物——汉镇既济水电公司电厂参观证。参观证为纸质、圆形，正面在“参观者”一栏手写注明：湖南电气公司衡阳电厂吴相初同志，证号为 38 号。参观证交由外来人员别在胸前，在厂内走动时以示身份。

从这枚保存至今的参观证可以看出，这位来自湖南电气公司衡阳电厂的吴相初同志是 1950 年 8 月 9 日来电厂洽商公务的，这时既济水电公司还在军管期内（军管至 1950 年 10 月结束）。从制单到通知单的流程看，这一套管理程序是很严密的。这张参观证既显示了既济水电公司工厂管理传统的规范性，也显示了解放初期，军管会对重要城市设施管理的重视。

既济电厂参观证

第四节　汉口电灯公司旧址背后的故事

一、110 年的汉口电灯公司

汉口电灯公司为英国商人 1906 年集资 3 万英镑创立，该公司是伦敦卜尔劳德公司的一个分支，地址在汉口界限路 8 号（今合作路 22 号）。该公司三层大楼，是一栋文艺复兴风格的建筑造型，建筑面积 2983 平方米，混凝土楼板，红瓦屋面，外墙仿麻石粉刷，是英商景明洋行在汉口设计最早的建筑之一。2011 年，汉口电灯公司旧址被确定为湖北省文物保护单位。

汉口电灯公司经历了 110 多年历史，这座老房子记录了清末租界办电、抗战时日本人的侵占、新中国成立前后电业的发展等多个历史节点，是汉口电业史的见证。

汉口电灯公司的初期设备有 3 台直流发电机，容量共为 125 千瓦，电压 220～440 伏，供英、俄、法三租界用电。当时，英商在租界安设了三盏路灯，这些路灯的灯泡使用炭丝作亮光介质，呈竖状，灯柱用铁质框架式角钢组成上细下粗的四方形，约 40 公分粗细，高约两米，涂有黑漆。顶端安装遮挡雨水的铁质灯帽，整杆路灯为英式风格，其复制品现陈列于湖北电力博物馆。此前，汉口城区曾有过以烛火为光源的路灯，以电为光源的路灯为汉口电灯公司首创。

湖北电力博物馆内汉口电灯公司时期的路灯复制品

汉口电灯公司创立后，与所在地的俄租界工部局签订了 15 年营业合同（1906 年 11 月 26 日—1921 年 11 月 26 日），1920 年 5 月 21 日，公司再与英租界工部局签订从 1921 年 11 月 20 日起继续营业 20 年的合同。

1911 年公司购置 300 千瓦发电机 1 台；1915 年购置 400 千瓦发电机 1 台；1920 年和 1924 年又先后购

置 1000 千瓦电机各 1 台，使总容量达到 2825 千瓦，成为当时全国最大的直流发电厂。1932 年安装 2500 千瓦发电机 1 台；1935 年又安装 1250 千瓦发电机 1 台，除去早期安装的小容量发电机，最高容量为 5750 千瓦。

1941 年太平洋战争爆发，日本趁机攫取英美在华利益，吞并英商汉口电灯公司，公司一切业务由华中水电株式会社管理。1945 年抗战胜利后，该公司由既济水电公司接管，1 台 1000 千瓦发电机损坏停用，发电容量仅为 4750 千瓦。

1949 年 5 月，既济水电公司连同它所接管的合作路电厂回到人民手中。1950 年 8 月和 1953 年 12 月，合作路电厂的 1 台 2500 千瓦、1 台 1000 千瓦和 1 台 1250 千瓦的直流发电机改装为交流发电机。至此，合作路电厂所有 3 台仍可运行的直流发电机全部改装为交流发电机，为解放初期武汉地区以“直流改交流，统一供电频率和提高配电电压等级”为内容的电网改造打下了基础。1955 年，合作路电厂全部停止发电。1956 年改为武汉冶电业局修试工厂，从事电气设备的修理试验。至此，原英商电灯公司合作路电厂结束发电历程。

二、抗战前后与“既济”的患难之交

汉口的中国人创办电厂是在 1906 年，比汉口电灯公司晚一年，名为“商办汉镇既济水电股份有限公司大王庙电厂”，简称“既济电厂”。既济电厂旧址在今天的汉口沿河大道利济路口，主要提供华界的生产生活用电，电厂由英国籍工程师穆尔氏设计，设备也多为英国进口，因而与汉口电灯公司有千丝万缕的联系。

整修后的汉口电灯公司大楼在钟楼上恢复了大钟

1939 年汉口沦陷后，既济电厂燃煤用完，因战事吃紧，煤炭无法运达，又因日军意欲控制接管公司，致使水、电厂全部停工。日军占领汉口后，既济水电公司被日军强占，公司职员及工人生活无着落。此前，既济水电公司与汉口电灯公司订有合同，以利一旦有事，互相照应。

据既济水电公司档案记载：1938 年 10 月 25 日，“汉口街市秩序混乱，日军占据汉口后，由英商汉口电灯公司向日军交涉，领到交通证两百份，分发职工，籍资保护”。水电两厂与总公司及水塔处，于上年十一月初被日军占据，所有职工均被迫退出。本公司不得已，将留存英商汉口电灯公司款项提出一部分，分发职工薪资一月，全体遣散。

2011年，湖北省电力公司决定将汉口电灯公司旧址“整旧如旧”，辟为电力博物馆，作为武汉电力历史记忆的重要留存之处；同时，与周边的“八七会议”旧址、宋庆龄故居、詹天佑故居等众多历史建筑相互呼应，形成整体历史文化展示效应。2014年，汉口电灯公司大楼修复工程及湖北省电力博物馆工程完工，并于当年7月开馆。

第五节　武昌第一纱厂董事会楼

现在的许多历史文献中，将民国初年民族资本家创设的第一纱厂称为武昌第一纱厂。其实，这个厂的全称为“商办汉口第一纺织股份有限公司”，可能是因为该厂地处武昌，所以被后人习惯冠以“武昌第一纱厂”。

一、第一纱厂的开局

第一纱厂创建于民国三年(1914年)，初期占地150亩，规模为华中第一。筹建者为汉口商务总会总理李紫云、刘季五、彭玉田、陈蔚南、程栋臣、毛树棠、胡瑞芝等，这些人都是在武汉做棉花、棉纱、布匹、钱庄、烟土生意发了财的老板。第一纱厂选址武昌曾家巷江边，创办时，股本金总额为纹银210万两(折合银币300万元)，李紫云出资60万元被推举为董事长兼总经理，刘季五任副董事长兼副总经理。该厂于1951在武汉市纺织行业首批完成公私合营，1970年改名为武汉第六棉纺织厂，1999年实行破产。

第一纱厂从创办直到1949年新中国成立的30多年里，正是旧中国封建制度土崩瓦解、民族资产阶级兴起以及阶级矛盾和民族矛盾交织的动乱之年，这就注定第一纱厂天生命运多蹇，上演了一幕幕悲欣交集的活剧。

1914年春，第一纱厂向英国安利英洋行订购4.4万纱锭和500台布机，贷款180万元，议定1916年交货。后经各种变故，直到1919年8月才运抵武汉安装，1920年正式投产。第一次世界大战刚结束不久，外国洋货尚未打入中国，第一纱厂的纱、布畅销一时，开工两年即赚得纯利120万元。公司为扩大生产，将获利充入股本金，使第一纱厂的股本金达420万元，1923年增建了南场。第一纱厂当时建有北厂(1916年)，后增建南厂(1923年)，共有纱锭8.8万枚，布机1200台以及细纱、粗纱机各200多台(套)，工人约7800余人。但是，这个厂在创业之初经历了短暂的勃兴之后，厄运便来敲门了。

二、曾五次关门停工

第一次世界大战结束后，帝国主义列强加强了对中国的经济侵略，各种舶来品充斥国内纺织品市场，第一纱厂的管理水平和产品质量显然没有能力抗衡这种冲击，加上欠设备供应商英国安利英公司的本金加利息无力偿还，于1924年第一次关门停工。

1926年北伐军到汉，工厂区正好在战火之内，停工近月余，后原料堆栈不慎被焚，损失巨大；加上日货的大量倾销、工潮及银根紧缩，工厂亏累过深，于1927年10月第二次关门停工。这一次停工，对创办人李紫云打击太大，加上李氏经营的其他产业也不景气，内外交困，李紫云忧愤成疾，后投井而死，令人扼腕。

在增建南厂时，工厂已将厂房和机器抵押给了安利英洋行，1929年复工时，由于安利英洋行投入流动资金100万元，趁机取得了工厂的控制权，按其会计制度以月息8%计复利，到结算之时，工厂共欠安利英洋行本息竟达1000万元之巨。这次复工起初势头很好，但碰上1931年武汉大水，纱厂损失惨重。紧接着，九一八事变爆发，日军侵华势头日益凶猛，全国金融形势紧张，商业凋零。不得已，工厂于1935年第三次关门停工。

1936年10月，黄文植(时任汉口总商会会长、汉口大孚银行董事长)等富商成立复兴公司接办第一纱厂。由于抗战爆发，群众拒买日货，第一纱厂的纱、布供不应求，复兴公司获利颇丰，按事先商订的还款办法，复兴公司为第一纱厂代还安利英洋行533.64万元。但好景不长，1938年武汉沦陷，此时第一纱厂的物权尚在安利英洋行手里，工厂无法内迁，只得第四次关厂停工。其间，日商泰安纱厂得知第一纱厂大股东程沸澜(湖北首富，程栋臣之兄，时为代理董事长)在汉，遂要求合作经营，但被程所拒。1941年太平洋战争爆发后，工厂被泰安纱厂接管，一度局部开工。

抗战胜利后，第一纱厂创办人李紫云之子李荐廷(时任第一纱厂监事会监察长)联合在汉的大股东和债权代理人，于1946年复工。此时国内百业待兴，需求增强，加上第二次世界大战刚结束，外国货尚未大量进口，而内迁的企业还需一个回迁、安装的过程，第一纱厂复产正逢其时，三年连年获利。1947年，工厂第一次派发红利，1948年结清了安利英洋行的全部债务。在生产好转的同时，第一纱厂内部的争权夺利却激烈起来，在一次聚餐时因互相攻讦，李荐廷气急败坏，将程沸澜衣领抓住当众羞辱，在不可调和的纷争中，纱厂被何成濬(国民党陆军上将，时任湖北省参议会议长)坐收渔人之利，何当上了第一纱厂的董事长。

武汉解放前夕，何成濬逃离大陆时，抛售第一纱厂的纱单(远期提货单)，卷款30多万银元(据鲁寿安说有50～60万之巨)走人。白崇禧(时任华中剿总司令，驻武汉)1949年5月上旬逃离武汉前，派员持其手令到第一纱厂调拨棉纱数千件，运往广西、香港等地变卖，由其妻子收银入账。1949年4月，工人工资欠发，生产资金无着，原料空虚，只得第五次停工。

1949年5月，第一纱厂工人成立护厂队，保卫工厂设备不被破坏。武汉解放后，第一纱厂在军代表的帮助下恢复生产，但原资方无力再挹注资金重振企业，1950年5月5日，第一纱厂召开股东大会，申请公私合营获得批准，是中南行政区第一批公私合营企业。1966年工厂曾改名为红卫纺织厂，1970年改为武汉市第六棉纺厂。1999年，因产业调整，第一纱厂关停并转，走完了它85年的历程。

三、董事会楼成小区经典标志

2003年以前，从汉口江滩向长江对面看过去，武昌江滩引人注目的建筑当属“一纱钟楼”。2003年，第一纱厂的这栋西洋钟楼式董事会大楼，成为蓝湾俊园住宅小区的形象广告，开发商因留下它作售楼部，吸引了许多怀有老武汉情结的购房者。

第一纱厂董事会楼

董事会大楼，是当年第一纱厂初创时对钟楼的称谓，因为当时第一纱厂实行的是股份制，造一座标致的董事会大楼，可以彰显其重要地位。为造楼，董事长李紫云颇费了一番心思，他既不想将大楼建成一个前店后厂的形式，也不想建成土老财庄园的大作坊。李氏对欧洲的建筑风格十分喜爱，他决定在建筑上加盖塔式钟楼，这样不仅风格典雅，有报时钟楼显示纱厂的“不同凡响”，也有利于监控工人准点上下班。

钟楼开工前，李紫云请来汉口著名的风水先生看风水、地势，为钟楼定地基、朝向。风水先生堪舆后告知李紫云：“这楼不能正对长江，否则不敛财，财门正对长江，财则随江水抹门而过。必须斜对大江，门正对汉水之口，应财源滚滚而来。”但从纱厂后来颠簸的经历看来，风水先生的点子并未给它带来好运。

董事会大楼虽然是西洋建筑，它的建筑材料却是地地道道土产的，建筑砖是洪湖新堤“吴兴合”砖厂的红砖，木料是湖南常德放排到鹦鹉洲的原木，钢筋用材则是汉阳铁厂的产品。

董事会办公主楼为三层混合结构，正面有二层外廊，由古典爱奥尼克式廊柱支撑，立面装修精致，中部入口略为凸出，多处饰以曲线，两端侧部做成半圆形牌面，外观造型严谨对称，又富于形体和线型变化，为欧洲新巴洛克型制建筑。当初按照设计规划，厅柱、护栏及门、窗、边角装饰用材须采用湖南麻阳的花岗石，如果照此施工，将价格不菲，成本奇高。后李氏改变方案，采用当时称为“洋灰”的水泥浇铸制模，这样一来，既降低了成本，也保留了原设计风格。

1916年董事会办公楼建成后，第一纱厂北厂也建成竣工，厂房全部按英国厂房模式设计建设。北厂厂房为一层平房，房墙筑成锯齿形状，屋顶的排窗便于采光通风。南厂厂房为二层楼，一楼为清花、粗纱车间，二楼为细纱、摇纱车间。在主厂南侧建有一座高大的仓库，也分两层，每层内空高5米，夏季十分凉爽。

第一纱厂董事会大楼在当时武汉民族实业家的厂房中独树一帜，具有鲜明特性，也体现出第一纱厂创办之初的宏远抱负。虽然第一纱厂经历颠沛，李紫云英年早逝，但民国时期民族实业家的股份制企业运作实践，已被这座西洋式楼房记录了下来。现在，在第一纱厂旧址门前的武昌江滩公园，武昌区政府建立了“民国武昌第一纱厂旧址”纪念碑，纪念碑用中英两种文字记录了第一纱厂简史。由于第一纱厂董事会大楼得到了很好利用，为城市新建住宅小区将历史遗存与现代居住环境互补共存提供了范例和借鉴。

第一纱厂厂区建筑虽已全部拆除，但在原厂区后门外的武昌积玉桥后街、一马路、四马路附近，还留有一纱新村、汉成里等一纱职工宿舍住宅楼，这些楼房为两层红砖红瓦，建筑样式带有20世纪50年代特点。

四、董事会楼的归属——当代艺术中心

2016年5月31日，笔者再次采访第一纱厂董事会楼，在一楼前廊的一间房门口，看到一幅“BIG LAB第一回展”的展标，展出时间为2016年6月4日—6月30日。

2015年12月28日，一个颇带艺术范的“BIG HOUSE当代艺术中心”标志代替了一纱董事会楼原来的蓝湾俊园楼房铭牌。当天，武汉媒体的用词为“BIG HOUSE当代艺术中心盛大开幕”。

BIG HOUSE当代艺术中心设置了非营利性的美术馆、艺术空间、艺术放映厅、基金艺术等，地下室还构筑了一处酒窖，取名为艺术红酒博物馆，酒窖的空间刚好一人高，四周是储藏柜。

当代艺术中心开幕至今，多次开办艺术展，已成为文人雅士聚集之所。走进馆内，斑驳的墙壁，陈旧的楼梯和地板，原始的三角屋顶、木头房梁，呈现出年代交错的魅影。馆内一楼是艺术展厅，展出的大多为当代艺术品。在偌大的中厅，透过两侧橱窗，能看到一排旧旧的红袖章，这些“文革”时期的红袖章，是在修整大楼时被发现的。有一个袖章上的字样为“一纱安全生产护卫队”，此袖章估计为当年厂方保护生产组织成员佩戴。艺术展厅的一侧是一间面积不大的茶室，供来客歇息品茗。二楼的欧洲家居馆，陈列着意式、法式等家具及摆件。窗户处有一架高倍望远镜，正对江面，视野十分开阔。通过望远镜，对岸的船只、房屋能清晰看见，似乎就在眼前。三楼会客厅、教室等房间，也摆放着不少艺术家的版画作品。

第一纱厂董事会楼已于 2008 年 3 月 27 日被确立为“湖北省文物保护单位”。

第六节　历史光影中的申新第四纺织厂

一、内迁支援抗战和国家建设

国棉三厂的前身是申新第四纺织厂，是 20 世纪初前国家副主席荣毅仁家族的荣氏集团在汉创办的企业。1910 年前后，荣毅仁的大姐夫、我国著名实业家李国伟在汉口宗关创建福新第五面粉厂、申新第四纺织厂，大批无锡、湖北致力于实业救国的有志青年聚其麾下，把“申四”、“福五”办成了当时荣氏集团的三大支柱之一。也就在那一段时期，汉口成为民国时代中国民族工业集团的中兴基地。

申新第四纺织厂 1922 年 3 月 4 日开工生产，厂址在硚口宗关。有工人 1200 人，年产棉纱 8350 件。1935 年，工厂修出旧纱机 5000 锭。1936 年，购回新旧布机 475

荣氏家族 1936 年在汉口合影照（二排左四荣宗敬，三排左一荣毅仁、左二李国伟）
左上角为申新第四纺织厂办公楼

台，日织布 1500 匹。同年还创办漂染工厂，日漂染布 2000 匹，又建第二布厂。至此，申新厂拥有纱机 5 万锭，年产纱 37090 件；布机 875 台，年产布 440912 匹。

1938 年 1 月，因抗战形势吃紧，国民政府下令武汉的所有工厂企业必须全部内迁至川、陕、湘、滇等地。1938 年 8 月起，荣氏集团申新第四纺织厂和福新第五面粉厂经水陆两路先后运至重庆和宝鸡。1939 年 8 月，"申四"宝鸡厂建成投产，所产棉纱可近销关中，远销渝、蓉，支援了抗战大局。抗战胜利后，李国伟即着手建立以武汉为中心，以川、陕和上海为两翼的企业体系。

武汉解放后，李国伟响应中国共产党和中央人民政府的召唤，从香港回归。1954 年，汉口的"申四""福五"申请公私合营，与荣氏集团所经营的其他企业一起还之于民。申新第四纺织厂后来改名武汉市国营第三棉纺织厂，为武汉市纺织工业发展，满足人民生活需要起到了重大作用。

2011 年 10 月，李国伟的儿子李元俊老先生、原申新第四纺织厂经理厉无咎之子厉宗煌先生等"申四"后人来汉故地重游，向作者提供了大量珍贵的荣氏家族老照片。作者依据这些照片提供的信息，对"申四"旧址及工厂原管理人员、职工进行了多次采访。

二、顾应奇、张汉堂、厉宗煌记忆中的"申四"

2011 年 2 月 16 日，在武汉市硚口宗关汉水二村的武汉市国棉三厂宿舍区内，几栋两层红砖楼房里居住着"申四"的职工和家属。这里的老人中，87 岁的顾应奇算是最老资格。顾老夫妻俩来汉 60 多年，依然是浓烈的江浙口音。顾老曾是"申四"的老"白领"。1948 年，他被申四"人才引进"，从上海申新第六棉纺织厂来到申新第四纺织厂担任棉花技术员，不久便升为工程师。在"申四"工作了不到 10 个月，武汉便解放了。顾老老伴说，顾应奇到"申四"后，位于中高层，住进了职员居住的"六间头"。六间头按洋房设计，空间开阔，冬暖夏凉。"文革"期间，顾家搬出洋房，一大家子挤进一间小屋子。"文革"结束后，顾家的境况得到了改善。退休后，老两口颐养天年。

张汉堂，82 岁，曾是"申四"的电工，负责操作厂里的自备发电机组。1953 年进厂，1981 年退休。张老工人出身，没遭遇过不公正对待。他说，当年"申四"建有职员和职工宿舍，名为八间头的是普通工人宿舍，名为六间头、四间头的是职员宿舍，2011 年还存在几栋。职工看病，可在厂里开条子，到天主堂医院就医。这个医院地处"申四"大门外中山大道对面临街不远。

"申四"自建有一套 4000 千瓦发电机组，全套瑞士设备，所有电力自己提供，但职工点灯要出个灯钱。老人们没说是电钱，可能是当时没什么家用电器。"申四"的这套设备曾经是武汉电力供应的重要设备之一，新中国成立后多年时间里由政府统一调配，直到 20 世纪 90 年代才停用。"申四"当年办有很多分厂，除了"申四"分厂，在武汉还办有工业铁工厂、宏文造纸厂、民康药棉厂等。

张汉堂老人现在住的房子在硚口区汉水二村，这是 1953 年新建的申新纱厂职工宿舍，这批宿舍是当时武汉市较好的厂区职工住宅，是硚口太平洋一带的市区一景。所以，新中国成立后，申新纱厂的条件一直受人羡慕。

2011 年 10 月 8 日，来自海内外的“申四”“福五”的 40 位后人在汉聚会，其中包括前申新第四纺织厂经理厉无咎之子厉宗煌。厉无咎在“申四”历史上也占有重要地位。

厉无咎（1906—1993 年），江苏无锡人。1950 年加入民主建国会。曾任民建中央委员、全国工商联执委、湖北省工商联常委、武汉市政协副主席等职。

新中国成立之初，中国人民政治协商会议第一届全国委员会第二次会议特别邀请列席人士名单是周恩来总理拟定、毛泽东主席批复的，在 43 位人士中，武汉市仅有两位，厉无咎作为华中地区工业家与会，另一位是武汉一纱工人，保护工厂的模范袁道华同志。

李元俊在其出生的房屋、硚口申新街铁桥北村 5 号门前留影（左起分别为李元骏、夫人林建华、原“申四”副经理厉无咎之子厉宗煌）（侯红志摄）

厉氏早年在无锡荣氏私立公益工商专科学校学习，1926 年赴新加坡任小学校长，1930 年到汉口申新第四纺织厂工作。抗战爆发后他随厂内迁重庆，与中共地下组织有联系，还与章乃器等发起组织星五聚餐会和星二聚餐会。1946 年回汉负责筹备申新第四纺织厂复厂，后任“申四”“福五”两厂经理。武汉解放后返汉继续负责两厂业务。1953 年两厂被批准公私合营，任申新纱厂第一副主任。

2011 年 8 月 26 日，厉宗煌先生著文《吁请保留原汉口福新面粉厂部分老建筑书》，呼吁：“这些建筑绝不是可以遗弃的城市旧街陋巷，而是母亲城市——武汉身体上难以磨灭的温馨记忆元素，保留下来，我们将延续武汉的城市历程，使之成为现代武汉根植于市民记忆中的标志，遍及全球的武汉一代一代子孙将由此保留一份归属感，得以回顾大武汉独有的壮丽史迹，为先辈的光辉业绩而自豪，为自己城市的传统形象而骄傲！”

三、李国伟后人认定铁桥北村 5 号为历史建筑

位于武汉市硚口区太平洋原国棉三厂厂区内的申新街铁桥北村 5 号，是一栋破旧不堪的老房子，但从房子英式建筑坡顶和前门两根水泥圆柱可以看出，当年的房主非普通人。硚口区人士证实，这栋建筑的两旁，分别是当年申新第四纺织厂、福新第五面粉厂旧址，二者都属于荣氏家族企业。铁桥北村 5 号这栋建筑，是当时两家工厂厂长的住宅，经理李国伟和副经理华栋臣都曾住过。2011 年 10 月，荣氏家族后人、原“申四”“福五”厂主李国伟之子李元俊携妻儿自香港到汉，与企业海内外后人在汉聚会时，曾到“申四”旧址铁桥北村 5 号老宅寻根问祖。李元俊是年 88 岁。他说，他就是在这座老房子里出生的。在紧靠福新第五面粉厂院墙边的老宅门前，李元骏老人望着这些荣氏集团在武汉的工业遗产，用武汉话说道：“武汉曾是民族工业的重镇，谈到中国现代工业绝对绕不开武汉。”

2016 年 6 月 15 日，“申四”后人厉宗煌、颜嘉林向武汉档案馆捐献“申四”的重要档案资料，“申四”的历史光影将以影像、文字、地面承载物等各种不同形式，永远保存在武汉纺织工业发展的记忆之中。

下编　武汉工业遗产保护模式

目前,国内外对工业遗产保护利用,常见的有以下几种模式:1. 主题博物馆模式;2. 公共休憩空间模式;3. 创意产业园区模式;4. 与购物旅游相结合的综合开发模式;5. 工业博览与商务旅游开发模式。

武汉市在工业遗产保护利用方面,在学习借鉴外地经验的同时,进行多方面的积极探索,取得了一定成效。其中利用工业企业向城外搬迁遗留的场地、厂房及设备创建都市工业园区,打改革牌,走创新路,整合资源,盘活存量,通过成片改造老企业,发展都市工业,发展新型工业,带动老工业基地改造,据称在全国尚无先例。

第十一章　创设工业遗产博物馆

第一节　江汉关博物馆

2015 年 12 月 29 日，江汉关博物馆正式开馆，中断 15 年的铜钟再次敲响，馆藏 500 多件文物首次亮相。有着百年历史的江汉关大楼作为武汉市的地标性建筑，见证了武汉百年间的兴衰。

江汉关设立于汉口开埠后的 1862 年，是与上海江海关、广州粤海关、天津津海关齐名的近代中国四大海关之一。

光绪二年（1876 年），清政府根据《烟台条约》，增开长江沿线的大通、安庆、湖口、武穴、陆溪口、沙市第 6 处通商后，江汉关税务司开始监理稽查这 6 处事务，重庆关亦归江汉关管辖。

江汉关验讫印

江汉关的建立，不仅对武汉的中外贸易起到了一定的规范作用，也在客观上促进了武汉这个华中大商埠的对外开放，较之开埠而未设关的咸丰十一年（1861 年），贸易秩序有所好转。据统计，汉口港中外贸易额税收从开始的 150 万关平银，到江汉关大楼落成的 1924 年，达到 2 亿余关平银。江汉关在很大程度上发挥着内联腹地，外达海洋的枢纽功能，成为引导武汉成为国际商业贸易港口的平台和标志。通过对外贸易和张之洞督鄂后实施的新政，汉口“驾乎津门，直追沪上”。汉口开埠、江汉关设立、张之洞督鄂,武汉迎来近代历史上的第一次繁荣。据统计,从 1863 年至 1911 年,西方列强在武汉开办各类工厂 40 余家,外国商人、洋行蜂拥而至,汉口一跃成为当时中国第二大城市。

20 世纪初,上海、汉口、广州、天津等四城市的进出口额占全国总数的 60%～70%,汉口等地海关的原办公室不敷应用,四城市陆续修建新的海关大楼。

江汉关大楼设计过程比较曲折。大楼平面图由海关总署建筑工程师阿诺德(Arnott)负责设计,因其病未能完成立面图。海关总署遂在上海招标,择优选用上海著名英商斯蒂华达生·斯贝司建筑公司(即思九生洋行)建筑师辛浦生(Simpson)的设计图纸。土方工程由刘歆生所开设的填土公司承包,大楼主体工程由汉口魏清记营造厂承包。监理单位是 20 世纪上半叶武汉最重要的外资建筑设计机构景明洋行。

江汉关大楼建筑风格设计带有欧洲文艺复兴时期流行的拱门、圆柱和有英国特征的钟楼,英国音乐《威斯敏斯特》是报时的主旋律,与伦敦议会大厦的大钟所奏为同一音调。钟楼顶上有一个小平台及 7 公尺的桅杆,桅尖装上风向仪,用铜铸的英文字母E.S.W.N标明四方,当中是一座鎏金的英国式帆船,在阳光照射下闪闪发亮。

上述四个海关大楼的外观基本相同,但规模以上海为最大,广州、天津次之,而汉口最小。但由于江汉关是耸立在沿江大道 90 度转角部位,大楼东面和北面都挺出来展现在人们的眼前,不似其他三座海关大楼那样与左右高层房屋在一条线排列,而且当时江汉关四周的建筑均比它矮得多,其钟楼尖高出地面 83.8 米,比汉口的水塔顶还高 2 米,远远望去,特别引人注目。

江汉关大楼 1921 年清理现场打桩,1924 年 1 月 20 日落成。占地 1499 平方米,大门外有台阶 32 级,上面有汉白玉踏步 5 级方进入大厅。这座大楼造费达 200 万两纹银。大楼内部,办公室、会议室、宿舍等的装修配备式样,力求美观。柚木门色调优美,地板采用英国的柳安木,楼窗以钢架镶嵌大型透明光亮的玻璃,照明灯具及通风吊扇均为美国通用电器公司产品,电路电线均埋入墙壁和地板下,金属导管引线在一定位置上有接线头盒联接通路。大楼电梯设备为伦敦梅德三威制造,水力卫生设备为英国戈登公司产品。大楼蓄水池积水容量 50 吨,由自动控制水泵吸入一定量供消防用。大楼集中供暖设备系美国暖气设备公司制造,装置在底层两翼地下室内,室内冬季可维持温度摄氏 21 度。整个大楼建筑设备器材除灰沙石外,全部系国外产品,其中大多为英国制造。

江汉关钟楼共分五层,一层为大钟摆砣室,二层为大钟机件室,三层为控制室,四层为大钟时针室,五层为铜钟室。大钟机件系美国塞恩·托马斯时钟公司制造,由汉口大威祥及亨达利安装。钟针在钟面的机房内。报时装置由安德森迈尔公司制造,安置在钟楼最上层。五口铜钟均由美国谢恩铸钟厂 1923 年生产。铜钟一大四小，大钟 1 吨多重，小钟轻重不一，最小的 200 多公斤。钟楼大钟于 1924 年 1 月 18 日开始报时。

大楼建成后，由汉口著名书法家宗彝书写“江汉关”三字，古朴苍劲，刚柔相济，超凡脱俗，朴实无华。

1949 年 5 月武汉解放后，江汉关被武汉市军事管制委员会接管。10 月 25 日，中国海关总署成立，江汉关直属海关总署领导，并由中南临时人民政府商业部对外贸易管理局代管。1950 年 2 月 23 日，江汉关改名汉口关。同年 10 月 16 日，汉口关改名武汉关。1956 年 5 月 1 日，由于武汉口岸对外贸易形势的变化，武汉关被撤销。党的十一届三中全会后，随着对外开放政策的实行，1980 年 4 月 26 日，武汉海关恢复设置，原办公楼仍由武汉海关使用。

2010 年，武汉市委、市政府决定“依托江汉关建设博物馆”。2012 年，武汉海关从大楼内迁走，江汉关开始修缮并筹建博物馆。2012 年，国家文物局对湖北省提出的《关于申报江汉关大楼文物保护工程勘察设计方案的请示》给予回复。在同意所报方案的同时，特别强调要“收集大楼早期英文图纸，作为设计依据，对现状与原图纸不一致的地方应做出相应的评估”，“对新采用 SBS 防水卷材以及保温层、保护层的施工工艺，应进行老化实验研究”，“补充完善对砼保护层剥落、露筋锈蚀部位进行加固维修的说明和图纸”，等等。

2015 年 12 月 28 日 11 时整，江汉关开启厚重的大门，悠扬浑厚的钟声在那一刻响彻长江两岸。在《威斯敏斯特》报时曲中，百年海关江汉关迎来新生，变身为展厅面积达 2300 余平方米的博物馆。

馆内征集到的各级各类文物有 3000 余件，其中有代表性的文物 500 余件。其镇馆之宝是 3 枚关银锭。银锭形似马蹄，两端翘起，中间凹陷，重量均为 1800 克。它们由江汉关委托银号铸造，分别铸于同治十三年（1874 年）、光绪六年（1880 年）和光绪二十四年（1898 年）。

当年，江汉关将所收税银铸成银锭上缴国库，名义归清政府，实则多用于战争赔偿和外债赔付等。这些银锭是见证江汉关历史的最直接实物。

通过参观展览，观众可以感受到一个多世纪的历史烟云舒卷，感受到汉口开埠以来武汉这座古老而又年轻的城市跳动的脉搏。

同治十三年江汉关银锭

第二节　武汉地区电水工业博物馆

湖北省电力博物馆位于武汉市江岸区合作路22号。该馆是全省首家运用现代博物馆理念建设的电力专业展馆，建筑面积3534平方米，由历史馆、科普馆和室外展区等组成，共设12个展区，有3000余件实物展品和珍贵历史照片，分别展示湖北电力工业发展的历史和现状，传播电力科普知识，兼备展示、服务、研究、交流、教育等多种功能。

湖北省电力博物馆旧址为英商汉口电灯公司办公楼。该楼为混合结构、三层、文艺复兴式建筑，建造于1905年。红瓦屋面，外墙为仿麻石粉刷，临街拐角的三根承重柱为凹条的方形。其余的当街立柱下面一楼为相同的方形，但上部呈圆柱形。加之半人高的女儿墙和精致的墙檐，显得稳重和丰富。两面临街三楼的窗台向外突出，转角楼顶端立有一穹顶塔楼。塔楼顶部敦实厚重，呈圆形状，由四根圆柱支撑。

湖北省电力博物馆钟楼

塔上四面曾嵌有报时大钟，后为四颗五角星所取代。屋顶有一道楼梯可登上塔楼。大楼层高约 4 米，室内为实木地板，地笼为碗口粗方木，保存完好。

塔楼下的三楼空间有一根钢制房梁，其侧面凸起的英文标识清晰可辨，译成汉语是：英格兰米德尔斯堡多曼朗有限公司。

国网省电力公司高度重视汉口电灯公司旧址的保护，决定经过改造建设后，将其开辟为湖北省电力博物馆。

汉口电灯公司旧址在改造为电力博物馆的过程中，秉承“整旧如旧”的原则，在确保文物结构安全的前提下，尽量恢复原貌，对早期的改造在不违反美观的情况下，尽量少予拆改。具体做到：1 号楼保持建筑外围结构主体不变。对内部墙体进行必要的拆除与加固。2 号楼、3 号楼拆后按原有的 30 年代柱网原样复建，以满足大型布展的要求和场地内部交通流畅。改造设计时充分做好博物馆展品路线策划，参展文物和图片的展示与建筑内部结构要求相吻合。4 号楼作为博物馆后勤用房改建，外观按照西洋古典形式装饰，与整体风格协调。同时，场地内违规的临时设施全部清理，结合交通组织，将博物馆主入口移至用地南部，便于参观流线的展开。另外，对各部分现有设备设施进行现代化改造，增加为观众服务的疏散和卫生设施，对影响结构安全的构件予以替换或加固，对已腐烂的木结构予以原状更新。

英商汉口电灯公司旧址改造效果图

1 号楼以历史照片为蓝本进行外观修缮。对建筑围护结构除屋面因长期漏水整体原状翻新外，其他部分主要是补强加固，用类似材料和色彩饰面。对穹顶塔楼的五星予以拆除，按文艺复兴式的圆顶予以改建；底层原商铺参照照片，采用拱券窗突出层次感。改造完成后的整体形象朴实大方，具有原有建筑的外在形象。2 号楼、

3 号楼根据文艺复兴建筑样式予以改造,突出工业建筑特点。4 号楼采用简欧形式,与总体风格相呼应。为协调项目周边环境,对毗邻的住宅楼也进行装饰改造,在重点部位增加古典元素。大门及围墙采用古典风格予以复建。改造后的汉口电灯公司旧址,已成为汉口老租界的亮点。

进入博物馆后, 最先映入眼帘的是一座巨大的螺口镂空灯泡雕塑。这个名为"光明之路"的雕塑,螺口寓意着电业之路的螺旋上升,而底座是一幅以湖北为中心辐射全国的电网地图,寓意着湖北电网在全国的重要地位。

历史馆内采用全息影像技术复原湖北织布局内的第一盏电灯,按照一比一的比例复原汉口英租界第一盏路灯。湖北电力发展,张之洞有首创之功。1893 年 1 月 7 日,张之洞在武昌创办的织布官局装有电灯 1140 盏,全局照明皆用电灯,是湖北最早办电的工业企业。在这之后,公用电气事业陆续在汉口、武昌等地创办,当时的湖北也是全国较早创办电力工业的省份之一。

从历史馆走出来穿过一条连廊来到科普馆。在这里,你可以动手操作,从中领略电的神奇。电力列车怎么运行的? 拿个操纵杆,你也可以让列车开起来。辉光放电球群,手指触摸上去,会有一条条五颜六色的光线跟着你的手指跑。在脚踏车上踩踩,越来越快,眼前楼房里的电灯一层层地亮起来。还可以通过声、光、电的技术运用及模型,解释电是如何产生到进入你家的,有哪些清洁能源,它们又是如何发电的。逛累了,可以坐在"1 路电车"里休息休息。休息区域全部仿造电车的内饰,电车上的座椅,还有扶杆,边"坐车"还可以边看"车外"的科普风景。

湖北省电力博物馆对于真实记录湖北电力发展历史、保护和宣传电力企业文化遗产、促进电力科教事业发展和社会文明建设具有重要意义。同时,湖北省电力博物馆与周边的"八七会议"旧址、宋庆龄故居、詹天佑故居等众多老建筑交相呼应,共同反映出武汉这座名城的厚重历史。

武汉市自来水事业百年历史展示馆是由宗关水厂老泵房改造而成的。

老泵房现位于宗关水厂核心区内,1908 年建成。从顶到檐,每一层构架之间都有沟槽设计。层层沟槽排干顶上的雨水,避免木构架因潮湿而腐朽。承重柱由阶梯式的三级护坡保护,大跨度空间支撑起整个工厂建筑,拱券门窗,细部处理精致。百年泵房几经修葺后,现已成为展示馆,展示武汉自来水发展历史和现代自来水生产与制作工艺。

武汉市自来水事业创建于 1906 年,1909 年 9 月开始供水。初期供水量每日约 1.8 万吨,供水范围仅为汉口市区的主要街道。水厂与水塔的全套取水、供水设备全部由英属安利洋行由英国进口。江边设有专用码头, 建厂初期在岸边设有 2 口直井,压缩空气取水机 3 部,经一条直径 600 毫米进水管送至沉淀池。当时既济水电公司供水管网除向市区供水外,也延伸至汉口各租界内,承办其自来水业务。汉口人不仅能喝上自来水,城市消防也得到迅速升级,各处有消防龙和太平池布设,一旦火警发生,便闻声驰救。

1931年,新落成的武汉大学为解决校区供水,修建了一座简易水厂,是为武昌居民饮用自来水之始。1933年,湖北省建设厅将原来利用清代麻布局提供工业用水的平湖门水厂改建为日供水量2400吨的武昌水厂。次年7月正式供水,日供水量仅200吨。汉阳地区解放前一直没有兴建自来水厂。

武汉解放前夕,自来水供水能力徘徊在每日5万吨左右,主要输配水管总长度在104公里上下,管道漏水率最高达44%。

随着国民经济的发展,城市供水量迅速增加。从1953年开始,武汉市逐步对宗关、平湖门水厂进行扩建后,陆续建有青山、团山、堤角、白沙洲、琴断口5座水厂。1979年开始建武昌余家头水厂。到1980年,全市已有9座水厂,平均日供水量达到118万吨,最高日达到145万吨。用水普及率为94%,生活用水占总水量的59%,直径100毫米以上管道总长度为1088公里。目前,武汉市拥有宗关、平湖门、国棉、堤角、琴断口、白沙洲、余家头、白鹤嘴、金口、沌口、阳逻等11座自来水厂。日综合供水能力达375万吨,拥有供水管网7077公里,大型供水转压站8座,供水服务面积1125平方公里。

宗关水厂设于汉江北岸宗关附近。设计供水能力每日2.3万吨,厂区面积184400平方米,以汉江为水源。

建厂初期采用压缩空气取水,至1914年开始改用泵船取水,以后随取水量的增加,到1980年大小泵船增至8艘。装有浑水水泵16台,总功率4025千瓦,总取水能力每日71.7万吨。单船最大取水能力为每日20万吨,最小为每日4万~5万吨。岸船联络采用球形接头和摇臂接头两种形式,泵船取水后通过直径800毫米、1200毫米、2200毫米的三条浑水干管输入厂内。江水被抽进水厂后,首先要对水作预氧化处理;然后进入反应池,加入絮凝剂(俗称矾);在反应池中,江水中细小浊物在絮凝剂的作用下沉底;紧接着便是进入滤池,水流通过滤池的过滤砂,更细小的污物再次被截留吸附。经过二次净化,实施加氯消毒后,由二级泵房通过输水干管向外供水。市中心区建有容量4000平方米,高41米的水塔,调节水量、水压。

武汉解放后,宗关水厂经过3年经济恢复,日供水最由原来5万吨增加到8万吨,开展大规模经济建设后,水厂随之进行改造、挖潜和相应的扩建。将原有平流沉淀池分别改建成为斜管沉淀池,利用原有慢滤池改建为鸭舌阀滤池、移动冲洗罩滤池。新建容量14000平方米清水库一座,二级泵房两座,110千伏变电站1座,增加直径1600和1000毫米出厂干管两条,使水厂日供水能力提高到80万吨。采用搅矾自动调控装置和移动冲洗罩滤池,使生产操作逐步走向自动化和机械化。

宗关水厂的水,滋养着武汉人整整一个世纪。为此,宗关水厂被定为武汉市一级工业遗产，其老泵房早在1993年被武汉市人民政府授牌为“优秀历史建筑”。

水泵房时称大机器房，外观酷似欧洲古堡式建筑。墙体为红砖砌筑，外墙原为清水砖墙，体现出砖砌工艺的肌理，形成建筑的朴素之美。立面设计简洁却不乏精致之处。外立面采用水泥砂浆砌制而成的装饰线进行横向划分。门窗则全部设计成拱形，将古典主义建筑风格中的严谨性融入近代工业建筑，柔化工业建筑僵硬冰冷的感觉。为保证其大跨度空间结构的安全性，主立面采用宽约900毫米的阶梯式三级护坡承重柱，从底部层层收进。据影像资料，可见护坡承重柱原物采用砖砌叠涩工艺进行竖向划分，形成类似简化的古典主义叠柱式的艺术效果。

据1909年11月撰写的《商办汉镇既济水电公司第一届报告》记载：“大机器房一宅，计长十三丈九尺，深六丈四尺，高四丈一尺。”

陈列室分两个展厅。一个展厅为46米×18.4米，内有一约半米深的下沉池，用以展示其保留的制水机械设备，下沉池周边还布置有若干主题铜像，展示宗关水厂投产初期的生产活动和自来水融入汉口市民生活的情境。另一个展厅32.2米×18.4米。作为介绍水厂发展的展厅，陈列着水厂各时期的建筑模型和史料实物，生动展示出宗关水厂的历史沿革。

陈列馆内主题铜像反映出泵房的工作状况

参观完陈列馆可顺道看一看同属武汉市优秀历史建筑、位于水厂一路5号的宗关水厂公事楼。该楼原貌为青砖清水墙面，红瓦四坡屋顶，设烟囱4个，外廊式建筑风格。

公事楼为三个建筑单体，由连廊相连而成，平面呈U型，形成一个半围合的入口空间。设木楼梯两部。建筑为西北、东南朝向，平面规整。

南部建筑单体在整个公事楼居于主要地位，占地面积约为 28 米×21 米。主入口设于西北立面一层券廊正中一跨，内部办公空间呈对称分布。砖砌券廊突出整个建筑的风格特征。该楼部分采用双外廊式建筑风格。外廊式是英、法等国在南亚等热带殖民地为适应当地气候，由文艺复兴式建筑附加外廊而成，之后传入中国。楼梯厅与交通外廊形成贯通整栋公事楼的立体交通网络。

公事楼沿街一侧的二层设置外廊，其内侧墙体开设五扇门洞将与其相邻的办公空间连通，形成一个类似于“公共阳台”的空间，为整个建筑增添生活气息。走廊开间划分均匀，办公空间多以套间的形式组合而成。原有的壁炉在后来改建中全部封住。每个套间面积各异，以满足各部门不同的使用要求。紧邻楼梯厅两侧的为大办公套间。房间数较多的办公套间及面积较小的贮藏空间分布于两侧端头。

从宗关水厂出来，可见汉江边上“水厂闸口”。上面有“硚口防汛指挥部”所立标牌，上面注明“水厂闸口闸底高程 28.82 米，闸口宽度 333 米”，此处十米外两根粗大的水管赫然醒目。

第三节　硚口民族工业博物馆

硚口民族工业博物馆是由武汉铜材厂老厂房改造而成。该建筑建于 1958 年。博物馆占地面积 2491 平方米，建筑面积 3168 平方米。馆内珍藏有精品数千件(组)，由硚口百坊手工业、民族工业、新中国工业三个展示厅组成。运用现代新材料、新造型以及声、光、电等表现手法，以场景再现、珍贵实物、图片资料等形式，全面展现硚口民族工业从创办、兴盛、衰落、重建的发展过程。

走进博物馆，便看到左侧由一个青砖砌成的拱形城门，上有烫金的“硚口”二字，落款为“明崇祯八年”。接着是实景打造的一条“商业街”，街两边店铺生意正忙，仿佛穿越时空隧道，将你带到手工作坊时代。

百年前硚口地区是武汉手工业最集中的区域，缝衣、打铁、铜器、锁业、补锅、竹编等，百业作坊，能工巧匠，靠的是精粹的手工技艺。馆内老天城槽坊、谦祥益衡记绸布庄、高洪太铜器店、叶开泰参药店、苏恒泰制伞店等模拟场景，使人们从视觉上感受到硚口地区民族工业发展的基础坚固。

馆内有数张图表展现出硚口地区各时期会馆、公所。清初，随着汉正街市场日趋繁荣，大批外省商人纷纷进入汉正街经商。为维护共同利益，以地域、乡谊为纽带的商业团体随之出现。这些团体大多共同集资修建会馆，推举同乡中有名望的殷实士绅主持会馆事务，定期集中议事，以协调帮派间的商业行为，处理乡谊内部事宜。嗣后，渐渐演变为商帮公所，在管理、协调同业间运输、度量衡、行规及价格行为等方

高洪太铜器店复原雕塑

面发挥出十分重要的作用。清顺治十三年(1656年),由河南怀庆府商民在汉正街药帮巷兴建的药材行帮会馆,是汉口创设较早的会馆、公所之一。随后,岭南会馆、徽州会馆、山陕会馆、湖南宝庆会馆、黄州会馆(帝主宫)、汉镇杂货业宝善公所等相继设立,大多数分布于汉正街一带。其中,由山西、陕西两省旅汉商人筹款在汉正街与后湖之间的一片空地上联手创建的山陕会馆,始建于康熙癸亥(1683年),毁于咸丰甲寅(1854年),复兴于同治庚午(1870年),工讫于光绪乙未(1895年),号称"雅冠众构",恢宏的三进院落内设有四座戏台,正殿奉祀关帝,又被称为"西关帝庙",邻近的街巷因此得名"关帝街"(即今全新街)。

第二次鸦片战争后,汉口开埠,洋商涌入,投资建厂。这一时期,硚口地区得到晚清名臣张之洞的鼎力扶持,进入一个快速发展期。宋炜臣、荣氏兄弟、李紫云等民族资本家,他们视民族大义为己任,凭借超凡的智慧与谋略,广泛吸纳民间资本,创办有一座座既独立自主,又富含民族气节的民营工厂,创造出大汉口的多个第一。

展馆《汉口开埠与江汉关的设立》《张之洞创办的汉阳铁厂》《张之洞创办的汉阳兵工厂》等版面,使观众对硚口地区民族工业的兴起与发展,有一个清楚的认识脉络。

咸丰十一年(1861年),汉口划定租界,先后有17个国家在汉口通商,德、美、法、日等国商人先后在硚口地区开办各类工厂。光绪三十一年(1905年),湖广总督张之洞在长堤街开办贫民大工厂,为汉口官办工业之始。展馆以大量图片、文字说明、实物等重点介绍燮昌火柴、既济水电、汉昌肥皂、申四福五、武汉烟厂等企业的兴起与发展。

馆内第二部分特别介绍1934年张明伦倡办的“天然瓦斯灯厂”。利用天然瓦斯(即沼气)为原料,制作瓦斯灯、瓦斯炉、瓦斯熨斗等。该厂初具规模,特设一个瓦斯灯技术研究所,每日出品300件瓦斯产品,点灯与自来火气油灯亮度相似,煮饭烧水,无烟无臭,安全便利,当年呈请政府注册,经上海市工业所试验所检验证明,无毒质,热度达546°,是汉口市当时新兴的工业产品。就当今而言,在节能环保方面仍具有一定意义。

馆右侧新中国工业展示厅,映入眼帘的是毛泽东的手书:准备在几个五年计划之内,将我国建设成为一个工业化的具有高度现代文化程度的伟大的国家。

1949年5月武汉解放后,硚口辖内的古田地区很快成为武汉重要工业基地之一,形成化工、医药、机械制造等产业集群。一批汉货精品应运而生。

原厂址在汉口太平洋宗关的武汉黄鹤楼酒厂,生产的黄鹤楼牌特制黄鹤楼酒原为汉汾,1984年获轻工业部酒类质量大赛金杯奖;1984年、1988年荣获全国第四届、第五届评酒会国家名酒称号及金质奖。原厂址在汉口仁寿路的南洋兄弟烟草公司汉口分公司,20世纪20年代的“红金龙”名烟畅销全国,形成“烟草本味,饱满醇厚”的卷烟品味,以其独特个性,历百年创新与积淀延续至今。原厂址在汉口崇仁路一带的湖北地区最大的衬衣生产专业厂武汉衬衫厂,生产的大桥牌男衬衫和红苔牌女衬衫选料优良、做工精细、款式新颖,连续3年被评为名优产品,远销省内外。原厂址在汉口汉宜路与沿河大道之间的武汉油厂,注重抓质量、创品牌,所生产的福源牌食用油曾获中国食品博览会国际名牌食品荣誉,深受广大消费者的欢迎和信赖。原厂址位于汉正街都市工业园欧洲工业园内的武汉钢制家具厂所生产的钢制家具和双翻椅曾一度闻名,赢得广大客户的赞誉和信任,产品曾获得历届汉产家具评选金奖。“双虎”牌油漆历经70多年的壮大和发展,其系列涂料产品以其品质优良、质量稳定成为极具生命力的知名品牌,曾获得国家涂料产品银质奖,深受广大消费者信赖。原厂址位于汉口仁寿路一带的具有百年历史的老企业武汉化工厂,20世纪50年代,该厂所生产的日用洗涤用品,如“红山肥皂”“警钟肥皂”等,深受省内外消费者的好评。武汉第二电线电缆有限公司生产的“飞鹤”电线产量、销售量、销售额、市场占有率连续10年为全省同行业第一。

位于武汉古田地区的武汉市柴油机厂是国家大型企业,生产单缸水冷12匹马力柴油机。1958年4月11日,毛泽东视察该厂生产的全国第一台手扶拖拉机。第二年国庆 10 周年之时，汉产手扶拖拉机在武汉游行队伍中格外引人注目。

1952 年“七一”，中国人民解放军武汉第四汽车配制厂（即武汉汽车配件厂）的职工给毛泽东主席写信，保证今年年底造好吉普车引擎。他们在短短的 70 多天中，克服许多困难，制成引擎的汽缸体、气缸盖、活塞、连杆、曲轴、桃子轴、机油泵、汽油泵、化油器等主要机件和各种附件，组装成 3 辆吉普车。这是继天津汽车制配厂生产出全国第一部吉普车后，汉产第一批吉普车。在试车时，这些吉普车平均每小时能走 70 公里，最快时能行驶 100 公里。当年国庆节前作为国庆节礼物送往北京。

武汉制药厂前身为太行山八路军制药所，1940 年，毛泽东曾为该所题词：“制药疗伤，不怕封锁，是战胜敌人的条件之一。”朱德总司令的题词：“加紧团结，努力生产，多造药品，输送前线，医好战士，打大胜仗。”

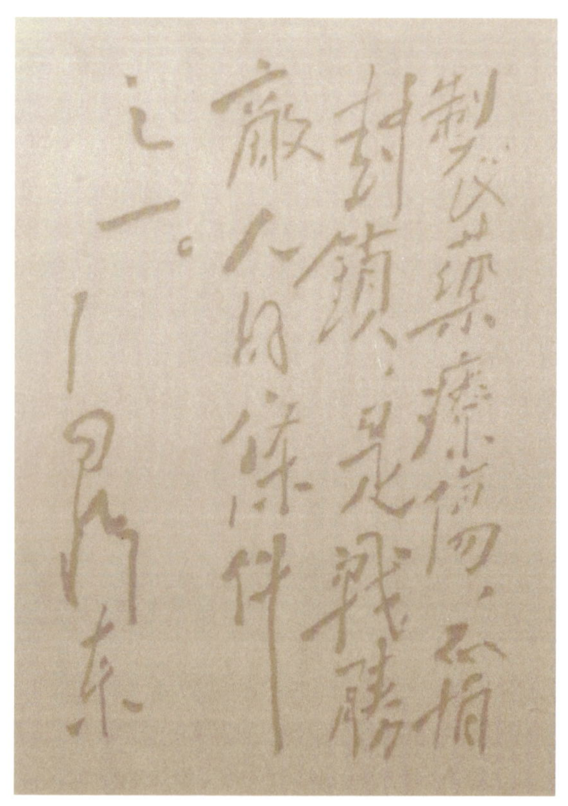

毛泽东为太行山八路军制药所题词

1984 年，武汉柴油机厂聘请德国退休专家格里希（Wemer Gerich）担任厂长。这是中国国营企业聘请的第一位洋厂长。引进格里希在全国引进国外管理型专家方面开先河之举，其影响远远超出国界，被世界舆论认为是中国对外开放政策和改革进程中一个成功的典范。

20 世纪末期，在市场竞争的无情冲击和计划体制的长期束缚下，古田地区大部分国有企业不堪重负，日渐没落，3 万职工下岗，47 万平方米厂房和大量设备闲置，区域环境日趋恶化，硚口工业步入低谷，曾经辉煌的老工业基地一度陷入沉寂。

进入 21 世纪，为探索新型工业化道路，振兴都市工业，武汉市委、市政府作出改造硚口区古田老工业基地，建设汉正街都市工业区的重大决策，大力推进“贸工联动，退二进二”，最大限度盘活工业存量资源，培育民营中小企业集中的都市工业园区。

汉正街都市工业区 5 平方公里产业密集区域的规划建设，按照“退二进二、贸工互动”的总体思路和“整体收购、组团开发；激活存量、引进增量；调整结构、优化配置；政府引导、市场运作”的模式，将传统优势产业与现代新产业有机结合，重点发展机电、印刷、医药、服装、新材料等主导产业，形成“三轴、一带、七园”的空间格局。

硚口民族工业博物馆是武汉近代民族工业的一个标本，现已成为和谐文化建设示范基地、硚口区爱国主义教育基地、工业旅游的新景点。

第四节　武汉地区钢铁工业博物馆

国内首个钢铁博物馆——武钢博物馆，位于青山区冶金大道和工业四路交会处，总建筑面积 13442 平方米，地上三层，地下局部一层。2008 年 9 月 13 日正式对外开放。

武钢博物馆为原武钢剧院拆改建工程，规划设计单位为清华大学建筑设计研究院和北京三和创新建筑师事务所。武钢剧院兴建于 20 世纪 70 年代末，是武钢的一个重要的会议场所，承办过一些重要演出，一些演艺界名人在此留下过足迹。武钢剧院给许多武钢人留下过记忆。

清华大学建筑设计研究院运用“逆向思维”的方法，来处理博物馆与周边环境的关系。用博物馆的低矮、舒展、色重、沉稳，来应对周围建筑的高挑、色浅、轻快，通过与周边环境鲜明的对比带来人们视觉上的积极变化。

在外部形态的设计上运用“非线性”思维，即不以通常传统的以水平、垂直线条划分立面设计。以非线性设计从整体体型上考虑建筑外观，希望博物馆外形具有一种工业制成品的特征。在整体体型设计中，强调塑造体积、体块的组合，强调色彩、肌理、光泽和质感。

新建博物馆保留着原武钢剧院地下人防工程。通过改造人防出入口，妥善处理好防水及渗漏水问题。博物馆的结构跨越人防工程，保证建筑的主体结构和原人防工程结构各自的独立性，形成跨度达 15 米的序厅大空间，保护措施、结构处理和功能设置达到高度统一。为传承历史记忆，新建博物馆保留原武钢剧院的门厅、观众厅和舞台大部分轴线体系。原观众厅部分依旧设计成一个大空间，而把展陈单元设计成几个架设在空中的箱体结构，大空间与箱体结构之间形成的两个主要的狭长共享空间和若干箱体空间，把天光导引下来，产生许多微妙的光影效果，很好地契合了博物馆空间的特性。

武钢博物馆外观效果图

博物馆处处体现钢铁文化的厚重特质。四层楼的外墙全用钢皮包裹，内部用钢板隔出一个个立体感很强的展区。整个博物馆使用钢材2000吨，均出自武钢的专门加工基地自产的热轧薄钢板。最绝的是，做大梁用的钢筋与沉台是用螺丝钉连接。这就要求在事先浇筑好的沉台上要预留好若干螺口，并与钢筋完全吻合。为完成这项工作，每根钢筋都有精细的图纸。

武钢博物馆不仅是国内首个以钢铁为主题的博物馆，也是一座集智能型、数码型、知识型于一体的现代博物馆。馆内收藏有大量图片和见证历史的实物，以全方位的视角展示出中华5000年的冶金史，3000年的地域矿冶史，100年的钢铁工业史，60年的武钢发展史，在这里，你可以身临其境地看到钢铁是怎样炼成的。

一块来自大冶矿山的矿石，是如何最终变成可用于多种工业的钢铁？中国人最早冶炼金属时是什么样的场景？武钢人的日常生活、工作和其他市民有些什么不同？一切关于武钢乃至钢铁生产历史的问题，在武钢博物馆都能找到答案。

博物馆的展区面积8860平方米，共有三层展楼若干个主题分厅。博物馆的第一层为冶金区和汉冶萍历史展区。第二层展示的是武钢50年发展历史。第三层是“钢铁是怎样炼成的”特展空间。

武钢建设吸引着世界的目光。武钢1号高炉预计在1959年7月1日出铁的电讯传遍四方，西方人睁大惊奇的眼睛。英国的《泰晤士报》转发这条消息时，画了一个大大的问号，断言中国人吹牛。这个问号激发着建设者们的强烈民族自尊心，他们纷纷表示：要让1号高炉变成巨大的惊叹号，来回答西方的疑问。

1958年9月13日下午2时，毛泽东登上一号高炉炉台，向欢呼的人群频频招手致意。下午3时25分，当武钢第一炉铁水喷涌而出时，毛泽东笑了。同时，炉台上下响起雷鸣般的欢呼声："我们胜利了！胜利了！"

毛泽东在武钢1号高炉前向工人挥手致意

从此，每年的9月13日成为武钢的厂庆日。第一炉铁水的一部分，凝固成一块重约10公斤的铸造铁，如今它作为武钢博物馆的"镇馆之宝"，向更多的人展示它所承载的历史。

气势宏伟的武钢博物馆，展品丰富多彩。通过巧妙的视觉设计，使参观者如身临其境，置身于工作现场，得到美的享受，达到其思想性与艺术性的统一，历史感与现实感的统一，观赏性与参与性的统一，充分反映出武钢的历史文化底蕴。

张之洞与汉阳铁厂博物馆建在武钢汉阳钢厂内。张之洞与汉阳铁厂博物馆的建立缘于1994年3月的卢森堡大公国在湖北省科技馆举办的"卢森堡——中国武汉卓有成效之百年合作"纪念展。展览向武汉人展示出当年卢森堡技术人员在汉阳铁厂生活、工作的图片等史料。

卢森堡在武汉举办"卢森堡——中国武汉卓有成效之百年之合作"展览，主题是纪念1894年中国第一炉钢水在汉阳铁厂出炉。当年援建汉阳铁厂的卢森堡专家后裔，专程来汉阳"寻根"。武钢汉阳钢厂厂长徐国敏在陪同后裔寻访遗址时，冒出一个念头：能否通过这个契机，挖掘张之洞与汉阳铁厂的历史文化，发展工业旅游呢？

可汉阳钢厂此时运营困难，这个念头暂时被搁置。2001 年，在争议声中汉阳钢厂建博物馆一事被提上日程。

张之洞与汉阳铁厂博物馆筹建因陋就简，于 2002 对外开放。

该展馆的规模不大，一楼像一条小巷，介绍汉阳铁厂兴办的经过。上二楼的楼梯处，印有毛泽东的语录：“湖北的工业基础，如汉阳铁厂、纺织厂、兵工厂、京汉铁路，都是张之洞带头办的。”这是毛泽东 1958 年夏季在武昌主持中共中央八届六中全会期间，与王任重等湖北领导人的谈话内容。毛泽东还说：“讲到重工业不能忘记张之洞，讲到轻工业不能忘记张謇。”孙中山在著作中也谈到过汉阳铁厂，1912 年 4 月，孙中山还亲赴汉阳铁厂考察。

二楼展厅由大量图片、图表及实物等组成。进门处屹立着一尊张之洞的半身雕像，历史沧桑感扑面而来。馆内墙上挂着一幅张之洞视察卢汉（京汉）铁路的照片，他手扶栏杆，站立在火车头，眺望远方。整个展览由三部分组成。第一部分介绍兴办汉阳铁厂的背景和经过；第二部分介绍汉阳铁厂投产后的招商及发展；第三部分介绍汉阳铁厂的搬迁。

“卢森堡——中国武汉卓有成效之百年之合作”展览期间，卢森堡相关人员将其文献资料、相片汇集成册，全部复印装帧赠送给武汉。这套珍贵的资料如今保存在张之洞与汉阳铁厂博物馆内，是十分稀有的海外资料。

创办工业企业是张之洞在湖北武汉的一大政绩，同时也为中国近代工业的发展打下坚实的基础。在晚清洋务运动史上，张之洞所办工业举足轻重，在国内外均具有很大的影响。光绪十七年（1891 年）八月，汉阳铁厂基建工程正式动工，也是亚洲第一座近代化的大铁厂动工兴建，由英人设计和监工。全部工程包括填基 12 丈，约 9 万方，建造 2 座日产 100 吨高炉的炼生铁厂，2 座 55 吨酸性转炉炼钢厂，1 座 10 吨平炉炼钢厂，800 毫米轧机的造钢轨厂，及造铁货厂、炼熟铁厂等 6 个大厂以及机器厂、铸铁厂、打铁厂、造鱼钩钉厂等 4 个小厂。从炉机到地脚螺丝，全部从英国、比利时引进，经过两年 10 个月的施工，于光绪十九年（1893 年）十月二十二日竣工。

武钢汉阳钢厂始建于 1959 年，地址在汉阳月湖之滨，并不在当年张之洞创办的位于汉阳龟山北麓的汉阳铁厂原址。为了与博物馆配套，开展工业旅游，该厂在厂区新建有“汉阳铁厂牌楼”“汉阳兵工厂牌楼”“张公亭”，还有张之洞半身雕塑像，很容易给人一种错觉，即认为武钢汉阳钢厂便是百年前张之洞时期汉阳铁厂的延续，其实二者并没有历史继承关系。

该馆筹建过程中，时任馆长顾必阶曾作过长期艰苦的努力。他费尽周折，让一位居民自愿将铁厂界碑捐给博物馆。他购得赤壁市一家小五金厂一台 1845 年由美国人制造的刨床，这是武汉市迄今发现最早的机械工业设备之一。就这样日积月累，使得博物馆室内展品超过千件，室外展品有近百件，其中不少是国家一级文物。

馆长顾必阶兴致勃勃地讲解

张之洞与汉阳铁厂博物馆从开馆至2011年4月25日闭馆，历时10年，共接待20余万参观者。该馆闭馆是因为要在原地修建新博物馆。

新馆位于汉阳琴台大道，规划共三层，建筑面积7100平方米，展示面积3500平方米，根据初步布展方案，馆内将设"近代工业的浪潮""近代工业希望之城""近代工业摇篮"三大主题展厅，由张之洞全身铜像开始，通过互动沙盘、历史实物、资料图片、情景再造等，立体展现"汉阳造"及武汉近代工业发展的全景画面。

第十二章　构建公共空间景观

第一节　汉江湾里展新颜

三千里汉水即将汇入长江之际，在古田地区勾画出一道美丽的弧线，形成得天独厚的“汉江湾”。汉江湾位于汉江北岸二环线与三环线之间，属武汉主城区西部的重要城市组团，为张公堤、张公子堤、京广线、汉西一路、沿河大道、襄河大堤等合围区域，地域面积27平方公里。

硚口区是武汉市民族工业的发源地之一。清末至民国初年，我国的民族资本家在硚口地区投资建有南洋烟厂、燧华火柴厂、申新纱厂、福新面粉厂、汉口水厂、汉口电厂等。

20世纪50年代起，汉江湾这块天赐宝地被辟为易家墩(古田)工业区。经过几十年的发展，古田及周边区域聚集着194家工业企业，占地3085.74亩。解放大道两旁，扎堆建起几十家工厂，囊括汽车、机械、冶金、化工、制药、建材、印刷等行业。湖北省柴油机厂、武汉内燃机厂、武汉无机盐化工厂、武汉有机合成化工厂、武汉染料厂、武汉制药厂、武汉双虎涂料厂等各色工厂星罗棋布，仅柴油机厂就有2家，汽车厂则多达4家。

1953年2月，毛主席亲自到武汉调研硚口手工业合作化的具体做法。1958年，毛主席视察武汉柴油机厂，当看到试制成功后的中国第一台手扶拖拉机时，连声称好，对工人的创造精神给予高度赞扬。1959年国庆节，在武汉市举行大规模庆祝中华人民共和国成立10周年大游行的队伍中，一排手扶拖拉机整齐地行进在工业序列最前面，那“突突”的马达声令人振奋，为江城感到骄傲。

武汉制药厂是太行山上下来的企业，骨子里仍流着红色血液。20世纪60年代，影响着几代人的《为了六十一个阶级兄弟》中那1000支救命药，就是由武汉制药厂生产的。当时，武药工人日夜不停生产20多个小时，有人徒手在酒精灯旁融化玻璃、封装药品，手烫伤留下疤痕。这里积淀着一个红色企业的光荣历史和深厚感情。

今天的汉正街都市工业园内，竖立着格里希的雕像。30年前，作为改革开放后中国引进的第一位洋厂长，格里希来到古田担任武汉柴油机厂厂长，他大胆改革，从严治厂，为中国企业改革，为增进中德人民友谊作出了重要贡献。他的故事也讲述着硚口产业工人敢为人先的精神。

园区内威尔纳·格里希的半身雕像

20世纪90年代，国家经济体制改革的步伐逐步加快，计划经济体制基本废除，市场经济体制初步形成，当年的远郊已成闹市。古田地区的一些企业不仅自身发展空间受限，工业生产带来的环境、安全问题也难以破解，这里陷入发展的困境。

2008年，武汉市委、市政府决定，三环以内化工企业全部搬迁，并在青山规划70多平方公里的化工新区。古田地区有武汉制药厂、武汉抗菌素厂、武汉化工厂、武汉染料厂、武汉有机合成化工厂、武汉制氨厂等99家化工企业，占地1296亩，占全市三环线内化工企业总数的82%。

政府通过土地收储，对企业进行补偿。企业借助土地变现获得发展资金，在更具生产条件的工业园区建新厂房、购新设备、引新技术，打开一片新天地。远大医药从2010年启动搬迁，新的生产基地陆续迁至阳新、沌口、东西湖等地，4年间，企业总产值由10个亿增长至22亿。力诺旗下的双虎、有机入驻武汉化工新区，不仅用地比原有扩大6倍，更换新一代设备，而且与武汉80万吨乙烯生产基地仅一墙之隔，其上下游产品无需包装运输，直接通过管道输送，年产值增长数倍。无机盐新厂一期投产后，年产量6万吨，比老厂扩大一倍多。二期投产后，年产达25万吨。

2015年4月，随着最后一条生产线关停，这个曾经生产过武汉第一块肥皂、第一桶油漆的老工业区，彻底告别化工时代。对腾退出来的土地，在这里将以严格的产业标准和生态标准招商，大力发展现代商贸、电子商务、文化创意等新兴产业。力诺双虎、远大医药、海尔等一批企业已确定在该区域设立研发、管理、创新的中心，老工业基地将实现从制造到创造的跨越，引领行业创新发展。汉江湾正吸引着大批全国乃至世界知名企业入驻。全球最大的家居用品零售商瑞典宜家、新加坡最大的商用地产投资商凯德集团、沃尔玛华中首家山姆会员店等一批具有指标性意义的企业，以及华润置地、招商地产等知名开发商齐聚汉江湾，正在快速形成新的产业群落。

随着老旧企业的搬迁，区域内全部城中村改造完成，昔日那个烟囱林立、机器轰鸣的古田地区一去不返，一个滨江的生态古田将辉煌重现，成为三环线内的投资热土。一座座的高楼拔地而起，一片片的城市绿地生机盎然。走在这片老工业区，可以真切感受到新经济的活力。根植于硚口的商贸文化和工业基因，一批现代商业巨头、电子商务园区、文化创意产业正在填补传统制造业外迁后留下的空白。

硚口区呈哑铃式发展态势，古田生态新区占硚口区西部约三分之二的土地，以此为抓手，推进硚口区新区建设、旧城改造、交通基础设施完善等城市建设进程，承接东部人口与功能的疏散，呼应东部汉正街商贸旅游中心，成为硚口西部综合型功能中心。

汉江湾的核心区被称为“古田之心”，在解放大道、古田二路交会地段形成古田生态滨水新区，作为武汉西部城市副中心，与杨春湖、鲁巷、四新共同构成武汉城市副中心的四极。未来，在汉江湾将崛起大武汉最具特色的生态宜居之城、商贸服务之城、产业集聚之城。

第二节　汉阳南岸嘴变成生态公园

汉阳南岸嘴分别与汉口龙王庙、武昌大堤口夹江而峙，长江与汉江交汇于此，形成雄浑与清澈的“泾渭分明”，吸引过无数人的眼球。

汉阳南岸嘴片区，本名汉阳集稼嘴，20 世纪五六十年代，这儿设有集稼嘴街办事处、集稼嘴派出所，结果以讹传讹称之为汉阳南岸嘴。

明成化年间汉江改道后，当汉口是“马渡沙头苜蓿香”，一片荒丘泽国时，天时地利给汉阳集稼嘴带来生机和繁荣。沿河建房造屋，商贾贸易应运而生。商船四集、货物纷华。终日橹声依依、号声不绝。居民人数与日俱增，鼎盛时期建有大街小巷 40 余条，人口近 8000 户，是当时三镇最繁华的崇信坊所在地，汉口巡检司衙门也设在这里。

最值得骄傲是，汉阳集稼嘴是武汉市乃至于湖北省机械工业的发祥地。从双街一直到南岸嘴（街名），周恒顺机器厂、胡尊记机械厂、周洪顺机器厂，一顺排开去，奠定着湖北机械工业的基础。长江动力机械厂、武昌造船厂、汉阳客车制配厂、武汉小型拖拉机厂、武汉冷冻机厂等，都与汉阳集稼嘴的企业有着关联。

周恒顺机器厂前身是手工炉坊。据周氏宗族第五世孙周德珍家谱序言记载："吾宗世江西郡邑饶州府乐平县瓦溪坝，因明末兵燹而谱牒废，人才衰，仲公迁涉湖北省城内崇福山下，贸易炉坊，遂居于此……迄今二百余年矣。"周氏第八代周庆春时，周天顺炉坑还在武昌大堤口开业，生产香炉、神钟、汤罐、鼎锅、铁件等。清同治五年（1866年），炉坊从武昌迁至汉阳双街中段（20世纪60年代为武汉市晴川阁中学教工宿舍），改名周恒顺炉坊。其间周恒顺炉坊曾与王天泰炉冶坊合作，为重修黄鹤楼铸制大铜顶，为归元寺铸制大香炉。1889年开始生产轧花机，逐渐走向机器制造。1898年，年仅20岁的周仲宣继承父业，配置有一个20匹马力的蒸气原动机和一批好的工作机，将炉坊改为机器厂。1905年，周恒顺为常盛川票号仿制出一套茶砖机，包括锅炉、打茶、压茶、退砖等，接着又为咸宁羊楼洞茶砖厂生产出20多部能压机、锅炉和蒸锅。1907年，周恒顺紧接新昶机器厂后，试制出的武汉第2条小火轮，船名"顺风"号，逐渐发展为武汉首屈一指的民族资本机器业企业。抗战爆发后，该厂迁址重庆李家驼，主要为民生公司轮船修理服务，抗战胜利后，迁回原址。到1949年，周恒顺汉阳厂有车床50余部，重庆厂有30余部。1950年，两厂资产总值为新人民币220万元。

胡尊记创办于光绪二十八年（1902年）。创办者胡尊五、胡幼青叔侄二人原是上海江南造船厂工人，技术较好。汉阳铁厂开工后，胡幼青进该厂工作，胡尊五仍留在上海。1900年，周仲宣聘请胡氏叔侄到周恒顺当技师。1902年，胡尊五叔侄在长江北岸的汉阳双街3号创办轮机修理厂，活路应接不暇，民国初年已发展为拥有职工百余和机械设备较为齐全的机械厂。民国五年（1916年），胡尊记机械厂自力建造一艘200吨级的煤气机为动力的火轮下水，航行于汉口至仙桃的汉江航线上，胡尊记修理厂更名为"胡尊记造船厂"。第一艘火轮投入航运后，该厂注册取得航行权，便自行营运，此后，每年建造一艘火轮投入汉江航运。至民国十年（1921年），胡尊记造船厂已有5艘火轮行驶于汉江之上。是年，为便于管理，正式组建"胡尊记轮船公司"，胡尊五自任经理，造船厂隶属于公司管辖之下。随着航运技术的进步，胡尊五及时停止建造煤气机船，专造内燃机船，并将航行在汉江的轮船逐个改造成内燃机船，通过逐渐发展壮大而被称为"湖北船王"。

周洪顺机器厂由周文轩、张芴臣和汪成文三个股东合资经营，与胡尊记同一年创办，地点在汉阳南岸嘴。该厂最初生产人力、牛力轧花机，后产品逐渐增加，1937年，添置一部18马力发动机，生产动力轧花机和起重机、抽水机、榨油机、碾米机、轧豆机、砻谷机、切面机、打包机、柴油发动机等产品，其中轧花机年产300余台，行销全国各地。该厂生产的轧花机曾获得武汉劝业会的一等金牌，在巴拿马赛会上获得二等奖，制造的印字机和钢制盐锅，在南洋赛马会上双获银牌，享有一定的声誉。抗日战争爆发后，该厂迁到陕西宝鸡县（今宝鸡市）李家崖。工厂占地1.05万平方米，房屋35间。工厂有车床9台，刨床4台，钻床3台，化铁炉1座，鼓风机、24匹马力煤气引擎、卡基线瓦特发电机各1台。工厂动力是木炭热力。抗战胜利后迁回汉阳双街原址。周洪顺在南岸嘴的厂房，进门后是一个大厅堂，两侧宽大的办公室或住舍房，再往里走，是一个大院子。大院子的两边是一间间的厂房。20世纪70年代成为武汉市大桥中学校办工厂。

抗战胜利后，原在汉阳铁厂、兵工厂的极少数技术工人返回汉阳集稼嘴创业。21岁的王传新便独自离家谋生，考入迁至湖南的兵工厂做技工。抗战胜利后，他从汉阳兵工厂离职，折回汉阳办福昌翻砂厂，生产船用螺旋桨，使用寿命大大超过洋人制造的同类产品，一举成名。该厂在双街八强联营时并入汉阳机器厂。组建汉阳汽车修配厂时，王传新作为技术人员划入该厂。

洋油街是一条东西走向的街道，与长江垂直，比别的街道宽。大约在1955年以前，这条街还是商铺贸易，茶楼酒家，鳞次栉比。从洋油街之名可以知道，这里的“洋油”(石油)生意曾名噪武汉三镇。民国初年，汉阳双街有一家专营洋油的“邓盛茂”号，其女儿邓燕琴在印尼做生意，与太古洋行的人比较熟。经她联系，老板邓盛茂就做起太古洋行产品在武汉的代理商，仓储、码头随之而生，逐渐形成帮派。

从民国时期的地图看，汉阳铁厂有一条铁路通往老街。那儿有汉阳铁厂的仓库和码头。紧靠着禹功矶保留至今的码头，是铁矿、煤码头，即一码头。老街的码头为三码头，从汉冶萍总工会成立大会的照片看，仓库内有巨大的桁吊，这儿应是汉阳铁厂的成品码头。1922年9至10月间，汉阳轮驳工会和大冶钢铁厂、下陆铁矿工人俱乐部先后成立。嗣后，大冶钢铁厂工人俱乐部向安源工人俱乐部提议组织汉冶萍总工会。李立三即特派朱少连、朱锦棠赴汉阳参与筹备事宜。同年11月中旬，李立三亲临武汉，参加汉冶萍总工会的筹备组织工作。由李立三等各工团代表共同努力，汉冶萍总工会的筹备工作进展顺利。1922年12月10日，汉冶萍总工会成立大会在汉阳三码头老街召开。那天下午，老街一带人山人海，热闹非凡。工人们张灯结彩、敲锣打鼓喜庆总工会成立。会场上挂满湘鄂各界赠送的匾额联语，琳琅满壁。数千名代表欢聚一堂，鸣炮奏乐，欢声震天。会场上，由李立三担任大会主席，致开幕词和答谢词。汉冶萍总工会为中国最先成立的产业组合团体，人数约有3万。它的成立，对京汉铁路总工会和湖北省工团联合会的成立产生了积极的影响。

1972年前，在汉阳集稼嘴有一处叫渣砖厂。1937年，国民政府军政部令汉阳兵工厂代厂长郑家俊和上海炼钢厂厂长张连科负责接收汉阳铁厂时，汉阳铁厂代厂长韩鸿藻只交出厂内所有物品连同清册，未包括厂外的房产及其他财产。10月17日，何应钦致韩鸿藻快邮代电，要求将厂外产业一并移交，其中就点到渣砖厂。渣砖厂是汉阳铁厂外，利用工业废渣制成建筑材料的工厂。前面提到的高公街邮电局，就是利用该厂生产出的渣砖搭建的房屋。早在清末所建的汉阳铁厂便能做到工业废渣的综合利用,起到防止污染,保护和改善环境,创造物资财富,提高经济效益的作用,可见其先进程度。

汉阳集稼嘴自1938年起,汉冶萍煤铁厂等民营企业的西迁,加上水患的侵扰,使这块顽强生息之地失去了往日的辉煌。

按照1931年3月版《新中华民国分省图》湖北章节中所说:“填塞汉口前面之一部,使江身收窄;修直汉水入江曲折处”,就是要凭借汉江的水流,自然冲刷汉江南岸,塌坡来解决加宽汉江出口。

汉阳集稼嘴一带大部分地区在堤外。每到汛期,集稼嘴一带便成为泽国。1998年的那场抗洪后,政府下决心要扩宽河口,调顺水线,改变汉阳集稼嘴一带淹水的历史。拆迁这一带的住户,削岸坡、固河基,筑堤防,将这里变成美丽的绿洲。

今天,站在这片风景宜人的地方,看春日绿树成荫,赏秋日枫叶如火。龟山电视塔、晴川饭店、晴川桥交相辉映,与这片土地构成一幅绝美的画卷。长江、汉水如二龙戏珠般托起这片如一粒明珠般的土地,无比壮观。这正是大自然给予武汉人的恩赐。

第三节　汉阳十里工业长廊新景观

清朝末年,湖广总督张之洞在龟山脚下建起一座新式钢铁企业——汉阳铁厂,其亚洲第一的规模与雄强的工业精神曾被西方视为中国觉醒的标志。该厂还陆续沿汉江向上游建设有汉阳兵工厂、汉阳针钉厂、汉阳官砖厂、汉阳火药厂等一系列近代制造工业,蜿蜒十里,蔚为壮观,后人形象地称之为“汉阳十里工业长廊”。

作为“汉阳十里工业长廊”,张之洞时期的码头、凝铁、界碑、碾盘,应该作为根脉加以珍惜和保留,它是一条缅怀工业史的公共景观线。

位于汉阳晴川阁的长江下游、距离禹功矶大约百米处形若城堡的码头,即汉阳铁厂一码头。该码头由红砂石整齐砌筑的颇具规模的驳岸、阶梯,历经百年风吹浪打虽显得有些斑驳,但从那同样规整的石块及勾缝仍可彰显当年工匠一丝不苟的敬业精神。黑色铆固构件点缀其间,透出当年码头繁忙的景象。

在国棉一厂顺龟山北侧,一长条整齐的水泥砌成汉阳铁厂冷却池旧址基础上修筑的林荫道——龟北路,两旁的樟树透着一片片新绿,是夏季市区内最舒适、最凉爽、最闲适的道路之一。这条路上靠国棉一厂后门处的凝铁,直径约3.5米,高约2米,重约40吨。1912年第5期《山西实业报·外省纪闻》中记载:

汉阳铁厂规模宏大,为中国工厂绝大事业。前此南北军以阳夏为战

> 场，该厂机件多被损坏，曾由矿务局总办卢政条陈，将已坏铜圆机鼓铸铜币，以济急用。现在大局已定。派员赴沪购置各项机件配修开工，各厂均已妥适。惟八卦大炉系战事紧急时停工。彼时，并未安备整理，致炉机与铁水溶成一完全纯物。多方修理，仍未化活。刻正用炸药穿孔循次炸去，另行修复，月内当可成工云。

这块凝铁可以说既是汉阳铁厂的实物见证，是革命与反革命较量之时，汉阳被迫停产的历史见证。晚清重臣张之洞在湖广总督任上治鄂 17 年，兴办洋务为推动武汉的近代化作出贡献，汉阳梅子山至今有他创办的“枪炮局”界碑和当年的军用仓库。

汉网网友在考察凝铁

武汉船舶职业技术学院老校区原为湖北火药厂旧址。在学校家属院内，有一处直径约 11 米的圆形地坪，像一个小型门球场。据说是当年湖北火药厂的碾盘。如今一部分被楼房所侵。

1938 年 10 月 25 日，国民政府从武汉撤退时，十里工业长廊唯一没有炸毁的张之洞时代的厂房，应是湖北针钉厂，因为该厂房已用于省高级工业职业学校（武汉科技大学前身）教学使用。

光绪三十四年（1908 年）八月十五日，湖广总督陈夔龙奏称：“近二十年来，中国缝纫、竹木各工，购用外洋针钉，为数甚巨，以致土货行销极少。”他提出，若能仿造外洋针钉，“实开民间大利源，万不容畏难苟安，坐任放弃”。

此前，张之洞已查明汉阳兵工厂内原造币厂的房屋空闲，便让其改为针钉厂，并委派候补道黄厚成与官钱局候补道高松如妥商禀办。至 1908 年 7 月，黄厚成等已与德商瑞生洋行订立购买机器的合同，并聘请了 3 名英国工程师。

1909 年 5 月，湖北针钉厂建成开工。厂内安装造钉机、拉钢丝机、螺钉机、造制螺钉的纸簏机、灯电机机件设备等。继任湖广总督陈夔龙奏准该厂生产免税 3 年，产品照机器仿制洋货之例，在第一关按值百抽五，完正税一道，此后无论运赴何处，概免重征。该厂总办黄厚成还申请本厂产品除在鄂境批发外，并在长沙、芜湖、镇江等埠分销。该厂虽可成吨生产针钉，却毫无收益，经费亏空严重。1910 年初，该厂任命另一总办，生产仍不景气，被迫停工，大批工人失业。

1927 年，前身为 1914 年开办的武昌甲种工业学校，迁址汉阳针钉厂，改名湖北省立第三中学高中工科，1933 年改名为湖北省高级工业职业学校，简称“阳高”。学校设有染织、机械、化工、土木 4 科，学制 3 年，招收初中毕业生或 9 年制学校毕业生。1949 年 3 月有 12 个班，学生 347 人，校长徐善同。1927 年至 1949 年初，该校共毕业学生约 1000 人，多数成为湖北、武汉工业部门的技术骨干。1949 年 9 月，该校迁至武昌西卷棚，与省高商、省女子职业学校合并，改为湖北省高级职业学校。“阳高”在武汉解放后为荣军疗养所，设有假肢工厂。

1949 年前，在这十里工业长廊范围内还有两家民营企业值得一说。

一家是 1909 年由杜华亭创办的福和油厂，1929 年卖给谢伯勤，易名为立丰炼油股份公司，1946 年由国民政府经济部接收，易名为中国植物油料厂汉阳油厂。该厂新中国成立以后，与湖北省炼油厂合并为国营汉阳油厂，1953 年改为武汉油厂，1960 年改为武汉油脂化学厂。该厂产品“一枝花”牌合成洗涤剂曾被评为轻工部优质产品，获国家金龙奖。

另一家是 1930 年施姓资本家创办的五丰面粉厂，1938年武汉沦陷后，为日军部队占用，战后国民政府中央粮食部接管，武汉解放后由政府接管，1957 年改为武汉市第五米厂，1959 年改名为五丰面粉厂。该厂汉水岸边还备有专用码头。

国营五丰面粉厂厂徽

除上述两厂外，1949 年 5 月 16 日武汉解放后，十里工业长廊发生着翻天覆地的变化。

1950 年至 1952 年，国家投资 1830 万元，在原汉阳铁厂的废墟上兴建起当时全国五大棉纺厂之一的国棉一厂，占纺织行业总投资的52.4%。在汉阳兵工厂这块废墟上，先后建有武汉第二印染厂、武汉一色织布厂、汉阳机器厂(汉阳汽车配件厂)和武汉鹦鹉磁带厂。

火药厂这块地盘处于现武汉船舶职业技术学院内。该校成立于1950年10月，校名先后为中南兵工职工学校、中南兵工学校、第二一二工人技术学校、武汉机械制造工业学校、湖北机械制造专科学校、湖北工学院、武汉机械工业学校、武汉船舶工业学校，还曾为国营长江船用机械厂，1998年10月根据教育部文件设立为高等职业院校。

武汉船舶职业技术学院十分注重校园文化的打造和提升，建有以张之洞“抱冰广场”为主要内容的近代工业文化园，以中国保尔吴运铎献身国防事业为主要内容的近代军工文化园，以及以近现代海洋、海防、船舶工业为主要内容的搏海文化园。

在民国时期地图上，火药厂南面是一片泽国——汤湖，这片水域早在1926年便属地方政府管辖，不属火药厂地界。几经变化，这儿陆地面积渐长，汤湖水域萎缩后被称“西月湖”。20世纪50年代，在原汤湖形成的陆地上诞生出汉阳轧钢厂和汉阳钢厂这两家钢铁工业企业。

武钢汉阳钢厂有一处被列为武汉市文物保护单位的“汉钢转炉车间旧址”，代表着20世纪60年代国内最先进的炼钢工艺厂房。如果能利用此厂房，作为“张之洞与汉阳铁厂”博物馆的升级版——张之洞与现代工业博物馆的展区，那将再理想不过。

汉阳十里工业长廊是张之洞督鄂后开办洋务的首功之地。机声隆隆、铁水奔流，近代工厂的烟囱耸立云霄，吸引着世界的眼球。百年后，此处已成为新城市公共景观线。

曾在兵工厂废墟上建起的武汉鹦鹉磁带厂迁址后，华丽转身为汉阳造文化创意产业园，获批国家广告产业园区和国家文化产业示范基地。

环月湖的武汉琴台文化艺术中心，北岸有琴台大剧院和琴台音乐厅，南岸有文化广场，东侧是绿意葱茏的知音岛，东南侧为音乐森林，西南边为莲花湿地，栈桥曲折相连，沿湖边延伸。

从汉阳十里工业长廊100多年来的发展变化，可清晰地看到中华民族崛起的艰难与曲折，隐隐听到中华民族行进在强国复兴道路上的脚步声。

第四节 汉口京汉铁路华丽转身

武汉开地铁先河的是在京汉铁路线汉口段路基上修建的地铁1号线一期工程。

京汉铁路是我国最早建成的铁路之一。1906年5月，汉口至北京正阳门全长1214.45公里铁路全线建成通车。京汉铁路从东向西直贯汉口市区9.2公里，建有江岸车站、大智门车站、循礼门车站和玉带门车站。

为了保护铁路，防止后湖水患对市区的侵袭，1904年，从舵落口到丹水池修建起一道大堤。这条大堤把后湖大片的水域挡到堤外，堤内的水域失去水源逐步演变成为陆地，从而使汉口土地面积扩大近20倍，为汉口的城市发展拓宽了空间。

铁路建成通车后，在汉口很快兴起房地产热。尤其是后城马路（中山大道）的建成发展，推动着汉口城市格局的改变。"模范区"的建设，是另一种形式的思想意识的宣示和原动力。汉口的租界是外国人的天地，中国有买办巨富，可以在租界居住，但毕竟要受到种种限制。因此华商总会的富商、买办决心在华界创建模范区，以"与租界媲美"。之所以称模范区，是取孙中山在民国初期将汉口建为"模范之市"之义。

1912—1920年，汉口向紧邻租界区的西北方向拓展，越过后城马路。人们在六渡桥、江汉路、大智路一带原来的荒地废墟水塘之上填土建房。西起江汉路、北抵铁路、东到大智路、南抵后城马路这一紧接租界的地段为"模范区"，共2000多栋房屋。商贾们纷纷购置路旁土地建房开店。街道一般为10～20米宽，铺以碎石。模范区的房屋有一定的标准，茅屋、板房一律不得修，均须建成甲级砖木结构或质量较好的房子。区内房屋比较整齐，里份住宅成排兴建，入门设有小庭院，内有堂屋和居室。窗户较大，楼上有平台、阳台。临街铺面开阔，为大铺面、开放型。除成排的里份外，还有一些大楼和别墅。在当时，这的确是比较新式的建筑。房层建成后，一律报当局备案。区内设有警察局，专司治安，这与汉口传统的汉正街及棚户区相比，确实有一番新的面貌。

铁路的修建促进了循礼门车站南江汉路的繁华。早在清朝末年，江汉路还仅仅是条名为"广利路"的狭窄土路。汉口开埠后，这条紧邻英租界的小巷被铺上碎石，取"对外忍让，唯求太平"之意，更名为"太平路"。1907年，随着汉口城区扩大，太平路由鄱阳街口延到花楼街，刘歆生所主持修筑的歆生路自循礼门亦到花楼街口，名为"歆生路"。1927年，英租界收回后，太平路与歆生路合二为一，命名为江汉路，大批实力雄厚的民族资本家纷纷进驻这条昔日的界线路，开办商号、兴建银行。没几年工夫，江汉路上已是高楼林立，栋宇毗连。

新中国成立后，汉口市区向铁路西北方面扩展，建成60米宽的解放大道。20世纪50年代初，随着国民经济的全面恢复和“一五”计划的完成，古老的武汉三镇出现空前繁荣，原有的商店不能适应形势的发展，武汉商场在新的历史条件下应运而生，成为新中国兴建的继北京市百货大楼之后的第二个大型综合商店。武汉商场的前身是武汉市百货公司试验商店。当时这个小商店是一座简陋的平房，营业面积仅有250平方米，职工100多人，最高年销售额只有100多万元。1957年5月，武汉市第一商业局决定在原试验商店的基地上建一座综合性百货商场。当年下半年，大楼开始破土动工，1959年9月10日竣工，定名友好商场。1966年更名为武汉商场。商场主楼6层，两翼4层，总建筑面积12000平方米，营业面积8000平方米。商场大楼建成后，与当时同期竣工的武汉剧院、武汉工艺大楼一起，成为武汉人民献给国庆10周年的一份厚礼。商场大楼与毗邻的湖北广播电视大楼、武汉展览馆、中山公园、武汉饭店等高大建筑互相映衬，使解放大道中段成为武汉市容市貌的一处亮点。

随着京广线郑武段电气化改造，京汉铁路汉口市区段完成历史使命，汉口火车站迁至新址，外迁后遗留下的老铁路线怎么办？武汉市委、市政府决定，在现有铁路路基上修建京汉大道和轻轨交通，以减轻解放大道和中山大道两条主干道的交通压力。

1988年，汉口旧铁路改建轻轨的方案正式写入第8届武汉市政府的工作目标。1992年7月通过该项目可行性研究鉴定后，即由市计委、市城建委联合下文立项，成立武汉市轨道交通建设办公室。由此，该项目进入到工程实施阶段。其一期工程基本上是利用汉口8.9公里长的旧铁路改造，从太平洋站始，经过硚口站、利济北路、友谊路、江汉路、大智路、三阳路，至黄浦路站止。在硚口站设硚口停车场，在大智路设轻轨指挥中心。

体验武汉地铁1号线

这段旧铁路改建为京汉大道，轻轨则在其中央采用全高架的建设方案。车辆则采用国家标准 B 型带空调车，车长 19 米，宽 2.8 米，高 3.8 米。车体采用铝合金或不锈钢材料，按 4 辆编组。2000 年 12 月 23 日动工兴建，2004 年 7 月 28 日，武汉开启“地铁元年”，地铁 1 号线一期开通运营。

地铁的开通，使交通越来越便利。紧邻地铁 1 号线的武汉商场，北有中山公园地铁站，南有利济北路地铁站；江汉路西北有循礼门地铁站，东南有江汉路地铁站，使这两处很快发展为武汉最大的武广商圈和江汉路商圈。

武广商圈是武汉最早成形的最大、最繁华的商业区，这一商圈聚集着汉口地区中高档写字楼和商业广场，其中以泰合广场、世界贸易大厦和武汉广场为代表。区域内汇聚有万松园国际精品商业街及新世界中心店、世贸、武广、汉商武展购物中心、SOGO 等众多高品质商业广场，产生着极强的聚合效应。

江汉路商圈将现代商业节奏与古朴沉静的建筑气派融为一体。与北京王府井、上海南京路、天津和平路、哈尔滨的中央大街一起，被称为中国大都市的“五朵金花”。商圈内，有摩尔万达商业广场，有中心百货、大洋百货、王府井百货、新世界时尚广场等百货店以及大润发超市，商家的密集度在武汉名列前茅。

人如潮涌的江汉路之夜

全高架的地铁 1 号线凌空如一道长虹，使这座两江三镇的城市更加美丽。地铁 1 号经 3 期工程，西向横穿东西湖区抵达东吴大道，北至黄陂区汉口北，已成为武汉地铁网络的重要组成部分，发挥着越来越重要的作用。循礼门旧站房拆除后按照原模样重做，已成为地铁循礼门站 C 出口。

第十三章　建立都市工业园区

第一节　汉正街都市工业园

武汉汉正街都市工业园规划用地范围，东至汉口古田四路，南至汉江沿岸，西、北止于中环线与吴家山海峡两岸台商投资区，总用地面积约20平方公里。其中属于硚口区的东至古田二路，南至汉江沿岸、西面及北面止于汉丹铁路区域，其总用地面积约为504公顷，是工业资源密集区域。新中国成立后，自“一五”计划起，在历次城市计划和城市总体规划中，该区域均被作为城市重要的工业区来进行控制。先后产生近百家工业企业，其中不乏现代工业发展中的领军企业，如湖北省柴油机厂、武汉啤酒厂等，在改革开放初期创造出辉煌成就。

工业园区标牌

武汉市硚口区既是一个老工业基地，也是一个商贸大区，辖区内的汉正街曾是全国个体私营经济发展的排头兵、华中地区最大的日用小商品集散中心，各类市场达114个，市场面积200万平方米，年税收超过2亿元，成为“对内搞活”的典范。在向社会主义市场经济体制转轨的过程中，该区的老国有企业多数处于停产、半停产状态，3万多名工人下岗，47万平方米厂房和大量设备闲置。

汉正街商品市场也由于没有超越传统的单一流通模式，交易方式比较落后，特别是缺乏产业支撑，长期处于二级市场，综合竞争力逐渐被削弱。

2003 年，武汉市委、市政府为充分发挥汉正街的市场品牌优势和老工业基地存量资源优势，启动汉正街都市工业园的建设，积极振兴老工业基地。

汉正街都市工业园所在的古田地区具有“大单位，小社会”的特征，即大中型厂区内拥有综合办公、生产、经营甚至居住的功能，工业用地与居住用地混杂，多为计划经济时代建设的，与工业配套的职工宿舍，尤其是沿河地区夹杂着大量城市外来人口居住临时用房，各类服务设施、绿地等比较缺乏，生活环境较差。

传统老工业基地改造方式主要有两种，即“退二进三”和征地新建工业区。“退二进三”的“二”、“三”分别是指第二产业和第三产业。“退二进三”是指打开院墙办市场，引导企业利用闲置厂房自办产业，或利用原有土地的区位优势换取企业发展资金等。征地新建工业区需要利用城市新征用地，基础设施投入大，建设周期长，成本高，且土地一级市场利润低。这两种方式都不适合于汉正街市场品牌优势和传统工业基地的存量资源优势。创建汉正街都市工业园没有按照传统老工业基地的改造方式，而是采用“退二进二”“工贸互动”的方式，对老工业区以盘活存量资源为主，整合区域优势，建立产业之间、产业与市场之间的联系。按照工业、市场的发展方向，立足于汉正街的品牌效应，以建设小商品加工园为契机，引导老工业基地的发展和产业转型。在新征未建工业用地内引进高科技企业，发展新型工业园区，同时为未来发展预留空间。

按照“成片储备、组团开发、激活存量、刺激增量、政府引导、市场运作”的方式和“高起点、高标准、高效益、高就业、低成本”的原则，武汉市政府及相关部门先后出台多项政策，促进都市园区可持续发展。

在产业导向上，对入驻的企业设置较高的产业、税收、就业、环保等门槛，禁止有污染的企业进入，优先安排劳动密集型企业入驻，保证园区内企业符合新型都市工业的发展定位。围绕有一定基础的机械电子、医药化工、印刷包装、服装加工、新材料等五大产业，延伸产业链，形成企业集群。

在土地政策上，都市工业园内的土地，可以纳入市政府当年的土地收购计划，享受土地储备优惠政策，由市土地储备中心按政策收购，其土地、厂房和基础设施可由所在区低租金使用 10 年。

在财政政策方面，制定出“低租金、零费率、一站式、全方位”的优惠政策，设立都市工业园区发展专项资金，用于支持园区建设和发展。

在税收方面，从 2004 年起，入驻都市工业园区的企业每年上缴税收新增部分，市级所得全额返还给各区，专项用于园区的建设和发展；区级新增所得也要重点用于园区建设和发展。经市经委、市财政局按年审核认定，达到相应税收水平，安排下岗失业人员就业等指标要求的都市工业园区,享受财政返还政策。对入驻都市工业园区的科技型企业和高新技术企业,科技部门优先给予贷款、贴息等资金扶持和专项科技经费支持。

在融资方面,市、区政策性担保机构把入驻都市工业园区的企业作为融资担保工作的重点,每年向入园企业提供的贷款担保资金额占担保机构年度总担保额的50%以上。对获得园区专项支持的企业,各金融机构和担保机构积极给予融资扶持。

在基础设施建设方面,将都市工业园区的基础设施建设优先纳入当年城市建设计划,市建委、市财政局等部门重点安排园区周边的道路、水、电、气等基础设施配套建设。

汉正街都市工业园对古田地区现有厂房按照保留、改造、新建三种方式进行,统筹考虑行政办公、居住、道路、绿化及水电增容等配套的需要。逐步实施"古田记忆"电子商务产业示范中心、汇丰企业天地电子商务总部集聚中心、"江城壹号"等公共服务中心、国家新材料孵化器等创业孵化中心、汉正街市场电子商务应用中心、蓝焰智能物流中心等"六大中心"。

汇丰企业天地电子商务总部集聚中心位于古田二路与长丰桥交会处,是武汉三环内、城市中心仅有的总部经济综合体。该中心以30万平方米的超大体量、配以第五级园区规划与七大功能布局设计,打造出集办公、购物、休闲、娱乐、居住于一体的全新总部模式,全方面满足未来入驻企业的一站式国际化现代办公需要,为成长型企业创造世界级总部平台。

国家新材料孵化器等创业孵化中心,即通过不断优化招商引资、招才引智等优惠政策和措施办法,切实提升园区的发展能力和创造活力。高标准打造总部经济综合体"汇丰企业天地",建设服务要素齐全的电子商务大楼。通过"筑巢引凤"催生产业集群效应。高起点构筑创新创业人才高地,出台"硚口英才计划",评选"硚口拔尖人才",大力引进海内外高层次人才,奖励突出贡献人才;建立人才工作机制,开通人才服务"绿色通道",配备人才服务专员。高站位强化企业孵化扶持机制,构建"创业苗圃+孵化器+加速器"的孵化体系,建立创新创业实践基地和科技创业园。成功举办数届大学生电子商务创新创业项目大赛,并将其打造成为电商人才项目库和人才信息、项目交易和众筹融资平台,吸引1700多个团队、近万人次参赛,培育电商创业公司300余家。

汉正街市场电子商务应用中心即建设"网上汉正街"。区政府积极发挥汉正街小商品市场的品牌优势和商品优势,与阿里巴巴集团合作建设"阿里巴巴——汉正街产业带",积极推动传统企业电商应用。大力支持中百集团、工贸家电等重点商贸企业,立足自身优势,全力进军电商领域。此外,航天电工、大汉口热干面、华友源等百余家传统工业企业和大武汉家装、黄鹤楼茶叶、武胜文化城等数家传统市场也先后开展电子商务应用。同时注重特色项目建设。基于湖北作为农业大省的优势，大力支持省供销裕农网，发挥网络平台优势开展农村电子商务综合服务站建设，推进“农产品进城、工业品下乡”。

蓝焰智能物流中心位于汉口古田二路和三环线交汇处，物流便捷。项目由仓储中心、配送中心、零担快运中心组成。其仓储中心开业时，已吸引雅戈尔、劲霸、九牧王等知名企业入驻。与其他电商产业园不同的是，该中心通过为平台电商、传统行业转型，为电商企业提供专业、便捷、智能、高效的仓配运营一体化服务，借助先进的全自动化仓配运营设备，整合电子商务产业链资源，实现资源共享、信息互换、产业链上下游运营环节的无缝对接。

园区紧紧围绕示范基地产业规划和发展“总部型、应用型、服务型”电商的功能定位，通过引进、培育、应用多轮驱动，全方位多渠道地推进产业主体集聚，努力探索区域集中、企业集聚、行业集群、产业集成的全产业链发展路径。已有国内挖掘机械销售行业龙头——千里马，全国人力资源龙头互联网企业——智联招聘，全国知名医药电商总部——海王星辰，全国百货连锁知名企业——联合一百，省供销社电商平台——裕农网，华中地区生活服务类电商平台——永乐生活网，互联网金融企业——捌加壹商汇等一批具有较大规模和良好发展前景的企业驻入，为工业园的快速发展奠定了坚实基础。

第二节　白沙洲都市工业园

白沙洲位于今武昌区西南部，东起夹套河，西至长江边，北起武金堤玻璃塘，南至白沙洲大桥的长方形的地区。

明代的白沙洲四面江水环绕，东面与金沙洲隔江相望，明代与金沙洲并见于史籍。白沙洲主要由金沙洲、白沙洲和涂家沟等区片组成。金沙、白沙两洲古代是长江流经之地，每年春夏汛期，江水由此流向青菱、梁子、汤逊诸湖，经樊口重新注入长江。枯水季节，成为小块水中洲地。明弘治五年（1492 年），在今解放桥上游处架浮桥，后改为木桥，为通往金沙洲的要道。金沙洲与白沙洲之间，古有夹套河，又称陈公套，俗称沙套子。明弘治十五年（1502 年），其河入口为泥沙淤塞，知府陈晦下令疏浚。据有关史料记载：“乾隆三十四年（1769 年），江夏白沙洲为水所没。”光绪九年（1883 年）绘制的《湖北省城内外街道总图》，亦标明有白沙洲。说明白沙洲自形成后，时隐时现，直至清末。武金堤修筑以后，白沙洲大部分被围于堤内，始逐渐稳定。光绪三十年（1904 年），清政府在白沙洲今玻璃塘一带设官办造纸厂。同年，清朝候补知府林松唐在此筹建平板玻璃厂，不久倒闭。紧接着，商人蒋可赞以 69.9 万元,在此开办耀华玻璃厂,这是武昌较早的民族资本主义工业,也是我国最早的制造平板玻璃的工业企业。玻璃塘地名由此而来。

民间有俗语:“金沙洲,白沙洲,鲇鱼套里金银窝。”白沙洲一直是竹木“贸易甚盛”的地方。从文昌门至白沙洲大桥近 10 公里,江岸线较长,且水深适宜,又有大片的滩地,便于停泊竹木簰,特别是紧靠武昌城,近邻金沙洲漕船口岸和武昌造船工坊,需要大量木材造船、修船。于是,竹木商人就开始到鄂西、四川、湖南及贵州东部等地采购竹木。来自上述地区的竹木,不断地从长江、洞庭湖用排运来,停靠武昌白沙洲地带,逐渐形成白沙洲竹木业港埠和市场。

20 世纪 80 年代,白沙洲一带仍有湖北省木材公司白沙洲贮木场、武汉市木材公司武昌材场、武汉市建筑工程木材加工厂等多家木材工厂。除此之外,还有湖北船厂、余家湾车站鲇鱼套货场、武汉电力设备修造厂、武汉市水上运输公司船舶修造厂、武汉汽车钢圈厂、武昌焦化厂等企业。

湖北省木材公司白沙洲贮木场建于 1955 年,原名湖北省林业厅贮木场,1964 年改名。该厂占地面积 24 万平方米,建筑面积 9550 平方米,靠长江有 6 万平方米江边货场。场区专用铁路线长 4.951 公里,连通余家湾车站。设修配、动力、制材、纤维板、木制品车间及贮木工区。

湖北船厂始建于 1938 年 5 月,武汉会战期间西迁,称为湖北省建设厅巴东机械厂,抗日战争胜利后迁往宜昌,改称湖北省机械厂宜昌分厂。该厂 1949 年 7 月 15 日宜昌解放后,由省航政局接管,改名为湖北省航政局宜昌机械厂,次年 10 月由宜昌迁至武昌进行改造扩建,1952 年定名为湖北省内河航运管理局修船厂,1958 年改属省交通厅,更名为湖北省交通厅船舶修造厂,1984 年 9 月下放武汉市,改属市交通运输管理局,更名为湖北船厂。

武汉电力设备修造厂始建于 1958 年 10 月,为水利电力部列车电业局武汉装配厂,1959 年建成投产。1959 年至 1963 年,其主要任务是安装、生产整套列车电站设备。1963 年底,改名为水利电力部列车电业局武汉列车电站基地。至 1983 年 9 月,该基地主要任务是管理在中南、华东地区和山东省的列车电站,并为这些电站进行检修和制造备品备件等。1983 年 10 月,此基地下放给华中电管局管理,改称华中电业管理局武汉电力设备修造厂。1987 年,该厂生产的转子式翻车机相继被湖北省和水利电力部评为优质产品。

武汉汽车钢圈厂是生产散装水泥运输汽车的专业厂,1972 年至 80 年代初,已生产产品 3 个系列 12 个品种。该厂生产的散装车主要是装运散装水泥,以及同散装水泥容比重相近的其他粉尘状和小颗粒状散装物料。其特点是卸料采用压缩空气为动力将物料沿一密闭的管道送入贮存仓中,具有省力、省工、省时的优点,能节省大量经费,节约大量包装用材料,减少物料损失,防止环境污染。

武昌焦化厂于1971年由武汉市革命委员会委托武昌区工业交通局筹建，1971年10月7日破土动工，1973年2月26日试生产，5月1日投入生产，定名为武昌炼焦厂。该厂1972年6月移交武汉市冶金工业局领导，改名为武汉市焦化厂，1973年8月定名为武昌焦化厂，1985年11月划归武钢领导，1986年1月1日更名为武钢武昌焦化厂。该厂于1983年12月26日破土动工兴建武昌地区民用煤气工程，1985年1月7日试送气，31日因施工单位现场施工引起脱硫箱爆炸而中断送气，1986年8月29日修复后，1987年1月9日恢复送气。

白沙洲工业园，东扩至武咸公路（107国道），西达武金堤公路，南临白沙二路，北抵江民路，规划用地502公顷，其中工业用地338公顷，临时工业用地59公顷。同时，“武船”“南华高速”两大优势企业现状工业用地纳入园区以扩大其范围。

武船即武昌船舶重工集团有限公司，在党中央建设海洋强国的战略部署下，与国内有关单位、企业密切合作，设计建造出一系列海洋新旗舰，大幅提升了我国海洋装备的实力，为国家海洋装备的强势崛起作出卓越贡献。在中国制造业500强、中国装备制造业100强、中国船舶行业20强的排名不断提升，成为我国重要的船舶、海洋工程和重型装备制造基地，先后荣获全国五一劳动奖状、全国“守合同、重信用”企业、湖北省长江质量奖等荣誉。

远眺武船重工

南华高速即武汉南华高速船舶工程股份有限公司，创立于1993年3月。创业之初，凭借当时武汉水运工程学院（现武汉理工大学）消波型钢质高速客船的科研成果及5万元启动资金，逐渐发展为由武汉理工大学控股，注册资金达到1亿元，总资产5亿元，产值近10亿元的高端装备制造企业。旗下有高船艇建造公司、高性能船舶设计公司、船用设备配套公司和2万吨级以下特种船生产基地等四大实体。2001年4月，南华高速整体迁入位于白沙洲地区的湖北船厂。

白沙洲工业园通信设施完善，交通便捷，实行经济特区的管理体系，企业享受武汉市特有的优惠政策。开发区内现已建成沙鸥工业园、白沙洲木材工业园、专汽工业园、白沙洲竹木工业园。白沙洲厂房林立、楼舍毗邻,堤外的防浪林带葱郁茂密,堤内绿树成荫,到处呈现出欣欣向荣景象。

武昌区政府投资3000万元，在武昌白沙洲都市工业园内兴建占地4.53公顷，总建筑面积3万平方米,配套设施完善,集企业研发、生产、办公于一体的“武昌现代制造业孵化基地”。已有湖北开特汽车电子电气系统公司、武汉双林汽车部件有限公司、艾维通信设备有限公司、武汉博诚机械工程公司等企业进驻。武昌现代制造孵化基地的建成,为武昌区培育科技企业成长营造出新的发展空间和环境,为地区优势产业的形成和聚集创造出良好的条件,为武昌区现代化制造企业创新发展搭建崭新的平台。

白沙洲都市工业园机电产业园

武汉地区信息安全产业拥有瑞达、达梦、天喻等知名企业,但多是单打独斗,产业聚集度不高。这种局面正在改变,武汉中部信息安全产业基地设立在武昌白沙洲都市工业园。中部武汉基地中长期规划用地700亩,分为生产区、孵化区、研发区、检测实验区等,产品有安全芯片、智能电子钥匙、双网隔离机、路由保密机、可信网关等,在国内的市场占有率达10%。

园区以努力提高资源利用效率和减少废弃物排放为目标,发展低碳经济,推进江南燃气、长利玻璃、水泥制管厂物料闭路循环体系、东湖包装材料厂、天虹彩印等企业内资源循环利用项目建设。白沙洲园区被工信部下属中国中小企业协会评为“中国中小企业诚信服务先进园区”。园区内的湖北开特汽车电器系统有限公司和武汉市东湖包装材料有限责任公司分别获得“中国中小企业创新100强”和“中国中小企业优秀创新成果企业”荣誉称号。

第三节　青山循环经济产业园

听说过戴家湖变戴家山，再变成戴家湖公园的故事吗？这可以说是工业遗产保护和利用的一个典范。

青山热电厂内有个戴家湖，因发电产生的大量粉煤灰无处可去，在当时的历史条件下，戴家湖成为倾倒粉煤灰的“理想”容器，长期堆积的粉煤灰已变成高出地面10余米的“戴家山”，遇到刮风天气，周边居民苦不堪言，而且大量粉煤灰长期堆积，还污染着地下水。2002年，随着循环经济兴起，一批新型建材厂开始尝试用粉煤灰做砖，来拖灰的“后八轮”川流不息。几年工夫，有灰的地方，坑挖到几十米深，雨水积攒，戴家湖似乎回来了。

戴家湖的命运在2013年迎来转机。这一年的12月15日，在武汉市、区政府共同努力下，停留纸上多年的公园破土动工。经过一年半建设，这块位于武广高铁和三环线下的城市废弃地，变身为760亩（约合50万平方米）生态游园——戴家湖公园，形成青山区又一大“绿肺”，武汉东大门的绿色屏障。

“湖”变“山”，再华丽转身变成“公园”的故事，就发生在青山循环经济产业园。

武汉市青山区因临江老镇青山镇而得名，该镇是江夏知名六镇之一。是“一五”计划时期国家投资建设的工业基地，素有“十里钢城”之美誉。

20世纪80年代，青山区驻有武汉钢铁公司、冶金工业部第一冶金建设公司、武汉冶金设备制造公司、第六机械工业部武汉锻造厂、武汉船用机械厂、武汉石油化工厂、交通部长轮公司青山造船厂、冶金部环保研究院、第二航务工程局船舶机械修造厂、武汉钢铁设计研究院、武汉勘察研究院等10多个大型企业和科研机构。辖区省、市所属企业有青山热电厂、湖北省化工机械厂、武汉阀门厂、青山麻纺厂、武汉水泥厂等30个企业。

武汉钢铁公司是“一五”期间国家最早投资兴建的一项冶金重点工程，也是20世纪50年代苏联援建中国156项大型建设项目之一。1960年10月，武钢基本完成年产钢150吨规模的第一期工程。引进具有70年代世界先进水平的一米七轧机系统，于1974年9月扩建。1978年9月25日冷轧厂建成；同年11月22日硅钢片厂建成；12月12日热轧厂建成。1985年，一米七轧机达到核定设计能力，武钢基本形成年产钢、铁双400万吨的综合能力。

中国第一冶金建设公司，简称“一冶”，成立于1954年，是综合性国有工程施工总承包一级企业。伴随着共和国前进的步伐，该公司承担武汉钢铁公司各个时期的建设任务。70年代，一冶承建具有国际先进技术水平的武钢一米七轧机工程；成功架设我国电压等级最高的第一条50万伏超高压线路——平武线。80年代,一冶建设有深圳第一条大道、第一幢高楼、第一座污水处理厂、第一座立交桥……创造出当时闻名中外的"深圳速度"。

武汉冶金设备制造公司始建于1954年。1954—1961年,先后为武钢炼钢厂一、二、三号高炉,三、四、五号平炉等工程制作有厂房和设备结构件8万余吨。先后为武钢轧板厂和七号高炉、抚顺钢铁厂制作钢结构件。为"零七"工程、宝山钢铁厂、马鞍山钢铁厂、上海重型机器厂制作非标设备和钢结构件。1989年该公司采用国际先进水平标准组织生产宝钢二号高炉、武钢四号热轧步进式加热炉,首钢冷轧罩式退火炉。

武汉锻造厂原名武汉铸锻中心,1964年更名为武汉锻造厂,系中国船舶工业总公司下属企业,为我国造船工业配套提供大、中型铸锻件的综合性工厂。拥有从冶炼、铸锭、锻造、机加工及热处理等多种工艺设备及先进测试手段。该厂可生产船用锻钢实心、空心轴类零部件;中速柴油机整体式曲轴;铜合金与不锈钢螺旋桨等。其中TR镦锻5L20/27曲轴已达到国际上加工整体锻钢曲轴的先进水平。

武汉船用机械厂系中国船舶工业总公司下属企业,该厂是由苏联援建的156个项目四三一厂的船用机械和电焊条两个车间发展而来的。曾先后为本百川岛播磨重工业株式会社、川崎重工业株式会社、舵波股份有限公司、瑞典卡美舟公司试制生产液压甲板机械、电动液压舵机、船舶尾轴密封装置、可调螺距螺旋桨等,与法国勃力松那·劳茨船用有限公司长期合作生产电动甲板机械。

武汉石油化工厂是国家和湖北省"四五"计划期间开始建设的项目。该厂1972年5月开始兴建,1977年底试车生产,1980年列入国家生产计划。该厂拥有7套主要生产装置,以鲁宁管线输原油为主要原料,年加工原油250万吨。该厂生产黄鹤牌石油产品10多种,其中9种获国家银质奖。

中国外运长航重工青山船厂的前身,是解放初由几家小厂合并成的汉口修船厂。1958年在青山建设新厂。该厂所建造的"东方红39号"、武昌船厂建造的"东方红46号"等共10艘船均为同一船型。它们被誉为新中国成立后第二代申渝线客货轮。1984年开工建造的汉申客货班船"江汉19号",是国内当时最大的内河船舶。

冶金部环保研究院前身为1959年创立的"武钢劳动保护研究所",1963年改为"冶金安全技术研究所",1987年扩充为"冶金工业部安全环保研究院",是从事冶金安全技术、劳动卫生技术、环境保护技术的科研单位。

青山热电厂是一座高温发电厂,1955年破土兴建,经6期工程建设,安装汽轮发电机组11台。总装机容量67.4万千瓦。自1957年8月第1号机组开始发电至1987年,共发电516亿千瓦时、供热220625350百万千焦,创造工业总产值364333万元。

青山,是武汉的骄傲,“十里钢城”的工业总产值曾一度占到全市的四分之一。青山,也是武汉之“忧”,每年上千万吨的工业固体废弃物、10 万吨工业废气、亿吨工业废水,占江城主要污染物排放量的六成以上。

2007 年 11 月,武汉市青山区被批准为全国第二批循环经济试点单位,拉开了该区建设武汉市“两型社会”特色品牌和推动地区转型发展的大幕。

根据《武汉市青山区循环经济试点实施方案》,青山区以促进企业循环式生产、园区循环式发展、产业循环式组合,开始探索重化工集聚区发展循环经济的新模式。

武钢、武汉石化和青山热电厂等大企业,围绕提高资源能源的利用效率,减少废物排放目标,在钢铁、石化、电力等工业领域全面推行循环型生产方式,构建循环型工业体系。

与此同时,园区内钢铁、石化、电力行业之间实行能源梯级利用、水资源循环利用、废物交换利用、土地节约利用,如工业蒸汽、氮气、氢气互供项目等,培育环保设备、新型建材、再制造等节能环保产业,重点加快区域集中供热工程、武钢股份富余氮气外供武汉石化、北湖盛源预焙阳极等项目建设,促进园区钢铁、石化、电力等产业有机衔接,促进企业间循环式生产、园区循环式发展、循环式组合,加快共生耦合进程,形成区域生态共生体系。

武钢金属资源公司、联合焦化、武新建材、源锦特种建材等一批利废规模较大、市场竞争力较强的资源综合利用骨干企业,开始在青山工业园区快速崛起,通过对上游企业产生的大量废弃物进行循环利用,逐步形成“一区四园”的武汉市规模最大的循环经济产业园格局,4 条循环经济产业链已初现雏形。

青山再现碧水蓝天

青山工业区正在推进园区集中供热工程建设，以青山热电厂发电机组为热源点，建设年供热91.35万吉焦的都市工业园集中供热系统，铺设蒸汽管网5620米，向都市工业园需热企业提供热蒸汽。后期逐步向北湖工业园和环保产业园拓展，扩大集中供热联供范围，连接园区外的社会供热管网也在建设之中。青山拥有的热源可以满足整个武汉江南地区的集中供暖需求，已在新建住宅小区规划建设供热管道，并将逐步推进集中供暖工程。

循环经济给青山带来了神奇的变化。循环经济产业示范园"一区四园"格局基本建成，国家循环经济第二批试点通过验收，获批国家园区循环化改造和低碳工业园区试点，引进华润、新日铁等世界500强企业。40万吨镀锡板、大型海洋工程等项目已投产或启动建设。尽管如此，因青山地区"三废"排放基数较大，加快发展与环境承载的矛盾仍然突出，节能减排和生态保护任务十分艰巨。

第四节　左岭化学工业园

左岭化工都市工业园，现称武汉化学工业园，俗称左岭化学工业园，位于武汉市主城区以东、长江南岸，距市中心约25公里，与中心城区和大型居住区之间有严东湖、严西湖和九峰城市森林保护区等天然生态隔离带，是武汉崛起的第7个都市工业园。工业区规划范围为东临长江，西至外环线，南接老武黄公路，北至八吉府路，规划面积89.1平方公里，其中城市建设用地3.1平方公里，占工业规划范围的3.5%；非城市建设用地86平方公里，占工业区规划范围的96.5%。

该区内原有葛化集团、武汉四方行化工有限公司、武汉汉洪化工厂、武汉化工二厂等20多家企业。

葛化集团是中南地区最大的化工原料基地，已建立起有一定规模的无机化工、精细化工、化工机械等多门类的生产服务体系，是2003年国家公布的以资产、产品为纽带联合的大型企业之一，是武汉市三大"国有资产授权经营企业集团"之一，拥有资产总额19.2亿元，生产70多种化工产品，年总产量达40余万吨。

武汉市四方行化工有限公司是北京四方行工贸有限公司于2001年通过收购武汉化工二厂脂肪醇分厂后成立的、以生产天然脂肪醇系列产品为主导产品的民营企业，2006年建成生产2万吨脂肪醇的生产线，配套建有年产15000吨的非离子表面活性剂装置，主要产品有乙二醇二缩水甘油醚、AC发泡剂、HFW高效复合热稳定剂、次氯酸钠、次氯酸钙等。

武汉汉洪化工厂主要产品AC发泡剂、乙二醇二缩水甘油醚、HFW-1复合稳定剂。其中乙二醇二缩水甘油醚是氯化石蜡行业信得过产品，国内市场占有率达70%，

AC发泡剂获武汉市1984年科技成果奖和新产品奖，产品出口欧、亚、美市场。HFW-1复合稳定剂获湖北省科技进步二等奖，次氯酸钠经市质监站多次抽查获得质量信得过产品称号。

武汉化工二厂 1965 年建厂，始名武汉化工厂葛店分厂，1975 年改名为武汉化工二厂，主要产品有合成脂肪酸、十二醇硫酸钠、硬化油、硭硝、脂肪醇、高碳醇、高碳酸等。

由于历史原因，武汉市的化工企业分布在城市各个角落，较多分散在武汉市西部，给安全管理和污染治理带来诸多不便。为此，武汉市决定将分散的化工企业整体东移于武汉区内重塑化工新城。化工企业搬迁遵循化工产业特点，研究产业链的优化和化工资源的最佳配置。选择优势化企入园，打造中国一流的化学工业园区。

左岭化学工业园具有“一轴两带两组团”的沿江轴向布局特点。“一轴”即以葛化路为依托的化工新城空间及功能拓展轴；“两带”即以青潭湖、白浒山、严东湖至长江的东西向生态绿带，和以武汉钢铁公司东部隔离绿地为基础的南北向生态绿带；“两组团”即北湖产业组团和左岭产业组团。北湖组团面积 30.4 平方公里，左岭组团面积 8.6 平方公里，两个组团的外围道路绿地 11.7 平方公里。

北湖组团以炼化一体化为基础，以乙烯项目及下游化工产业为主体，同时包括现代港口物流功能的产业园区。规划以乙烯项目为核心的辐射状布局，形成核心区、扩展区和辐射区等。其中核心区布局乙烯项目及其一次产品，扩展区布局乙烯项目下游产品，辐射区主要发展精细化工产业和材料加工产业。外环线以北布局乙烯项目核心厂区，外环线以南重点布局乙烯项目下游产业链及材料加工业。

2013 年 8 月 13 日，武汉 80 万吨乙烯项目全面投产，乙烯裂解装置一次投料成功，生产合格产品。该项目由中国石化与韩国 SK 集团合资经营，引进先进的管理经验和工艺技术，实现强强联合，优势互补，首次采用中国石化自主研发的乙烯成套工艺技术，其年产 80 万吨乙烯装置的核心设备乙烯裂解气压缩机、丙烯制冷压缩机、乙烯压缩机，首次全部应用国产设备。乙烯装置所用催化剂首次全部使用国产催化剂。以购置费为基数，武汉乙烯设备国产化率达 87%，是国内国产化率最高的大型乙烯项目。项目总投资 165.63 亿元，共新建 11 套主要生产装置及相应的公用工程、辅助设施。项目每年可为市场提供 20 多种、总计 230 万吨的石油产品。项目安全环保总投入达到 24 亿元。通过选用先进、成熟、可靠的工艺技术，实现安全清洁生产，废气、废水全部达标排放。

左岭组团则利用现有化工产业为发展基础，以盘活资产存量为指导，重点吸纳中心城区化工企业的搬迁和市外知名化工企业的入驻，发挥化工产业的集聚和群集效应，形成以化工新材料，盐化工和精细化工为产业发展引导方向，交通便利，配套完善，环境优美的高附加值化工产业发展新区。其中 1000 亩为青江公司和浦田公司用地。青江公司是第一家进入左岭园区的化工企业。

依托港口和铁路资源,形成长江中游的化工专业物流基地。蓝天集团与武汉港合作,成立武汉港蓝天化学品码头储运有限责任公司,在左岭化工都市工业园建设危险品码头。此码头除用于甲醇装卸外,还装卸汽油、柴油。2013 年 6 月 30 日,乙烯配套铁路专用线全线贯通,7 月 30 日验收合格通车。10 月 15 日,中国铁路总公司批准普货运输开通。11 月 7 日,危化品运输获得批复,乙烯苯产品运输问题得到解决。铁路专用线危险货物运输的开通,能为武汉乙烯项目苯等危化产品出厂提供安全运输渠道,降低乙烯产品的运输成本,提高武汉乙烯的市场竞争力。

2013 年 7 月 5 日, 左岭化工都市工业园内污水处理厂项目竣工。该项目是由世界 500 强企业苏伊士环境集团旗下的中法水务、得利满公司和武汉化工区化工投资实业公司投资共同兴建的。项目规划处理能力为每日 5 万吨,其中一期规划建设能力为每日 1 万吨,投资 1.5 亿元。

2015 年 12 月初,左岭化工都市工业园安全环保消防应急管理平台一期已运行,这套高科技系统可快速发现发热源并定位有害气体泄漏点。在园区应急指挥中心机房,通过 16 块高清大屏幕组成的监控平台,可清晰地看到园区各个入口、道路、管廊及高空瞭望全景,实时掌握园区整体情况和重大危险源情况,显示 PM2.5 和 PM10 数值,同时具备红外热成像功能,在事故状态下,在视野范围内可快速发现肉眼难以辨认的发热源,并提供 30 天录像回放。园区内还安装有 160 多套摄像头,如同鹰眼一般紧盯每个角落。环境检测站点可实时掌握重点区域污染特征因子情况,并提供自动报警功能,通过气体扩散模型子系统,可快速定位有害气体泄漏点,推算出数小时内有害气体的影响范围。工作人员可利用智能手机等移动设备,通过授权方式远程查看园区视频监控、环境气体监测等数据。值守人员还可通过这套系统在指挥中心大屏上实时监控,及时快速发现安全隐患并通知相关部门处置。

左岭化工都市工业园正按照“新在生态、重在集约”的要求,以 80 万吨乙烯项目为核心,大力发展循环经济,全力发展以乙烯及其下游产品为主导产业的循环经济动脉产业,着力构建以能源综合利用及清洁生产为主的循环经济静脉产业,初步形成“一核四链三集群”的产业体系,在推进资源节约、清洁生产和循环经济方面成效卓越,超额完成国家或省级政府下达的年度节能目标。其主体园区单位产值能耗、单位工业增加值用水量和污水集中处理率处于国内同行业先进水平, 入选为 2015 年度(第 7 批)“国家新型工业化产业示范基地”。2016 年 5 月,武汉化学工业园跻身全国化工园区 20 强。

第十四章　谋划文化创意产业

第一节　“江城壹号”文化产业创意园

2013年5月3日，位于硚口区南泥湾大道，建筑面积超过7万平方米的武汉最大体量花园式文化创意产业园——“江城壹号”正式开园。

“江城壹号”文化创意产业园是在《沪汉两地战略协议框架》指导下建成的文化创意发展平台，是上海企业在汉投资的最大文化创意产业园区，也是目前我市最大规模由工业遗址改造的文化创意园区。总投资达5亿元，占地110亩，内设有3D影院、书城、时尚餐饮、休闲美食、酒吧茶室、精品零售和时尚展示等丰富业态，可引进企业和商户200余家，预计年游客量超过300万人次、营业额达10亿元。

产业园前13辆五颜六色的老旧轿车，像叠罗汉一样码有十米米高，这座独具创意、被称为“2013重生”的装置雕塑，令人称奇。但令人更想象不到的是，原来武汉轻型汽车制造总厂的28幢破旧老厂房竟能如此华丽变身，成为创意十足的“江城壹号”。

武汉轻型汽车制造总厂是武汉市汽车工业的重点骨干厂，也是国家轻型汽车定点生产企业，迄今有60多年建厂史。1988年11月30日，武汉轻型汽车制造总厂与第二汽车制造厂签署《合资经营协议书》，该厂成为东风汽车集团的成员厂。“八五”期间，该厂在武汉经济开发区实施易地改造，建设现代化的轻型汽车生产厂区，空出原有的厂房。

“江城壹号”文化创意产业园，是一座集多种业态于一身的大型文化综合体，该项目由上海市原材料开发公司和上海圣博华康文化创意股份有限公司，共同组建武汉圣博福康文化创意发展有限公司，进行投资建设和运营管理。

圣博华康文化创意投资股份有限公司创立于2001年，是国内专业的创意园区开发商。先后投资运营过亚町创意工坊、陆家嘴波特营、上海 2577 创意大院、徐州彭城壹号时尚街区。作为一家上海企业投资武汉项目，也是看好武汉整体的商业潜力。

厂房建筑以保留为主，以改造为手段，以创意设计为内容，在保留建筑本身凝重的历史感的同时，赋予她全新的时尚元素。他们从“武汉桥都”和“硚口”中得到启示，在概念创意中以“桥”为整体设计主题，单体建筑间通过“桥”的链接实现业态布局间的串联与互动，变单一功能为复合与互动功能，寓意着在现实与未来之间架设着一座桥。通畅宽敞的内街环境，表达创意园区的空间主体架构与内涵延展的自由融合，充分体现作为时尚文化创意园区功能的承载平台作用。整体风格以方形条状建筑为主，主色调则充分利用老厂房的原色，为暖色调中国红，这是一个可以唤起人们记忆的颜色，不仅表达出红火的期冀与对未来的向往，也表达出对历史的崇拜。长窗与立柱的组合兼具欧式建筑风格。“红色基调与清水墙”，“结构建筑与现代造型”的有机结合，局部建筑布局采用重复列阵的形式，使其具有统一与和谐美，部分建筑立面以自由式条窗点缀，形成极强的视觉效果，凸现出园区“历史与未来、传统与时尚”的文化内涵。

就这样，苏式老厂房依旧风雨不改初衷：行车还在，已成工业遗物；老机器还在，已成抽象工艺品；斑驳的墙还在，已成最炫的涂鸦。弯弯绕绕的厂区小路铺上沥青，昔日自行车大军的光景不再，汽车飞驰而过，仿若穿越时空。

2013 年 5 月 3 日开园那天，由上海市国内合作交流服务中心、上海市政府驻汉办事处等单位发起的 2013 年度长江流域文化创意产业联盟交流会，同时在这里举行。十一届全国政协副主席、上海创意产业协会会长、“中国创意产业之父”厉无畏出席开园仪式，并在长江流域文化创意产业联盟交流会上作题为《城市合作与创意发展》的主题发言。

“江城壹号”的文化创意办公和展示功能区有大约 10000 平方米的面积。引进创意设计企业、文化交流和展示机构以及文化创意人才培训中心，以开放式的创意办公模式，前店后坊的设计与展示相结合的创意环境，并建立新生代创意孵化基地，将创意企业直接和时尚市场相对接。

“江城壹号”的历史文化传承和新时尚发布功能区室内外各有 3000 平方米的区域。以硚口区乃至于武汉市的非物质文化遗产传承人工作室为重点，以直接现场制作，电子化展览、演艺和互动参与的形式，使人们得到文化体验。同时通过加强国内外的非物质文化交流活动，传播非物质文化的历史价值。创意园提供 5000 平方米专门区域，对现当代以手工、艺术相结合的时尚产业陶艺、手工制衣进行现场推广，为未来非物质文化遗产的发展提供平台。

2015 年 6 月 9 日，武汉市首家非物质文化遗产博物馆亮相硚口江城壹号文化创意产业园，陈列有 16 项国家、省、市和区级重点非遗项目。该馆面积 1480 平方米。运用声光电等现代科技手段，让观众立体感知，是这里的一大特色。

该馆设有武汉木雕船模、苏恒泰油纸伞和叶画等 3 个大师工作室，技艺传承人在现场展示制作工艺。木雕船模已被列为国家级非物质文化遗产保护项目。“江城壹号”的文化娱乐功能区约有 20000 平方米的面积。该区以丰富的文化活动，全景式的文化场景和整体品牌推广进行融合和互动，以全面打造园区的文化活力。重点引进小马奔腾 4D 院线、现代书吧、音乐酒吧、歌厅、国际酒廊、画廊、动漫游戏、艺术培训等内容的主流文化消费产业，建设一个文化交流与交易、感受和享受相融合的文化产业示范区。其中最新科技的双机 3D 影院被称为“华中第一幕”，而“小马奔腾”和“数字王国”强大的影视拍摄制作实力和丰富的首映推广活动，使得“江城壹号”早已成为名导演、名演员与影迷们相聚的精神乐园。2015 年 6 月初，“江城壹号”开展主题为“畅享六月，舞动江城壹号”文艺汇演周活动。每晚在“江城壹号”重生广场演出一场戏剧或文艺节目，市民可免费前往观看。有武汉市楚剧团、汉剧团的传统戏曲表演，海军工程大学的外籍军官进行现场歌舞比拼等。

“江城壹号”的休闲体验和配套服务功能区，专门建设约 10000 平方米的风情美食街和 5000 平方米沿街广场的品牌特区，既有国际知名休闲品牌，也有本地特色的

“人文武汉”志愿者在江城壹号文化产业创意园留影

主题餐饮。全国首创“新浪微博美食街”，通过商业与新闻的双渠道复合宣传，及各种线上平台合作，吸引商户与消费群。“欢乐小马电影城”地理位置毗邻美食街，最大程度将游客吸引在园区之内。入驻商家一改以往单打独斗模式，一家商户的信息在线上扩散将牵动整个线下“新浪微博美食街”，进而影响所有商户，形成联动，共赢效应。园区曾经举办过一次《舌尖上的世界》美食嘉年华亚太地区巡展活动，共有50余个摊位现场展示美食，品种包括中国台湾蚵仔煎、芝士大虾棒、大肠包小肠、轰炸大章鱼，越南卷粉、炸虾饼，马来西亚肉骨茶，泰国榴莲酥、椰子糕，巴西烤肉，西班牙拉丁果、海鲜饭，日本章鱼烧，朝鲜打年糕以及蒙古肉，新疆烤串，大连炒蚬子、烤鱿鱼，北京庆丰包子等，让江城市民不用远足，便能品尝到世界各地美食。

承载着武汉汽车发展历史的“江城壹号”，很好地传承和发扬着汽车文化。世界汽车知名品牌凯迪拉克、奔驰等相继在园区内举办华中区新车发布会。这里也成为汽车爱好群体的乐园，如与湖北音乐广播合作推出的“汽车人飚歌大赛”，通过线上转入“江城壹号”平台，加上宝马 MINI 店、超跑俱乐部、车镇文化艺术吧入驻园区，使“江城壹号”成为名副其实的“汽车文园”。

“江城壹号”文化创意园辐射着周边126个社区11个街道，以居民爱好为群族，提升居民精神文化内涵，逐步形成“江城壹号”创意社区的文化特色。这不仅拉动了城市区域的文化及文化消费，而且反映出一个城市久远的历史进程和丰富的文化积淀，引领着周边居民的精神文化生活。

2015年初，“江城壹号”文化创意产业园与青岛世界园艺博览会、佛山创意产业园、浙江国智9号创意街区、北京人户外文化产业园、杭州茶都名园、成都西村大院、福州海峡创意产业园、大连艺术学院文化科技创意园、浦东宣桥共舞台文创园等园区，荣获2014年度中国文化创意产业最具发展潜力的十大园区称号。

第二节　楚天181文化创意产业园

楚天181文化创意产业园位于武昌区东湖路181号，由湖北日报传媒集团倾力打造。是全国首家以现代传媒为主体的特色文化创意产业园，现已成为中国文化创意产业发展的新高地。

楚天181文化创意产业园名称来源于“181”门牌号。两个“1”代表着文化和产业的有机结合，“8”象征着无穷大，通过创造性的经营将文化和产业有机结合，产生出无穷大的社会和经济效益。该园最引人瞩目的是曾用来传递报刊的一个个巨大的红色出报筒，凸显出园区浓郁的设计风格。园区门口两座巨大雕塑“报业飞天”高12米，以镂空透雕、弧面曲线相互穿插形成轻盈向上的飞天形象，飞天人物一手挥

楚天 181 文化创意产业园

湖北日報

論人民民主專政

紀念中國共產黨二十八週年

毛澤東

《湖北日报》创刊号

动羽翼，一手托起报纸，展示现代传媒人敢于担当、积极向上、勇于创新的精神风貌。

楚天181文化创意产业园地处湖北日报社老采编大楼与楚天传媒大厦之间，原为湖北日报传媒集团楚天印务总公司印刷厂厂房。

武汉解放后，中共湖北省委决定，由原江汉区党委机关报《江汉日报》和原鄂豫区党委机关报《鄂豫报》合并，出版省委机关报《湖北日报》，并任命陈冷为社长，顾文华为总编辑。办报的第一任务便是创建印刷厂。

经过印刷厂的同志们的努力，1949年7月1日，一张对开2版的《湖北日报》创刊号出版发行。报头字从一本鲁迅墨迹的书中挑选出“湖北日报”4个字。一版全文刊发毛泽东的《论人民民主专政——纪念中国共产党28周年》，还发表有中国共产党中央华中局第一书记林彪为《湖北日报》的题字：“建设民主繁荣的新湖北”。二版发表有中共湖北省委书记、省人民政府主席、省军区司令员兼政委李先念在干部大会上的演讲——《新湖北的任务》，作为《湖北日报》的代发刊词。

20世纪末，电子计算机功能的开发、电脑中文综合网络系统的采用，给《湖北日报》印刷厂带来前所未有的变化。采、编、印各个环节的新技术、新设备，大幅度提高了生产力，提升了报纸出版质量和时效。

2001年7月，湖北日报报业集团成立；2007年正式更名为湖北日报传媒集团。湖北日报传媒集团楚天印务公司经过努力，成为湖北省第一家取得G7认可的企业。2008年3月，集团经过广泛调研，决定以楚天印务总公司整体搬迁为契机，在占地面积约60亩的老印刷厂厂房基础上打造楚天181文化创意产业园。

建造产业园方案从武汉地域民俗文化着手，通过对原有的场地分析、流线梳理以及保留、拆除和加建的对比判断，努力弥补原始场地院落空间单调、缺乏公共制高点、区域特征不明显、缺乏合理的纽带相串联、硬质铺地过多、缺乏沿街主立面和标志等缺憾。园区实行一次规划，分期建设。一期工程是改建扩建老厂房及老采编大楼5万平方米；二期工程建设内庭创意集市、创意大厦、园区地下停车场共2.1万平方米；三期工程是以国家级文化创意产业园为目标进行规划和设计的，建设总面积约30万～40万平方米的“楚天文化产业城”，使之成为打造“中国文谷”的推动者和核心区。

为解决结构、空间利用、采光及停车等问题，整合室内外环境，拆除原有厂房建筑顶部和立面上的管道、雨棚以及弧形顶棚，以及粗糙的外质表层。为强化现代气息，留下工业印记，改造设计时增加了烟囱以及包豪斯风格的画场。为满足功能的要求，提高场所的利用率，补充一部分辅助空间，在形态上加强园区的识别性和趣味感。考虑到园区沿街面和东湖路人行道的距离过长等因素，于是在建筑和入口广场之间用桥作为连接过渡。为适应武汉特殊的气候特点，在二层平台种植高大阔叶乔木，使之具有良好的遮阳效果，同时改善整个园区的微气候，净化空气，使园区内的二层平台成为一个创意集市，力图创造一个既具有现代创意产业园文化特征，又映现出场地历史的文化创意产业园。

在进行一期工程施工中，最引人瞩目的要数沿东湖路创新楼，即原书刊车间的外立面设计以及园区大门的两座“报业飞天”大型雕塑。将创新楼的底层外墙除掉，改造成为玻璃立面。玻璃面的大量使用，使得建筑变得透明、时尚，富有现代色彩。一红一蓝两座“报业飞天”的大型地标性的雕塑，已成为东湖路上一道亮丽的风景线。

印刷厂老厂房已改造成为面积1811平方米，有内场和外场的181秀场。内场层高12.3米，面积720平方米；外场高7.43米，面积576平方米；贵宾接待室、操作间、化妆间、演出准备间等辅助用房515平方米。181秀场的灯光系统由国内顶级声光科技公司整体设计，采用2008北京奥运会开幕式的数字灯光系统方案，可承办时尚产品发布会、艺术品展示、综艺演出、时装秀、会议、宴会庆典等各种大型高端活动。

经过3年的建设和积累，2011年7月10日，楚天181文化创意产业园正式开园。园区总量7万平方米，入驻企业60余家，主要包括现代传媒、各类设计、科技与文化融合、艺术品交流和文化演出、商业配套等五大类。

入驻园区的企业中，包括中央电视台、《光明日报》《中国日报》《环球时报》等中央级媒体的湖北记者站，荆楚网、腾讯大楚网、文谷网等网络媒体，《大武汉》《地铁刊》《帅作文》《楚商文化》等传统期刊，与湖北日报集团旗下的各大媒体平台形成良性互动。

2015年8月6日下午，在湖北省2015年文化产业招商洽谈会上，湖北·深圳文化创意产业示范基地（深圳智谷）项目正式签约，落户武汉楚天181文化创意产业园，签约金额10亿元。湖北深圳智谷项目共建面积6万平方米，占到楚天181文化创意产业园“楚天文谷大厦”项目总面积的一半。

湖北楚天181文化创意有限公司负责人介绍，未来楚天文谷大厦将是集合“信息发布中心”“职业二次培训”“非物质文化交易服务中心”“国际媒体集聚地”等多个文创平台于一身的文化综合体。该项目也是湖北日报传媒集团在第十一届文博会上重点招商的文化产业项目。

第三节　古田记忆新媒体文化创意产业园

古田记忆新媒体文化创意产业园位于硚口区丰硕路28号，园区总占地面112.98亩，建筑面积约为6.8万平方米。

2012年底，由硚口经济开发区与武汉苏索置业策划有限公司合作，武汉市楚人创意广告制作有限责任公司运营策划，希望按照北京798艺术区模式，在保留原武汉铜材厂旧址的基础上，通过对原厂房进行重新定义、设计、规划，以完备的、赋予创新的硬件设施，高质量、高专业水准的服务，集聚国际、国内优秀设计企业落户，打造一座高端、时尚、文化特色浓厚的文化创意产业集聚区。

1960 年，曜华冶炼厂在古田一路建设新厂房，眼前这一幢幢厂房，凝结着一代武汉人的工业豪情，凝结着古田铜厂人的永久记忆。1965 年，曜华冶炼厂改名为武汉冶炼厂，1976 年定名为武汉铜材厂。1985 年，武汉铜材厂已发展成为湖北省内主要生产各类铜板、铜带、铜箔、锡铅、铅铝合金板及双金属材料的厂家，也是武汉市唯一生产铜带的企业。

1995 年，武汉铜材厂适应市场需求变化，压缩铝基钢带生产，将流动资金充实铜材生产，在开发出铝排、铝带的同时，加快铝基钢带下游产品轴瓦的攻关，使产品向精细化、高附加值方向发展。1997 年，工厂生产的铜止水板用于黄河小浪底水利工程，被授予荣誉证书。2000 年生产的超大规格铜导电板，用于新安电力集团的金属纳生产线扩建工程，被授予荣誉证书。2001 年，该厂率先通过 ISO9001 质量体系论证。

园区内陈列着一列带绿皮车厢的蒸汽式火车

2007 年，武汉铜材厂 104 亩厂房，以每亩 10 万元的价格转让给硚口经济开发区，将其打造成新媒体文化创意产业园。武汉铜材厂原址被列为武汉二级工业遗产。按照规定，二级工业遗产在严格保护建筑外观、结构、景观特征的前提下，对功能可做适应性改变，对遗产的利用必须与原有场所精神兼容，不宜作大规模的商业开发。为此，设计者只是在原有旧厂房的基础上进行改造，使其在外观上仍保留有老武汉铜材厂的特色。同时，在直观上与其他产业园区别开来，加上合理的园区规划、完善的商务配套设施，使 20 世纪工业时代的粗犷与 21 世纪信息时代的时尚融为一体。

武汉古田记忆新媒体文化创意产业园，不是一个单纯的办公区域，或者一个商业办公综合体。它是包含广告创意策划设计、影视制作、媒体发布及代理、礼品设计、电子商务、展览展示及商务、休闲配套为一体，贯穿文化创意产业全产业链的文化创意产业园区。

古田记忆新媒体文化创意产业园改造后的效果图

靠近丰硕路一侧的水箱铜带车间和热轧车间，已改造成硚口民族工业博物馆。博物馆外墙修葺一新，保留着20世纪50年代武汉铜材厂厂房红砖墙、红屋顶的“红色”烙印。

2011年2月28日上午，博物馆隆重举行开馆仪式。往昔铜材厂的繁盛，依旧能从保留下来的老物件上窥见一斑。一幅20世纪80年代武汉铜材厂“检验工职责表”，吸引着7位古稀老人的目光。他们迟迟不愿离去，共话铜材厂当年辉煌。这7位老人，都是武汉铜材厂第一代工人，为了这次的短暂聚会，他们筹划了半年。

铜材厂当年比较先进的设备，15吨冲床、12毫米叠剪和一台大型碾磨，静静矗立在博物馆外，偶有三三两两的游客站在旁边拍照留念。

在博物馆大门右前方，一座5米高的瞭望塔“傲视”整个园区，成为产业园标志性建筑。1982年，硚口法院公开审理过一起偷盗销赃案。该年11月19日晚10点，6名被告人私开一辆解放牌卡车，蹿至武汉铜材厂围墙外，挖墙打洞盗窃工业用铜1960公斤，价值13000余元，倒卖后获赃款9670多元。此后两年，武汉铜材厂又发生多起偷盗案件。1983年2月，《武汉法制报》点名批评武汉铜材厂之后，铜材厂就在四车间旁，修建起这个瞭望塔，保安24小时在塔内值班。

沿着园区主干道往前走，在铜材厂旧址上翻新修建的产业园A区有多家公司入驻，办公楼保留了着老车间的红色墙体和整体结构，里面进行过重新装修。在产业园B区工地内，厂房还未开始大规模改造，依稀还能看出铜材厂之前的格局。那高耸的红色烟囱是炼铜车间的标志，也是全厂区制高点。

老厂房变身现代化的创意产业园，运营者索性用“古田记忆”这一名称来制造与当下的距离与冲突，同时借鉴工业化时期生产企业成熟的全产业链的模式，将现代创意产业的上下游进行有效整合，创造文化创意产业企业发展、合作、共生、共赢的新模式。这一全新的产业模式，全新的文化体验，使我们有理由相信，武汉古田记忆新媒体文化创意产业园将成为武汉文化产业发展的一张新名片。

这是一块曾被人忽视的土地，它夹杂着钢铁时代的豪迈。这是一块充满希望的土地，从建筑空间到生活方式，改变的不仅是环境。抓准社会发展的趋势，洞察创意文化产业前景，通过资源整合打造品牌，这一片曾经辉煌过的，带着钢铁气息的老厂房，体现出柔情的一面，并将在未来绽放更璀璨的光辉。

第四节　汉阳造文化创意园

汉阳造文化创意产业园，又名“824 创意工厂”，地处汉阳区龟北路 1 号，占地面积 6000 平方米，建筑面积 4.2 万平方米。2009 年由武汉市汉阳区政府招商引进上海致盛集团，联手将原 824 厂改造成的一座集文化艺术、创意设计、商务休闲为一体的专业化管理、规范化经营、市场化运作的综合性文化创意产业园。

走进汉阳造文化创意园，就能看到一个由工业齿轮和两杆步枪加上“HAN YANG ZAO”组成的杏黄色的园雕格外醒目，历史和现实有机结合。再透过那一幢幢厚重的砖墙，一道道林立的管道，还有花遮柳掩的路面，更能感受这座文化产业创意园所具有的魅力。

由工业齿轮和两杆步枪加上“HAN YANG ZAO”组成的园雕

汉阳造文化创意园原本是武汉的一家番号为 824 的军用工厂——武汉鹦鹉磁带厂。内有 60 栋厂房，占地 90 亩，建筑面积约 42 万平方米。该厂是我国原航空航天工业部生产记录材料的专业化大型企业，磁记录材料技术方面在20世纪90年代处于国内领先地位，产品质量可靠，在国内享有很高产誉。“鹦鹉”牌录音磁带曾获国家质量银奖，产品畅销国内外。该厂除生产盒式录音磁带外，还有各种规格的开盘式和盒式录像磁带，供数字记录用的各种计算机磁带和作模拟记录用的仪器磁带。我国发射成功的第一颗人造地球卫星《东方红》乐曲磁带就是该厂产品。该厂研制生产的军用磁性材料曾应用于多个重大国防项目，为国防事业做出重要贡献。2000年，武汉鹦鹉磁带厂通过资产整合，更名为航天科工武汉磁电有限责任公司，迁址于美丽的东湖之滨。

再往前追索，晚清时期湖广总督张之洞主持创办军工制造企业，中国近代工业由此发轫。1890年，张之洞选厂址于此，在长600丈、广100丈之处，筑地基，建堤防，造道路。1894年，汉阳兵工厂正式建成，仿造当时最先进的连珠毛瑟枪和克虏伯山炮，生产出汉阳式97步枪、陆地快炮、过山快炮，成为晚清规模最大、设备最先进的军工企业。

汉阳造文化创意园在有选择地保留工业遗存的基础上，重点打造文化艺术、商业休闲、设计创意三大功能区，同时建设汉阳造艺术中心、博物馆和滨湖景观带与绿色生态景观带。室内厂房空间高大空旷，框架桁梁结构、红砖外墙、红瓦屋顶，各种繁复的管道等，都没有伤到这些老建筑的筋骨。

创意园的设计单位上海水石建筑规划设计有限公司，在保留下原有的建筑肌理和空间结构的基础上，再增加新的元素。确定核心区由汉阳会、现代工业博物馆、致盛书局和红坊沙龙四个主要功能区组成。除新建主题核心区外，其余园区内建筑皆在保留建筑基础上修复完成，景观设计也以局部梳理及调整为主。

水石国际设计中，确定汉阳会是整个园区亮点所在。这个“小房子”是引发这片区域城市生活和历史记忆的触媒。其他建筑按照使用上的安全需求和建筑老化程度确定或拆除、或改造、或保留，尽可能保留下可以反映各个历史时期的建筑和场地中的植被。将历史建筑与现代建筑同时呈现，不同的文化碰撞产生出的火花有助于扩大创意园的影响力。

汉阳会的建筑风格是通过对原址汉阳铁厂1906年的历史照片以及对同时期其他保留建筑的走访测绘确定的，为晚清时期受西洋影响的砖木建筑形态。建筑的立面材质和室内设计包括环境设计力求还原并再现这座近代工业遗产的本来面貌以及街区的历史感。原有厂区建筑面貌形成年代跨度较大，周边现存的建于20世纪40年代至80年代的工业建筑遗存与之共同形成这个区域的风貌。汉阳会还原的风格代表一个历史阶段，并据此成为整个地块的焦点。

“汉阳会”是典型的老工业厂房格局，平面为轴线明显的长方形。由此建筑的空间序列就沿着这条轴线展开，轴线尽端是一个圆厅。通过圆厅完成新老空间的交替与建筑功能的过渡，同时公共参观流线和会所流线在圆厅交接，使人们感受到圆厅串接古典建筑到现代建筑的变迁，串联起过去与现代、时间与空间的历程。

水石国际的设计师在对主题核心区建筑进行设计的同时，对整个园区地块内的景观空间进行梳理，设置出滨湖景观带与绿色生态景观带。从园区入口开始，形成阶梯式的景观草坪。原本存在的加油站进行优化处理，文化树阵广场，古典式园林喷泉以及整理过的景观草坪，沿湖铺开的林荫步道，形成亲水空间的怡人景观，层层深入表达出宜人、友善的开放态度，使之成为吸引人群，展现优雅气质的独特园区。

创意园是武汉中心城区极为难得的一处闹中取静、环境清幽的创作净土，也是一片充满生机、充满活力的创意乐园。园区内自然景观宜人，绿树成荫，空气清新，园景湖光，相得益彰，绿化覆盖率高达 60%，颇具都市园林之美。走进园区，仿佛感觉走进创意的殿堂，浓荫、画廊、露台——这里给我们设计出完美的一切，可让生活节奏逐渐慢下来，用享受的心态享用美餐，用沐浴的感觉享受阳光，用轻松自在的心情打发时间。

这里是露天婚纱拍照的好地方，也是举行婚礼酒宴的好地方。中午，汉阳龟山北路一号 47 号楼——碧玺别墅餐厅正举办着一场婚宴。碧玺餐厅集合着多种视觉元素，哥特式、巴洛克、地中海、波斯风情……清新合理地混搭，让整体设计趋于梦幻而华丽。餐厅前面是较为宽敞的空地，确实像别墅前的花园。在鲜花、彩色气球的簇拥空地上摆放着雪白椅套的坐椅，透着西洋婚礼家宴的味道，温馨、浪漫，喜庆气氛很浓。

这里充满着喜庆的气氛

2009年开始，汉阳造文化创意产业园通过保留老工业基地风貌，市场化运作，为园区入驻企业提供“一站式”服务，还引入中介服务机构，为有需求的企业提供针对性、专业性的个性化服务，形成一套独特的服务发展模式，让老产业园实现新价值。

2012年6月19日，国家工商总局与湖北省政府签署推进湖北省广告产业发展战略合作协议，将汉阳文化创意园确定为国家级广告产业试点园区。2014年，该园区成为国家级“文化产业示范基地”。2015年，成为全国“大众创业、万众创新”典型，《中国企业报》专题报道其事迹。是年底，中国文化发展指数在武汉发布。“文化创意类文化产业园”排名中，汉阳造文化创意产业园名列全国第10位。

正在建设的汉阳造文化产业创意园二期，总投资不少于10亿元，将召集84家企业入驻。一、二期共占地239亩的汉阳造文化产业创意园将成为全国较大的创意产业。

经过对武汉鹦鹉磁带厂原有的厂房按照“整旧如旧，差异发展”的理念，进行重新定义、设计、规划，建设成为汉阳造文化创意产业园，既保护工业遗产，又实现国有资产保值增值和文化创意产业发展共赢的理想追求。将老工业基地打造成为文化产业孵化区、知名企业聚集区和特色文化包容区，从而实现从“汉阳制造”向“汉阳创造”的华丽转身。

第五节　汽车修配厂变花园道艺术区

花园道艺术区是在中南汽修厂旧址上建立起来的。占地29亩，有8栋厂房和200多棵树木。20世纪80年代为汉口青年路76号，现为青年路308号，或西北湖路特1号。

中南汽修厂的历史可以追溯到1927年。那年，最早名为万国汽车修理行的汽修厂由4家私人老板联合建成，以经营汽车客货运输为主，兼营汽车修理，但规模很小，仅有几名修理徒工。该厂1939年更名为中南汽车修理行，并在汉口胜利街256号购置地皮100平方米，搭起芦席棚作汽车修理间。1948年，该厂改名为武汉市中南汽车修配厂，职工18名，专门从事汽车修理业务。

1953年，中南汽修厂与李正祥开设的汉口机器厂、张学明开设的达兴车行合并后，初具规模，重建厂房1300平方米。1954年，该厂年生产能力达到大修车辆96台。同年9月，该厂与中南机械供应站公私合营，更名为中南建筑工程管理总局联合企业公司中南汽车修配厂，设两大车间：五福路车间主要修大交通车，三阳路车间修小轿车。公私合营后，厂房面积比原来扩大3倍，职工发展到155人，各类设备均有所增加，可承修各种进口车辆，改装各类交通车和修理工程柴油车，年产值达46.06

万元。

1956 年走上国营后，该厂隶属于武汉机电局，1966 年划归武汉市交通局。1970 年，该厂在汉口航空侧路，即现址青年路建新厂，1980 年合并武汉交通轴承厂。该厂 1981 年、1982 年分别与上海牌小车制造厂、北京汽车制造厂签订 212 吉普车和 130 型长车维修服务站合同，增加维修进口小车车型，修理美国林肯、道奇，或华沙 M520。在进口配件紧张匮乏的岁月，这里是武汉唯一可以修理进口汽车的地方。

2001 年实行股份制改造后，中南汽修厂响应市政府号召，搬迁至市郊。于是，紧邻西北湖、由繁华的汉口金融街与 CBD 衔起的“黄金十字架”上出现 29 亩的空地，还有 8 栋凝结着那个摩登时代记忆的厂房。

2008 年春，黄春波、张猛等人经策划，创意出花园道艺术文化区这个概念，先期对中南汽修厂的五车间进行改造设计，这就是现在看到的 U80 创意空间。

背负着如此厚重的工业历史，花园道的业主明白他们进行的并非一个简单的商业项目。为了更好地向这座城市交付答卷，他们请出国际设计大师伊东孝，作为花园道的总设计师，着手对中南汽修厂进行保护性改造，启动改建规划和设计，促进花园道成为拥有国际一线品牌、创意办公、高尚休憩和国际风格餐饮等复合式业态。

日本建筑设计大师伊东孝

伊东孝，日本建筑设计大师，世界建筑家矶崎新的门下弟子，著名设计世家伊东家族成员。伊东孝的舅舅伊东丰雄 2013 年曾获得被称为建筑界诺贝尔奖的普利兹克奖。2008 年，经同济大学推荐，伊东孝在上海参与世博会部分园林景观工程设计。这是一位令人尊敬的老人，他没有选择最简单也是最通用的做法——“推倒重来”，而是小心翼翼，一边呵护一边谋划着它的新生。

按照他的设计理念，在改造过程中，做到保留原有的建筑和布局。建筑不移位，不改变厂区大体的结构和高度，保留树木。原有的中南汽修大门，经过改造成为简约漂亮的花园道新大门。旧的厂房全部保留，并重新装扮，让它“更时尚、更美好、更可爱”。看起来那些房子似曾相识，却又具有新意。

花园道处于汉口中心地带，东与武汉正在规划建设的王家墩商务中心区相接，西望环境优美的西北湖城市绿地，邻近广电大厦、招银大厦、金盾大酒店等大型商务办公设施。如此寸土寸金的地方，却建筑密度低，以低层建筑为主，唯有经营高端商业才是取胜之道。

为吸引人流，花园道整个片区采用人车分流的交通体系，分区明确。在青年路方向设置大门入口、写字楼入口和车行入口，沿西北湖路设置成小广场形式，围绕水池左右分别设计车行入口和人行入口，使这里成为开阔、舒畅的环境，用以吸引人流。

入口处，由于前面的一栋楼遮挡住了后面的建筑，为此在底层采用透明玻璃的材料，中间形成整体的玄关。这样使得进入花园道的人很容易看到突出的通道和后面的建筑，会随着这种指引前行。花园道内，不仅建筑之间道路连通，建筑内部的通道也都是相连的，没有一处死角，全部通道迂回连通。顺着通道，每一个商铺都可以转到。

伊东孝把集中人流的办法放在灯光设计上，在广场上做有一排 LED 柱灯。12 米的灯柱，几万个灯芯，灯光不仅属于室内，而是投射在外墙的边边角角，好像融化了的月光。

花园道艺术区内的建筑，整体色调是黑白灰，色彩简约大方，具有张力，充满线条感。在各种线条穿插中，把对工业遗产的记忆，隐含在过往的红砖、古朴的青色水泥墙面、屋顶的锅炉及顶上的红瓦之中。

花园道内部标志设计简约明了，主题性强，其花瓣标志无处不在。原有的厂区树木得以保存，并在路边、树下设置有石质的护栏，木制的地板，精心摆放的遮阳伞和桌椅，营造出一个个的休闲空间，供散步、喝茶、聊天、晒太阳等，体现出生活的品位和休憩的舒适感。

红砖依稀，旧瓦仍在。29 亩地，8 栋厂房，200 多棵树，工业时代的空间、肌理、生活节奏，如今都被保留下来，如果认真走一遍，仿佛是 20 世纪工业文化源流的一次回溯。但内里却是全然不同，时代的后现代艺术设计与创意的空间，黑底白边的超大玻璃窗，室内下沉式小型会议室，斜坡式绿墙配上红色筒灯，黯蓝色镜面墙，无一不是独具匠心的设计。大量玻璃的运用，这样的设计意图，让外面的人可以看到里面，里面的人可以看到外面。“既能看，又能被看”。到这里来的时尚女性，打扮得那么漂亮，肯定希望被人看到。满足她们的心愿，设计师的目的就达到了。

花园道的改造是一个艺术创作的过程。建筑师做到把传统的美学思想与当今的艺术概念结合在一起，发挥出自己的想象力，重塑遗留下来的工业建筑昔日的辉煌。历史的建筑见证了城市的历史变迁，是那个时代留下的遗迹，它是历史的产物。花园道不仅见证了武汉工业史的变迁，其中原有的锈蚀铁门、褪色的标语、恬静的老厂房等特有的工业美感在新的创作空间中散发着原始的魅力，使旧工业建筑兼具现代艺术气息与深厚的历史文化底蕴，为人们提供新的视角来欣赏历史与当代艺术的融合，现代品位与岁月留痕巧妙呼应。

花园道的商业布局集办公、购物、餐饮、休闲、娱乐为一体。餐饮包括经典休闲咖啡、主题酒吧、情调餐厅、高档酒庄、知名连锁餐厅、创意烘焙旗舰店等；休闲娱乐包括尖端美发沙龙、精致美容 spa 等；购物包括时尚名品服饰、珠宝体验店、DIY 创意坊、主题礼品店、户外运动装备店等。

办公楼改为创意办公基地，两群截然不同的人在此共生——一群人在巨大厂房中建起自己的创作室搞纯艺术，而另一群人则是将厂房、仓库改造成时尚甚至奢华的店铺或餐厅。

漫步坊间，聚集着复古时珠宝、星巴克等国际品牌，还有酒吧和满足人们各色需求的风情小店。你尽可以在一个个蕴含深厚文化的庭院中逍遥自在。午休时间，到由工厂车间改装的星巴克小憩一下，享受阳光穿过绿树停驻在身上的美好，人们在高楼大厦包围中找到难有的清静。

不幸的是，2014 年 3 月 30 日凌晨，花园道的设计者、日本著名设计伊东孝因病在汉去世，享年 64 岁。2002 年，伊东孝从日本来到中国，完成汉口花园道设计后获得诸多赞誉，随后又设计有光谷软件园内的好世纪大酒店、郑州日产总部等项目，逐步将工作重心向武汉转移，先后在上海和武汉创办有伊东孝建筑工程设计有限公司。

花园道使人们记住了伊东孝这位天才设计家的名字，花园道也是对伊东孝这位天才设计家的最好纪念。

主要参考资料

1. 武汉市国家历史文化名城保护委员会办公室. 武汉国家历史文化名城通览[M].武汉:武汉出版社,2014.

2. 武汉市地方志编纂委员会. 武汉市志·工业志[M]. 武汉:武汉大学出版社,1999.

3. 单霁翔. 从“文物保护”走向“文化遗产保护”[M]. 天津:天津大学出版社,2008.

4. 朱文一,刘伯英. 2013年中国第四届工业建筑遗产学术研讨会论文集·中国工业建筑遗产调查、研究与保护[M].北京:清华大学出版社,2014.

5. 徐鹏航. 湖北工业史[M]. 武汉:湖北人民出版社,2007.

6. 车延高. 武汉制造·让历史告诉未来[M]. 武汉:湖北人民出版社,2007.

7. 武汉市地方志编纂委员会. 武汉市志(1980—2000):第3卷[M]. 武汉:武汉出版社,2006.

8. 皮明庥. 武汉通史·中华人民共和国卷[M]. 武汉:武汉出版社,2006.

9. 刘奇志,何梅,汪云,朱志兵. 武汉老工业城市更新发展的规划实践[J]. 城市规划,2010(7).

10. 田燕. 武汉工业遗产整体保护与可持续利用研究[J]. 中国园林,2013(9).

11. 湖北省冶金志编纂委员会. 汉冶萍公司志[M]. 武汉:华中理工大学出版社,1990.

12. 张实. 苍凉的背影·张之洞与中国钢铁工业[M]. 北京:商务印书馆,2010.

13. 董飞飞. 汉阳钢厂建筑遗产再利用与环境再生研究[D]. 武汉:武汉理工大学,2012.

14. 湖北省地方志编纂委员会. 湖北省志·工业[M]. 武汉:湖北人民出版社,1995.

15. 武汉市国家历史文化名城保护委员会. 中俄万里茶道与汉口[M]. 武汉:武

汉出版社,2014.

16.《汉口租界志》编辑委员会.汉口租界志[M].武汉:武汉出版社,2003.

17.武汉市地方志编纂委员会.武汉市志(1980—2000):第8卷[M].武汉:武汉出版社,2006.

18.董玉梅.历史的印章·武汉老地名[M].武汉:武汉出版社,2008.

19.许智.硚口史话[M].武汉:武汉出版社,2003.

20.皮明庥.武汉通史·晚清卷[M].武汉:武汉出版社,2005.

21.武汉市地方志编纂委员会.武汉市志(1980—2000):第4卷[M].武汉:武汉出版社,2006.

22.刘国斌.杰出的爱国工程师詹天佑[M].武汉:崇文书局,2014.

23.武汉地方志编纂委员会.武汉市志·交通邮电志[M].武汉:武汉大学出版社,1998.

24.汪瑞宁.武汉铁路百年[M].武汉:武汉出版社,2010.

25.皮明庥.皮明庥文集[M].武汉:湖北教育出版社,2010.

26.《武汉公用事业志》编纂委员会.武汉公用事业志1840—1985年[M].武汉:武汉出版社,1990.

27.涂文学.沦陷时期武汉的经济与市政[M].武汉:武汉出版社,2007.

28.武汉供电志编纂委员会.武汉供电志1906—2008[M].武汉:武汉出版社,2009.

29.武汉地方志编纂委员会.武汉市志·人物志[M].武汉:武汉大学出版社,1999.

30.董玉梅.百姓看武汉·百姓回忆[M].武汉:武汉出版社,2008.

31.何强.江汉关与早期汉口对外贸易研究(1862—1911年)[A]//湖北历史文化论文集3[C].武汉:湖北人民出版社,2012.77~96.

32.陈佑湘.汉正街志[M].武汉:湖北人民出版社,2009.

33.朱文尧.汉正街市场志[M].武汉:武汉出版社,1997.

34.湖北电力调度中心.湖北电网调度史[M].北京:中国电力出版社,2006.

35.章凌.百年泵房变陈列馆:宗关水厂忙碌依然[N].长江商报,2012-12-05(A09).

36.寇寰.武汉宗关水厂历史建筑遗产调查与价值评估[J].华中建筑,2015(2).

37.傅光明,卢华.汉阳铁厂博物馆:张之洞最早的“中国梦”[J].武汉学刊,2013(1).

38.湖北地方志编纂委员会.湖北省志·工业志稿·一轻工业[M].北京:中国轻工业出版社,1994.

39. 硚口区委宣传部,硚口区化工企业搬迁改造指挥部. 古田蝶变[N]. 湖北日报,2015-04-28(05).

40. 武汉市硚口区委宣传部. 汉江湾演绎生态回归[N]. 湖北日报,2015-11-2(06).

41. 张炼. 汉口大智门火车站的保护及再利用[J]. 工业建筑,2015(7).

42. 田飞,李果. 寻城记·武汉[M]. 北京:商务印书馆,2012.

43. 徐明庭. 老武汉丛谈[M]. 武汉:崇文书局,2013.

44. 何少文. 轨道交通 1 号线一期工程概况[J]. 地铁与轻轨,2001(1).

45. "中国城市轨道交通发展报告"项目组. 中国城市轨道交通发展报告:2013[M]. 北京:北京交通大学出版社,2014.

46. 董菲. 武汉汉正街都市工业区规划与建设思考[J]. 规划师,2006,22(9).

47. 朱志兵,胡忆东. 老工业区有机更新和改造的探索——以武汉市硚口区汉正街都市工业园为例[J]. 城市规划学刊,2009(7).

48. 邓灿. 旧工业建筑的改造设计研究:以武汉花园道为例[J]. 金田(励志),2012(9).

49. 戚大安. 华中电力工业志[M]. 北京:水利电力出版社,1993.

50. 李习民,李山虎,杨旋. 武汉市青山工业区循环化改造实例概述[J]. 中国工程咨询,2013(12).

51. 邱凡,孙兆臣. "左岭化工园":金巢筑暖群凤栖——武汉市倾力打造左岭化工企业集聚地[J]. 当代经济,2006(11,上).

52. 李理. 创意产业园区的综合设计探讨:以武汉轻型汽车厂项目整体设计为例[J]. 建筑知识(学术刊),2012(7).

53. 肖焕中. 江城壹号:从工业遗产到时尚地标[J]. 创意世界,2014(5).

54. 贾艳飞,吴烨,罗融. 论工业历史地段更新中的对策:以武汉锅炉厂适应性再利用为例[J]. 华中建筑,2010(6).

55. 张傲然. 历史工业建筑的绿色再设计研究——以"武锅 403 厂房"为例[D]. 武汉理工大学,2014.

56. 王铮. 工业遗产再生效应的系统研究[D]. 武汉:武汉理工大学土木工程与建筑学院,2013.

57. 欣业. 传媒集团如何打造创意产业——以湖北日报传媒集团楚天 181 文化创意产业园为例[J]. 新闻前哨,2011(10).

58. 李伟,陈剑霄,袁媛. 旧厂房改造中的地域和场地策略——楚天 181 文化创意产业园概念设计[J]. 新建筑,2010(4).

59. 肖艇,宗轩. 历史与现实的无缝对接——武汉汉阳造文化创意园设计评析[J]. 城市建筑,2012(16).

后　记

本书是我们三位作者密切合作的成果,也是我们多年友谊的见证。张笃勤负责全书框架、章节的设计,并编写第一章至第四章,侯红志编写第五章至第十章,刘宝森编写第十一章至十四章。全书由张笃勤统稿,增删修订文字。

本书不是武汉工业遗产名录大全或资料汇编。由于篇幅限制,加上人详我略或人略我详的写作预设,因此对武汉工业遗产的介绍,既不限于武汉工业遗产保护利用规划中的第一批分级保护名录,也不涵盖现存所有的武汉工业遗产,而只是作者勘踏寻访过的尚有遗址遗迹的老旧工厂的一部分。所以,一些重要的知名度较高的工业遗产,如位于汉口原英租界内的平和打包厂、位于汉口堤角的武汉肉类联合加工厂等并没作单独介绍。同样,书里介绍的工业遗产保护利用现状,也只是作者知道的一般情况和其中比较典型的案例,不可能囊括武汉工业遗产保护利用的全部工作。而无论是工业遗产的存废,还是以老厂房旧厂址为依托的文化产业的兴衰,在以"每天不一样"为城市形象口号的武汉,都是司空见惯、合乎情理的现象。

在近几年对武汉工业遗产的寻访中,汉网人文武汉群的朋友与我们相随相伴,很多时候,这些寻访活动就是以人文武汉群名义开展的。其中一人行(王炎生)、村学究(周启志)、老调重弹(田联申)、麦壳(胡晋鄂)、铁血十八星(万学工)、水手(易凯)、汉皋书生(王汗吾)、荆楚邮艺会(郭迅)、文侠(胡全志)、刘建林、江军、天风(严涛)、汀涛(李新桥)等,常常是这些寻访活动的参加者或组织者。此外,受访单位的领导或知情人的热情接待与积极协助,也给我们留下了温馨难忘的记忆。责任编辑明廷雄同志在审读加工书稿中付出了辛勤努力,提高了本书质量。诚挚感谢以上各位的帮助。

写作中除了进行实地寻访、参阅相关著作外,从网上搜索资料是必不可少的一环,我们从中参考了大量新闻报道和研究论文。为了表示对书稿的认真负责和对资料作者的感谢,原稿在每一篇末尾都尽可能注明了资料来源。后来考虑到本书是通俗读物而非正规学术专著,故将原来每篇注释进行精简合并,改在全书末尾列出主要参考书目，这样可能导致对一些参考资料的漏注。对此，我们深感抱歉，并请原资料作者予以谅解。

本书只是阶段性成果，我们的研究还在继续，期盼下次寻访与您同行。

张笃勤

2016年8月24日于汉口